Nossrat Peseschkian

Glaube an Gott und binde dein Kamel fest

W0057503

Das Buch

Die Suche nach Sinn – das verbindet Menschen und Religionen. Nossrat Peseschkian zeigt, wie sehr Menschen auf das heilende Wissen der Religionen angewiesen sind – und wie sehr dieses von Vorurteilen befreite Wissen gebraucht wird. „Religion tut unserer Seele gut, denn sie ist ein Heilmittel, das dem Wesen des Menschen angemessen ist. Sie kann aber nur sinnvoll sein, wenn sie den Erfordernissen, Bedürfnisse und Nöten der Menschen entspricht und die Entwicklung ihrer Zeit berücksichtigt." (Nossrat Peseschkian)
Ein Buch voll tiefer Weisheit und menschlicher Wärme zu den großen Fragen des Lebens.

Der Autor

Nossrat Peseschkian, Prof. Dr. med., (1933–2010), Facharzt für Neurologie, Psychiatrie und Psychotherapie und Begründer der »Positiven Therapie«. Vielfach ausgezeichneter Autor zahlreicher Bücher.

Nossrat Peseschkian

Glaube an Gott und binde dein Kamel fest

Warum Religion unserer Seele guttut

FREIBURG · BASEL · WIEN

HERDER spektrum Band 6372

Umschlagkonzeption: Agentur R·M·E Eschlbeck
Umschlaggestaltung: Verlag Herder
Umschlagmotiv: Charkles O'Rear /Corbis
Autorenfoto: © privat

Satz: de·te·pe, Aalen
Herstellung: fgb · freiburger graphische betriebe
www.fgb.de

Gedruckt auf umweltfreundlichem,
chlorfrei gebleichtem Papier
Printed in Germany

ISBN 978-3-451-06372-5

Inhalt

Glaube an Gott und binde dein Kamel fest

Die Gläubigen kamen in Scharen, um die Worte des Propheten zu hören. Ein Mann hörte besonders aufmerksam und andächtig zu, betete mit gläubiger Inbrunst und verabschiedete sich schließlich vom Propheten, als es Abend wurde. Kaum war er draußen, kam er wieder zurückgerannt und schrie mit sich überschlagender Stimme: »O Herr! Heute Morgen ritt ich auf meinem Kamel zu dir, um dich, den Propheten Gottes zu hören. Jetzt ist das Kamel nicht mehr da. Weit und breit ist kein Kamel zu sehen. Ich war dir gehorsam, achtete auf jedes Wort deiner Rede und vertraute auf Gottes Allmacht. Jetzt, o Herr, ist mein Kamel fort. Ist das die göttliche Gerechtigkeit? Ist das die Belohnung meines Glaubens? Ist das der Dank für meine Gebete?« Der Prophet hörte sich diese verzweifelten Worte an und antwortete mit einem gütigen Lächeln: »Glaube an Gott und binde dein Kamel fest.«

🌼 *Ist es nicht sonderbar, dass die Menschen so gerne für die Religion fechten und so ungern nach ihren Vorschriften leben?*
Georg Christoph Lichtenberg

🌼 *Zwei Dinge erfüllen mich mit Bewunderung und Ehrfurcht:*
Der bestirnte Himmel über mir
und das moralische Gesetz in mir.
In diesen Dingen erahne ich den Schöpfer.
Und die Ordnung in der Natur spricht mir von einem Ordner.
Immanuel Kant[1]

Danksagung

Ohne die Mitarbeit und Aufgeschlossenheit der Patienten und Seminarteilnehmer in verschiedenen Ländern, die bereitwillig ihr Einverständnis zur Veröffentlichung ihrer Falldarstellungen gaben, wäre dieses Buch so nicht zustande gekommen. Die Fallbeispiele entstammen meiner eigenen psychotherapeutischen und psychiatrischen Arbeit in Einzel-, Familien- und Gruppenpsychotherapie sowie Supervisionen. Natürlich habe ich die Namen und Daten verändert, um die Anonymität zu wahren. Im Sinn der Originalität wurden die mündlichen und schriftlichen Berichte zumeist wörtlich wiedergegeben. Die Falldarstellungen dienen insbesondere einem besseren Verständnis der Theorie und Praxis der Positiven Psychotherapie.

Leser, die sich für eine systematische Darstellung der Positiven Psychotherapie interessieren, möchte ich auf meine Veröffentlichungen im Literaturverzeichnis hinweisen. Im Folgenden habe ich mich zur Verdeutlichung auf Konzepte aus meinen früheren Arbeiten bezogen. So ergänzte ein Buch das andere.

Wertvolle Anregungen gaben mir für diese Veröffentlichung insbesondere Prof. Dr. med. Raymond Battegay, Prof. Dr. med. Shridhar Sharma, Prof. Dr. med. Hermes A. Kick, Dr. med. François Biland, Privatdozent Dr. med. Raphael Bonelli, Dr. Walter Paris, Dr. Horst Burand, Dr. Udo Schaefer, Dr. Peter Sillem, Dipl. Psych. Hans Deidenbach, Dipl. Psych. Christian Henrichs, Dr. Michael Katzensteiner, Dr. Reinhard Larcher, Dr. med. Dieter Spengler, Prof. Dr. med. Thomas Loew, Dr. med. Dieter Schön, Dr. med. Mehdi Enayati, Dr. Ilaj Eshraghi, Dr. Bahman Soluki und die Dozenten der Wiesbadener Akademie für Psychotherapie und der Internationalen Akademie für Positive Psychotherapie. Sie alle reagierten überaus freundlich auf meine Einladung, sich für dieses Buch zum Thema zu äußern.

Meiner Mitarbeiterin Constanze Rottleuthner danke ich für ihre sorgfältige Arbeit und vielfältige Unterstützung bei der Textverarbeitung und endgültigen Gestaltung des Manuskripts. Ebenso danke ich meiner Mitarbeiterin Heidi B. Haefele für ihre Geduld und Sorgfalt beim Redigieren und bei der Neugestaltung bestimmter Texte.

Mein besonderer Dank gilt dem Kreuz Verlag, insbesondere Frau Dr. Mathilde Fischer, die mich zur Veröffentlichung dieses Buches ermutigte und mich bei meiner Arbeit unterstützte und motivierte.

Meine Frau Manije, Familientherapeutin, und meine Söhne Dr. med. habil. Hamid und Dr. med. Nawid Peseschkian haben mich und meine Arbeit an diesem Buch in vielfältiger Weise unterstützt.

Wiesbaden,
im Mai 2008   *Prof. Dr. med. Nossrat Peseschkian*

Einführung

🌸 *Nicht das macht frei, dass wir nichts über uns*
anerkennen wollen, sondern eben,
dass wir etwas verehren, das über uns ist.
Denn indem wir es verehren, heben wir uns zu
ihm hinauf und legen durch unsere Anerkennung
an den Tag, dass wir selber das Höhere in uns
tragen und wert sind, seinesgleichen zu sein.
Goethe

🌸 *Nichts hindert uns, die Weltordnung der*
Naturwissenschaft und den Gott der Religion
zu identifizieren.
Max Planck

Dialog zwischen zwei Freunden

»Du siehst gut aus!«

»Es geht mir sehr gut und ich bin richtig glücklich, besonders heute.« *»Hast du im Lotto gewonnen? Erzähl doch mal!«* *»Ich bin glücklich, dass ich nicht in dem Zug saß, der im Tunnel einen Unfall hatte.«* *»Du warst doch gar nicht auf einer Reise!«* *»Trotzdem bin ich glücklich, dass ich nicht unter die Räder kam. Auch, dass ich nicht aus dem 6. Stockwerk gesprungen bin; dass ich nicht mit einem Flugzeug unterwegs war, das abstürzte; dass ich nicht im Erdbebengebiet im Urlaub war; dass ich nicht als Spion verhaftet wurde; dass ich nicht im Kino war, als es in Brand gesteckt wurde. Das alles sind Gründe meines Glücks. Und es geht noch weiter: Ich bin glücklich, dass ich noch nicht durch einen Herzinfarkt gestorben bin; dass niemand mich umge-*

bracht hat, weil ich keine Feinde habe. Ich habe bis jetzt noch kein Problem mit der Polizei gehabt. Meine Mutter hat mich nicht geschlagen, und meine Frau ist nicht fremdgegangen. Darüber hinaus bin ich nicht vom Blitz getroffen worden, und die Erde dreht sich noch ...«

❁ *Um an die Quelle zu gelangen,*
   muss man gegen den Strom schwimmen.

Für die Gestaltung meiner Arbeit spielte unter anderem meine Beziehung zur Religion eine entscheidende Rolle.

Ich betrachte mich als einen religiösen Menschen. Mein Glaube hat mich immer geleitet und meine Entwicklung als Psychiater und Psychotherapeut maßgeblich bestimmt.

Eine wichtige Motivation für mich, den Ansatz der Positiven Psychotherapie zu entwickeln, war zweifellos, dass ich mich selbst in einer transkulturellen Situation befinde. Als Perser lebe ich seit 1954 in Europa. Mir wurde bald klar, dass viele Verhaltensweisen, Gewohnheiten und Einstellungen in den beiden Kulturkreisen unterschiedlich bewertet werden. Hier kam auch die Religion ins Spiel, genauer gesagt, die religiösen Vorurteile, die ich in meiner Kindheit in Teheran sehr genau beobachten konnte. Als Bahá'í standen wir immer wieder im Spannungsfeld zwischen unseren islamischen, christlichen und jüdischen Mitschülern und Lehrern. Diese Erfahrungen gaben letztlich den Anstoß, die Beziehungen der Religionen untereinander und die Beziehung der Menschen zueinander genauer zu untersuchen.

Sehr anschaulich verkörperte dies der Wanddteppich der Bahá'í. Im Iran stellten und stellen große Künstler besonders dekorative Wandteppiche aus erlesenem Material als Geschenke oder für das eigene Heim in Handarbeit her. Die persischen Bahá'í-Teppichkünstler hatten im 19. und 20. Jahrhundert die zwölf Prinzipien der Bahá'í-Religion sehr kunstvoll in ihren Teppichmustern als Schriftzüge eingearbeitet. Fast in jedem Bahá'í-Haushalt im Iran hing solch ein Wandteppich. Dadurch konnten auch die Kinder ohne großen Aufwand die wesentlichen Prinzipien dieser Religion verinnerlichen.

> *In der Idee leben heißt,*
> *das Unmögliche behandeln,*
> *als wenn es möglich wäre.*
> Goethe

Als vor zehn Jahren in Deutschland Vertreter der beiden christlichen Kirchen, der jüdischen, islamischen, buddhistischen, orthodoxen Gemeinschaften sowie des Rates der Bahá'í zu einem breiten Dialog in der Bevölkerung aufriefen, weckte dies in mir die Erinnerung an eine Situation, die mehr als 50 Jahre zurückliegt und mich tiefe Dankbarkeit empfinden lässt. Ich wuchs in einem Mehrfamilienhaus auf, das ein Sammelbecken nicht nur für islamische, jüdische und christliche Bewohner, sondern auch für Zarathustra-Anhänger und Bahá'í war, ein Haus also, in dem sowohl die Alten als auch Kinder und Jugendliche aller Religionen lebten. Die Bewohner betonten immer ihre Mitverantwortung für das gesellschaftliche Zusammenleben in diesem Haus. Wir Kinder genossen die Fest- und Feiertage aller Religionen, was meist mit sehr gutem Essen verbunden war. Wir losten aus, wer am nächsten Samstag bei der jüdischen Familie das Feuer anzünden durfte.

Auf die Abende, an denen musiziert wurde und alle Hausbewohner und deren Gäste mit interessanten Gesprächen über verschiedene Weltanschauungen Stunden füllten, in denen Fragen über Religion, Wirtschaft und Geschichte, Literatur und Leben eine angenehme Unterhaltung bildeten, blicke ich mit Begeisterung zurück. Hier wurde das Fundament für die transkulturelle Psychotherapie gelegt.

Die Bahá'í-Familien waren und sind verpflichtet, ihre Kinder in acht bis neun unterschiedlichen Religionen zu unterrichten und zu erziehen. Diese Erfahrungen waren für mich sehr kostbar. Schon in der Kindheit sah ich also die Einheit in der Vielfalt stets vor meinen Augen, und ich konnte sie später in meine therapeutische Arbeit mit einbeziehen.

Bei vielen Menschen im europäischen Abendland dagegen herrscht ein »Unbehagen in der Kultur« vor: Sie sind von Einseitigkeit, Menschenfeindlichkeit, kalter Wissenschaft abgeschreckt, von der bürgerfernen Politik und Wirtschaft enttäuscht und sehen in den traditionellen Religionen und weltanschaulichen Systemen keine geistige Heimat. Ihnen bleibt nur, sich auf sich selbst zurückzuziehen und aus sich heraus neue Orientierungen zu finden.

So können wir uns zu Beginn dieses Buches einige wichtige Fragen stellen:

Warum sind viele Menschen heute von der Religion enttäuscht? Hat Religion überhaupt noch eine Chance? Die heutigen negativen Entwicklungen des religiösen Lebens wie Massenaustritte aus der Kirche und intellektueller Widerstand gegen religiöse Wahrheiten und Werte sind als ein Teil eines Entwertungs- und Auflösungsprozesses aufzufassen (das Gesetz der Entwicklung), dessen tiefere Ursachen nicht in einem »religiösen Defizit« liegen, wie viele Fachleute annehmen, sondern in einer »Unterscheidungsschwäche«. Wichtig ist zu begreifen, dass wir zwischen Glaube, Religion und Kirche als Institution unterscheiden müssen.

In welcher Beziehung steht nun der Glaube zur Religion? Religion ist ein kulturelles Phänomen und mehr oder weniger eng mit der Menschheitsgeschichte verbunden. Der

Glaube dagegen gehört zum Wesen des Menschen. Er ist wie eine Kerze, welche die Fähigkeit hat zu brennen.

Wenn ich schon den Glauben habe, wozu brauche ich dann auch noch eine Religion oder die Kirche? Eine Kerze hat zwar die Fähigkeit zu brennen, so wie wir alle die Fähigkeit haben zu glauben. Aber sie kann nie von allein brennen; sie braucht eine Flamme, die ihren Docht in Brand setzt. Diese Flamme entspricht der Religion. Damit die Kerze genügend Halt bekommt und dazu keinen Schaden anrichtet, stellt man sie in einen Kerzenhalter. Die Kirche kann man mit einem Kerzenhalter vergleichen, aber nur eine wahre Kirche hat genügend Stabilität, um die Kerze aufrecht zu halten, und sie darf nicht so übermächtig sein, dass die Flamme des Glaubens durch die Auswüchse der Institution erstickt wird.

Wie kommt es aber zu diesen grundsätzlichen Verwechslungen?

Wenn auch die höchsten Würdenträger einer Religion ihre Religion für einmalig und unüberbietbar halten, so sind sich die meisten Religionswissenschaftler darin einig, dass alle Religionen dem Gesetz der Entwicklung unterliegen. Die Ursprungskraft, die einer neuen Religion vom Stifter oder Propheten mitgegeben wird, bleibt nicht über die Jahrhunderte erhalten.

Gott spricht immer wieder in neuen Offenbarungen zu den Menschen, wenn die »alte Religion« sie nicht mehr überzeugt und verwandelt. Man könnte diesen Vorgang auch mit dem Jahreslauf in der Natur vergleichen: Jede Religion erlebt einen Frühling, Sommer, Herbst und Winter.

Der Religionswissenschaftler Gustav Mensching[2] schildert diese Abfolge, die ich inhaltlich ein wenig erweitert habe, so:

Entwicklungsstufen der Religionen

Jahreszeiten	Wissenschaftlich benannte Zustände
Frühling	Anfangsverbundenheit mit der Urkraft der neuen Religion. Zeit der Entstehung, des Erwachens neuer religiöser Ideen.
Sommer	Aufbau von Organisationen, Dogmatisierung, Spaltung in Konfessionen. Etablierung, Hierarchien und Ausbau des Glaubens und der Institutionen.
Herbst	Reformation, Versuche der Erneuerung. Umbruch und Wandlung der Glaubensinhalte, Spaltung und Teilung. Entwicklung von philosophischen Methoden, Übernahme durch politische Kräfte. Einseitige Überbetonung von Wirtschaft, Wissenschaft, Politik und Philosophie (Ersatzreligionen).
Winter	Untergang, Erlahmen des Ursprungsimpulses. Zerfall der religiösen Institutionen durch Fundamentalismus, Radikalisierung, Nihilismus und Atheismus.

Im Folgenden wollen wir also versuchen, uns mit diesen Tatsachen, die eigentlich jeden Menschen betreffen, näher zu befassen, Gründe zu erfragen, Annahmen zu prüfen und angemessene Lösungen zu finden.

Zum Einstieg noch folgende Geschichte und ein Fallbeispiel, das die Thematik des Buches gut beschreibt:

Geschichte: Das Hemd des glücklichen Menschen

Ein Kalif lag sterbenskrank in seinen seidenen Kissen. Die Hakinus, die Ärzte seines Landes, standen um ihn herum und waren sich einig, dass nur eines dem Kalifen Heilung und Rettung bringen könne: das Hemd eines glücklichen Menschen, das dem Kalifen unter den Kopf gelegt werden müsse. Boten schwärmten aus und suchten in jeder Stadt, in jedem Dorf und in jeder Hütte nach einem glücklichen Menschen. Doch alle, die sie nach ihrem Glück fragten, hatten nur Sorgen und Kummer. Endlich trafen die Boten, als sie ihre Hoffnung schon aufgeben wollten, einen Hirten, der lachend und singend seine Herde bewachte. Ob er glücklich sei? »Ich kann mir niemanden vorstellen, der glücklicher ist als ich«, antwortete der Hirte lachend. »Dann gib uns dein Hemd«, riefen die Boten. Der Hirte aber sagte: »Ich habe keins.« Diese dürftige Botschaft, dass der einzige glückliche Mensch, den die Boten trafen, kein Hemd hatte, gab dem Kalifen Anlass nachzudenken. Drei Tage und drei Nächte ließ er niemanden zu sich kommen. Am vierten Tage schließlich ließ er die seidenen Kissen und seine Edelsteine unter dem Volk verteilen, und wie die Legende berichtet, war der Kalif von diesem Zeitpunkt an wieder gesund und glücklich.

Reichtum gewinnt häufig ein eigentümliches Eigenleben, sei es als Prestige, das er vermittelt, als Rollenverhalten, das er fordert, als Exklusivität, die er verleiht, oder als sozusagen calvinistische Ethik, nach der Reichtum gepflegt und in seiner Entwicklung gefördert werden muss wie ein Kind. Dabei bildet sich ein Bruch zwischen der Persönlichkeit des Menschen, seiner Emotionalität, Offenheit und Ansprechbarkeit, und dem Charakterpanzer, den ihm seine gesellschaftliche und ökonomische Stellung auferlegt.

In unserer Gesellschaft ist Erziehung meist gleichbedeutend mit Erziehung zur Leistung. Dies kann sich dann besonders auf die Partnerschaft und die Beziehung auswirken.

Fallbeispiel: Der Weg eines Architekten und sein einseitiger Umgang mit der Religion – »Ich bin Atheist!«

Ein erfolgreicher Architekt hatte Schlafstörungen und erlitt einen Hörsturz. Nachdem seine Beschwerden unter dem Aspekt der Positiven Psychotherapie gedeutet und ihr tieferer Sinn aufgedeckt wurde (seine Schlafstörung bedeutete, dass er ein wachsamer Mensch ist, sein Hörsturz, dass er viel um die Ohren hatte), konnte er über die Funktion und den Sinn seiner Beschwerden sprechen. Er hatte eine sieben Jahre jüngere Frau geheiratet. Ihr wollte er alles bieten. Um ein schönes Heim zu haben, das ihm vorschwebte, arbeitete er wie eine Maschine – Freizeit gab es für ihn kaum. Überstunden waren die Regel, und wenn er müde nach Hause kam, berichtete er von den Erfolgen und Fortschritten, die er erzielte. Dafür, so meinte er, dürfte er Liebe, Zuwendung und Geborgenheit erwarten.

Seine Frau nahm dieses Angebot zunächst an. Sie lebte als Hausfrau und Mutter in ihrem goldenen Käfig, den sie nicht verlassen durfte. Ihr Wunsch, in ihrem alten Beruf als Sekretärin tätig zu sein oder zumindest ihrem Mann im Büro zu helfen, wurde von diesem als Beleidigung zurückgewiesen: »Als ob ich nicht für dich sorgen könnte!« Diese scheinbare Idylle platzte wie eine Seifenblase, als seine Frau einen Künstler kennenlernte, der – wie ihr Mann sagte – »noch nie etwas Rechtes auf die Beine gestellt hatte und nichts anderes konnte, als herumzupoussieren«. Dass der andere seiner Frau etwas gab, was er für sich selbst noch nicht entdeckt hatte, bemerkte der Ehemann erst später: nämlich Fantasie und Zeit. Er hatte gelernt, dass man sich Wärme, Liebe, Zuwendung und Sicherheit durch seine Leistung und seinen Fleiß verdienen muss. Dieses Konzept trieb ihn, sich in Geschäftigkeit zu verausgaben, und er übersah völlig, dass eine Partnerschaft auf anderen Kriterien beruht. Die gut gemeinte und in der Familientradition verhaftete Erziehung durch die Eltern erwies sich als Beziehungsfalle mit Zeitzünder, eine Falle, die er sich selbst durch seine Partnerwahl und die Gestaltung seiner Ehe gestellt hatte.

Ich fragte ihn nach seiner religiösen Einstellung. »Ist das wichtig?«, fragte er mich. »Spielt das eine Rolle? Ich bin Atheist. Wissen Sie, was das ist?« Ich antwortete: »Ja, ein Atheist ist ein Mensch, der die Existenz eines anderen Gottes als sich selbst nicht zulässt.« Er lächelte und meinte dann: »Das gefällt mir. Aber es ist niemand von den Verstorbenen bis jetzt zurückgekommen.«

Ich antwortete, für mich bedeute das, dass sich alle an jenem Ort wohlfühlen. Wieder lächelte er und begann, mir über seine Kindheitserfahrungen mit der Religion zu erzählen: »Als ich 14 Jahre alt war, habe ich in der Schule zwei Toiletten gesehen: eine für Katholiken, eine für Protestanten. Seit dieser Zeit wollte ich mit der Kirche nichts mehr zu tun haben und bin, als ich volljährig wurde, ausgetreten. Obwohl ich als Kind Messdiener war, schimpfte mein Vater auf die Kirche und ließ Zweifel in mir aufkommen. Als ich 16 Jahre alt war, starb mein Vater plötzlich und ich musste für meine beiden kleineren Brüder 30 Stunden in der Woche zusätzlich neben der Schule arbeiten gehen, um sie versorgen zu können. So erlebte ich die Arbeit als Sinn des Lebens, und Leistung war dasselbe wie Freude für mich. Den Verlust und die Trauer um meinen Vater bemerkte ich vor lauter Arbeit und Pflichten kaum – ich hatte einfach keine Zeit dazu. Auch über spätere Verluste, die ich erlebte, habe ich weder gesprochen noch nachgedacht; selbst mit meiner Ehefrau sprach ich nicht darüber (noch nicht einmal über den Tod der Schwiegermutter). Auch mit religiösen Themen habe ich mich kaum auseinandergesetzt, und mein soziales Umfeld beschränkte sich auf meine Arbeit und die Familie.«

Nachdem ich mit dem Patienten über die vier Qualitäten des Lebens (das in diesem Buch ab Seite 68 vorgestellte Balance-Modell) gesprochen hatte, konnte er sich darin wiederfinden und entdeckte, dass der Bereich Leistung überbetont war und dadurch die anderen Lebensbereiche in seinem Leben zu kurz gekommen waren. Leistung und finanzielle Sicherheit waren eine Art Ersatzreligion für ihn. Diese Erkenntnis und die gemeinsame Arbeit in der Therapie ermöglichte es ihm, sein Eheproblem als Chance zu erkennen und ein erfüllteres Leben zu beginnen, mit dem Erfolg, dass er mit seiner Frau die Probleme konstruktiv bearbeitete und heute wieder mit ihr zusammenlebt.

Fazit: Es ist wichtig, für einseitige Entwicklungen sensibel zu werden, gleichgültig, ob man sich auf dem Feld der Psychotherapie, der Religion oder der Erziehung bewegt.

1

Ist es nicht sonderbar, dass die Menschen so gerne für die Religion fechten und so ungern nach ihren Vorschriften leben? (Lichtenberg)

Verschiedene Wissenschaftler über Religion: R. Battegay, R. M. Bonelli, U. Schaefer, H. A. Kick, W. Paris und F. Biland

Die Gotteserfahrung im Menschen

Raymond Battegay[3], Basel (Schweiz)

Die Geschichte des Judentums umfasst über 3000 Jahre. Diese Religion rückte die bilderlose Gottesverehrung und die Zehn Gebote mit ihren fundamentalen theologischen, ethischen und sozialen Weisungen ins Zentrum des Denkens und Lebens des jüdischen Volkes. Wesentliche Erkenntnisse davon strahlten auf die weitaus größeren christlichen und muslimischen Religionsgemeinschaften aus, wie auch auf andere monotheistische Religionen. Einerseits lebt der Mensch im ständigen Bemühen, sich selbst zu finden, andererseits strebt er danach, bis an die Grenzen des Erlebbaren vorzustoßen. Er möchte letztlich, sich als Ebenbild Gottes verstehend, seine Einmaligkeit erfahren, aber auch die Gewissheit erlangen, dass eine höhere, ihm Geborgenheit und Sinn vermittelnde Macht besteht, die ihn in seinem Werden und über seinen Tod hinaus begleitet und auch die folgenden Generationen beschützt.

C.G. Jung[4] sprach von einem in jedem Individuum angelegten archaischen Gottesbedürfnis, das er Gottesarchetypus nannte. In dieser Sicht möchte der Mensch Erleichterung für seine existenziellen Ängste finden und Anteil an der göttlichen Ewigkeit erlangen.

Wie der Philosoph und Psychiater Karl Jaspers[5] bemerkte, vermag der Mensch seine Sterblichkeit emotional nicht zu begreifen. Er lebt unbewusst und unbedacht, trotz seiner intellektuellen Einsicht in die Begrenztheit seines Lebens, in einer Ewigkeitsillusion. Er plant und schafft Werke, als hätte er für alle Zeiten am Dasein Anteil. Versucht er, sich das Leben zu nehmen, so ist ihm, wie wir aus Abschiedsbriefen von Selbstmördern oder von Geretteten wissen, das Unwiederbringliche bei seiner Handlung nicht vollständig bewusst. Wie wir z. B. auch von Jean Améry wissen[6], der in mehreren Essays über den Selbstmord nachdachte und sich schließlich auch das Leben nahm, glauben Selbstmörder bewusst oder zumindest unbewusst, dass sie trotz ihrer fatalen Handlung und nach ihrem Tod in Kontakt mit der Welt bleiben, die sie umgab. Der Akt der Selbsttötung enthält deshalb unbewusst auch die – meist aus mangelnder Selbstidentität heraus entstandene – kompensatorische Größenidee. Sie besagt, dass diese Menschen meinen, die natürlichen Schranken überschreiten zu können, die dem Menschen gesetzt sind. Sie glauben, auf irgendeine Weise mit ihrem Akt der Selbsttötung ein Jenseits in den sozialen Bezügen herbeiführen zu können, in dem ihnen keine Grenzen mehr gesetzt sind und wo sie die Gesetze der Natur überwinden und damit, gottähnlich, unbeschwert am ewigen Leben teilnehmen können[7].

Nach der Schöpfungsgeschichte im Alten Testament ist jeder Mensch in seinem inneren Wesen, nicht in der äußeren Erscheinung, ein »Ebenbild Gottes«, wenn man so will, also auch ein Stück Unsterblichkeit. Das Christentum verlegte das Ebenbild Gottes auf Jesus Christus, und mit seiner Gottessohnschaft zog diese Unsterblichkeit auch in den menschlichen Bereich ein. Im Innersten des Menschen ist also die Gottesbeziehung, dieser Bezug zum Ewigen, enthalten. In der griechisch-römischen Antike und in anderen alten Kulturen verkörperten die Götter die Unsterblichkeit, nach der sich der Mensch so sehnt.

Platon[8] lässt in seinem Dialog *Phaidon* den Sokrates wie folgt sagen: »Die Gottheit jedenfalls«, bemerkte Sokrates, »und die Idee des Lebens und wenn sich außerdem Unsterbliches noch finden sollte, wird niemals untergehen – darüber sind sich alle einig. Ja, alle«, sagte er, »bei Zeus, die Menschen und noch mehr, wie mich bedünkt, die Götter. Da nun bekanntlich das Unsterbliche auch unzerstörbar ist, muss dann nicht auch die Seele, sofern sie unsterblich ist, auch unzerstörbar sein?

Der Schluss ist zwingend, das heißt, sobald der Tod den Menschen antritt, stirbt also das, was sterblich ist, an ihm. Doch das Unsterbliche geht heil und unzerstört von dannen; ganz leise hat es sich dem Tod entzogen.«

In diesen Überlegungen ist der Wunsch des Menschen nach ewigem Leben beim Innewerden seines schwachen und vergänglichen Selbst zu erkennen. Die monotheistischen Religionen stellen die Unsterblichkeit des einen, unerfassbaren Gottes ins Zentrum ihrer Lehre. In der Unsterblichkeit seines Gottes versucht der Mensch seine Zeitlichkeit zu überwinden. Die Bereitschaft zur Gotteserfahrung der monotheistischen Religionen dürfte wohl kaum einen gewichtigen anderen Ursprung haben als jenes Gewahrwerden der menschlichen Ohnmacht angesichts der nicht erfassbaren Dimensionen des Kosmos, der den Menschen umgibt.

Wir können die Treue zu Gott und den Glauben an Gott nicht mit rational-naturwissenschaftlichen Mitteln erfassen. Und doch gibt das Göttliche dem Menschen in der unendlichen Größe des Universums – oder der heute angenommenen Universen – die Gewissheit, dass ihm ein mächtiger Begleiter zur Seite steht, der ihn beschützt, aber auch zur Bescheidenheit zwingen müsste.

Sind nicht auch die so genannten Atheisten im Grunde Gottsuchende, die allerdings vergeblich nach einer wissenschaftlich überprüfbaren und beweisbaren Gottesinstanz forschen, statt sie in ihrem Inneren zu suchen? Die unzerstörbare Gottesidee im Kern des Menschen könnte die Menschheit einen. Die ihm eigenen kompensatorischen Größenideen, die seine relative Unscheinbarkeit überbrücken sollten, lassen ihn indes oft seine Möglichkeiten überschätzen und ihn verleiten, die Ideen seiner (religiösen) Gruppe, in die er hineingeboren ist oder die durch seinen Beschluss die seine geworden ist, als die einzige Wahrheit zu interpretieren.

Der in der Bibel angekündigte messianische Friede kann indes dereinst nur dann eintreten, wenn die Menschen nach den vielen Konflikt- und Kriegserfahrungen in Vergangenheit und Gegenwart endlich erkennen, dass sie auch in und mit einem Kollektiv nicht allmächtig sind. Eine Erlösung zum allgemeinen Frieden in der Menschheit wird nur dann möglich sein, wenn die in allen Erdenbürgern schlummernde Gottessehnsucht in aller Bescheidenheit in den individuellen und kollektiven Bezügen verwirklicht wird.

Psychiatrie und Religiosität

Raphael M. Bonelli, Graz (Österreich)

In der Psychiatrie ist das Thema Religiosität im Kommen. Im Vergleich zu seiner gesellschaftlichen Bedeutung wurde der Faktor Religiosität in der medizinischen (und besonders in der psychiatrischen) Forschung lange Zeit vernachlässigt, ja tabuisiert[9]. Vor allem in den USA weckt Religion wieder wissenschaftliches Interesse. Zahlreiche US-amerikanische Autoren[10] propagieren die Integration der spirituellen Dimension in den medizinischen Heilungsprozess und sind sogar überzeugt, dass praktizierte Religiosität erwiesenermaßen gesundheitsfördernd ist. In Europa dagegen wird oft allein die Fragestellung schon als unwissenschaftlich abgelehnt. Wer sich bemüht, die spirituelle Dimension in den Medizinalltag zu integrieren, muss sich manchmal den Vorwurf gefallen lassen, die vorgelegten Studien seien methodisch schwach und die Datenlage insgesamt widersprüchlich[11]. Kritische Stimmen meinen außerdem, die zunehmende Aufmerksamkeit der Ärzte für die Spiritualität ihrer Patienten könne zu Missbräuchen führen, weil gerade kranke Menschen besonders anfällig für Manipulation seien[12].

Das Thema Religiosität in Zusammenhang mit der Psychiatrie erzeugt eine starke Ambivalenz (vergleichbar mit Themen wie »Euthanasie« oder »Intelligentes Design«), die sich am Ende auch in einer Spaltung unter den Wissenschaftlern äußert. Diese Ambivalenz könnte man mit der Angst vor einem neuen Konflikt zwischen Religion und Wissenschaft deuten, die mancherorts vielleicht Erinnerungen an den Fall Galileo Galilei wecken. In der Tat findet sich für fast jede Meinung in diesem Feld irgendein »wissenschaftlicher« Beleg.

Die wohl umfangreichste und methodisch sauberste Studie wurde im Jahr 2003 von dem renommierten Psychiater Kenneth S. Kendler und Mitarbeitern im *American Journal of Psychiatry* veröffentlicht[13]. Dabei wurden 2616 Männer und Frauen anhand eines ausführlichen Fragebogens untersucht. Signifikant waren Geschlecht (Frauen religiöser als Männer), Alter (Ältere religiöser) und Bildungsstand (höhere Bildung religiöser) mit der Religiosität assoziiert. Interessanterweise waren Frauen in sechs von sieben Faktoren religiöser, nur beim Faktor »Gottesgericht« zeigten sich die Männer eifriger.

Religiosität ist mit der menschlichen Psyche und dem täglichen Leben natürlicherweise eng verwoben, was – auch durch ihren absolut privaten Charakter – die psychotherapeutischen Interventionen besonders heikel macht. Es bedarf eines in religiösen Fragen sensiblen Psychiaters, weil praktisch alle psychischen Probleme bei religiösen Patienten auch eine religiöse Dimension haben. Da es nunmehr deutliche naturwissenschaftliche Hinweise gibt, dass Religiosität einen positiven Einfluss auf den Verlauf einer psychiatrischen Krankheit hat, scheint die Wertschätzung dieser Dimension noch dringender geraten.

Diese besagte Sensibilität kann ein Facharzt in der Praxis, der selbst dem Glauben entfremdet ist, nur selten aufbringen. Der Therapeut muss allerdings nicht unbedingt derselben Glaubensgemeinschaft angehören, obwohl dies häufig einen gewissen Vertrauensvorschuss gewährleistet. Auf der anderen Seite kann auch der Seelsorger ohne psychologisches Feingefühl schweres Leid verursachen: Auch mit noch so viel Gebet und verbissenem asketischen Kampf verschwindet keine Depression; von einer Schizophrenie ganz zu schweigen. Psychiatrische Symptome können zwar manchmal durch Schuld ausgelöst sein, oft jedoch treten sie ohne Zusammenhang mit der moralischen Lebensführung auf. Gerade dies ist besonders religiösen Patienten häufig schwer näherzubringen. Psychiatrie/Psychotherapie und Seelsorge haben verschiedene Aufgabenbereiche. Dem Seelsorger geht es gemäß seinem Auftrag in erster Linie um das »Seelenheil« des Patienten, also um eine gelungene Beziehung zu Gott (mit entsprechenden Implikationen in der Glaubenspraxis und im moralischen Bereich). Ein Seelsorger, der sich nur oder vorrangig um die Befindlichkeit seiner Ratsuchenden sorgt, vernachlässigt einerseits den wichtigsten Teil seiner eigentlichen Aufgabe und überschreitet andererseits seine Kompetenz. Es ist für psychiatrische Patienten geradezu gefährlich, wenn der Seelsorger sich als Psychiaterersatz versucht. Diese beiden Kompetenzen zu trennen ist sehr wichtig, ohne dass eine der beiden Realitäten ausgeblendet wird. Aus diesem Grund sind Seelsorger mit psychotherapeutischem Schwerpunkt eine ungesunde (weil für den Patienten wie auch für den Seelsorger verwirrende) Vermischung von Kompetenzen.

Die Erlangung des Seelenheils für den Patienten ist andererseits nicht die Aufgabe des Psychiaters, auch nicht des religiösen Psychiaters. Dessen Aufgabe besteht in der psychischen Gesundung des Patienten, prinzipiell fernab einer Transzendenz. Der Arzt darf dem religiösen Patienten nicht zum Seelsorgerersatz werden (er kann keine Sünden vergeben, spricht nicht im Namen der Glaubensgemeinschaft und muss nicht »predigen« ...), auch wenn das der Patient manchmal durchaus wünschen kann. Offen diskutiert wird in der Literatur die Frage der Intervention in psychiatrisch-moralischen Grenzbereichen: So ergab eine Studie, dass etwa die Hälfte der religiösen (evangelikalen) Psychiater in den USA ihren religiösen Patienten von einer Abtreibung, von homosexuellen Akten oder von vorehelichen Sexualkontakten abraten würde; etwa ein Drittel würde sogar nicht religiösen Patienten davon abraten[14]. In diesen Punkten wird in Europa mit Sicherheit mehr Zurückhaltung geübt; ich selbst halte solche Stellungnahmen im therapeutischen Kontext für bedenklich. Eine enge Zusammenarbeit mit dem Seelsorger bewahrt den Psychiater vielleicht manchmal vor der Versuchung, selbst seelsorgerliche Funktionen zu übernehmen[15].

Wozu Religion?

Udo Schaefer, Heidelberg

Die Frage, ob die Religion eine positive Kraft ist, ob sie gut, wünschenswert oder gar notwendig sei, wurde seit jeher kontrovers beantwortet, denn Religion ist immer ambivalent. Sie ist gleichsam eine Arznei, deren Bestimmung es ist, zu heilen, die aber, falsch angewandt, auch das Gegenteil bewirken, das Leiden verschlimmern kann. Das Ziel aller Religion ist das Heil, die Wandlung des Menschen zu einem vollkommenen Wesen und die Wandlung zu einer gerechten Gesellschaft. Weil aber der Mensch, der das Heilige auf Erden verwaltet und gestaltet, ein gebrochenes Wesen ist, sind die Religionen nicht dagegen gefeit, zu entarten. Wenn Religion Fanatismus und Bigotterie zutage fördert, wird sie zur Ursache von Unheil – von Hass, Streit, Gewalt, Terror und Krieg, wie die ganze Religionsgeschichte bezeugt. Unsägliches Leid wurde im Namen der Religion den Menschen angetan: »Tantum religio potuit suadere malorum«, sagt der römische Dichter Lukrez[16].

In einer Zeit, da ein zur finsteren politischen Ideologie pervertierter Glaube Menschen veranlasst, mit Gebeten und Invokationen Gottes auf den Lippen, *ad maiorem Dei gloriam* schlimmste Verbrechen zu begehen, ist es schwierig geworden, für die Notwendigkeit der Religion einzutreten. Leider ist eben alles, selbst die hehrsten Ideen, die höchsten Ziele, die edelsten Zwecke, für Missbrauch anfällig.

Man darf sich von den Deformationen der Religionen nicht den Blick verstellen lassen, dass sie Großes geleistet haben: Sie haben Antworten auf existenzielle Fragen gegeben (Wer bin ich? Woher komme ich? Was ist der Sinn und das Ziel meines Seins?). Sie haben den Weg für ein glückliches und erfülltes Leben gewiesen und moralische Orientierung gegeben. Sie alle waren die Entstehungsursache für ein substanziell neues Denken, für einen genuin neuen Menschentypus, für die Umgestaltung von Gesellschaften und für den Aufstieg glanzvoller Hochkulturen.

Ich hatte die Religion nur aus der Perspektive ihrer Pathologie gesehen und war darum Agnostiker, bis ich nach Kriegsende dem Bahá'í-Glauben – der jüngsten Weltreligion – begegnete, die mir die Augen dafür öffnete, wie wenig der Mensch ohne ein über ihn hinausweisendes Ziel einen Sinn im Leben und eine Motivation zur Selbstvervollkommnung finden kann und wie sehr er auf seinem Weg zur Selbstfindung auf die Dimension der Transzendenz angewiesen ist.

Wie ein Vogel zum Fliegen zwei Flügel braucht, so braucht der Mensch für seine Erkenntnis beides: Wissenschaft und Religion. Wissenschaft wird aber zu einer »Ersatzreligion«, wenn sie die religiösen Deutungssysteme ersetzen will und im Menschen eine »biologische Missgeburt«, einen »Irrläufer der Evolution« (Arthur Koestler) sieht oder ihn gar ein »Untier« (Ulrich Horstmann) nennt; wenn die moderne Hirnforschung dem Menschen den freien Willen und damit die moralische Verantwortung für sein Handeln abspricht. Ohne den zunehmend über Bord geworfenen Schatz von Wissen und Weisheit, der in den Lehren der Weltreligionen verborgen ist, bleibt der Mensch orientierungslos und wird den Herausforderungen einer globalisierten Welt nicht gewachsen sein.

Wie Hans Küng in seinem epochalen Werk *Projekt Weltethos* dargelegt hat, braucht die immer näher zusammenrückende Menschheitsfamilie ein gemeinsames Ethos, wenn sie überleben soll. Doch woher soll dieses Ethos kommen? Wie soll der Nihilismus und wie der weltweit um sich greifende, die Bindungskräfte der Gesellschaft aufzehrende Hedonismus überwunden werden?

Dass die europäische Moral in der Krise steckt, haben schon Philosophen im 19. Jahrhundert erkannt. Die Versuche, anstelle der traditionellen religiösen Wertsysteme eine rein rationale, universal akzeptierte Ethik zu schaffen, sind, wie der schottische Philosoph Alasdair MacIntyre nachweist, alle kläglich gescheitert. Das »Sein für andere«, das Ludwig Feuerbach als Grundlage der Menschenliebe empfahl, hat sich als eine kraftlose Theorie erwiesen, die für eine praktische Ethik nicht geeignet ist. Ohne gemeinsamen »Vater« gibt es eben auch keine »Brüderlichkeit« unter den Menschen.

Im fortschreitenden Prozess der Säkularisierung versiegen die religiösen Bindungssysteme. Papst Johannes Paul II. hat beklagt, dass in unserer »entchristlichten Kultur« allzu viele Menschen denken und leben, »als ob es Gott nicht gäbe« (*Veritatis splendor* 88). Aber, wie Dostojewski Iwan Karamasoff sagen lässt: »Wenn Gott nicht existiert, ist alles erlaubt!« Allein die Religion schafft ein System transzendenter Werte und Ideale, das die Zentralwerte der Gesellschaft in große, letzte Zusammenhänge einordnet. Sie allein kann den zentralen Werten der Menschen innere Verbindlichkeit verleihen und die Menschen überzeugen, sich den aus ihr abgeleiteten Normen zu unterwerfen.

Hans Küng hat versucht, aus den ethischen Prinzipien, die den Weltreligionen gemeinsam sind, verpflichtende Sätze für eine universale Minimalethik zu gewinnen. Bahá'u'lláh (1817–1892), der Stifter des Bahá'ítums, hat zu einer Zeit, als sich die Völker der Erde noch nicht zur Globalgesellschaft formiert hatten, die Grundlagen für eine Menschheitsethik gelegt, die im Willen Gottes für ein neues Äon verortet ist. Das Menschheitsethos, das in Schillers »Ode an die Freude« erklingt, begegnet uns hier in heiligen Texten: »Der ist wirklich ein Mensch, der sich heute dem Dienst am ganzen Menschengeschlecht hingibt … Es rühme sich nicht, wer sein Vaterland liebt, sondern wer die ganze Menschheit liebt. Die Erde ist nur ein Land, und alle Menschen sind seine Bürger.«

Die Krise unserer abendländischen Zivilisation, die bedeutende Denker wie Friedrich Nietzsche, Oswald Spengler, Karl Jaspers, Arnold Toynbee angekündigt haben, ist zu einer Überlebenskrise der Menschheit geworden. Ohne geistige Erneuerung, ohne Religiosität kann sie, wie ich glaube, nicht überwunden werden.

Was kennzeichnet aus der Sicht der Psychotherapie eine gute Religion?

Hermes A. Kick, Heidelberg

In der Geschichte gab es eine lange Reihe von Versuchen, mit dem Bösen möglichst endgültig aufzuräumen. Diese Versuche sind allesamt gescheitert: historisch, soziologisch, strukturell und existenziell. Die politische Radikalisierung und mit ihr die Extremform des aktuellen Terrorismus will nicht das Böse, sondern mit dem Bösen aufräumen. Gerade an diesem Vorgehen ist zu erkennen, dass der Terrorismus eben nicht religiös, sondern ideologisch motiviert ist. Er erkennt die Dialektik seiner eigenen Bosheit nicht, ein Kennzeichen jeder Ideologie.

Wenn psychotherapeutische Ansätze die Religion und die mit ihr gegebene Chance der Transzendierung nicht berücksichtigen und in ihren Ansatz nicht mit aufnehmen, sind sie gegenüber den »Lösungen«, die uns der Terrorismus und der Radikalismus offerieren, wehrlos, weil sie Schwierigkeiten haben, die Grenzen der eigenen Möglichkeiten, nämlich die der Psychotherapie, anzuerkennen. Sie neigen dazu, entweder das hier wirkende Böse gewissermaßen als biografische oder soziologische oder wie auch immer immanent begründete Gegebenheit hermeneutisch – mit dem Verstand – aufzuschließen. Damit verharmlosen sie den Ernst der Lage, die Schwere der Konfrontation und die verzweifelt unvereinbaren Widersprüche.

Eine gute Religion verhilft hier der Psychotherapie zu einer nüchternen Sicht. Sie sollte einem Ansatz in drei Schritten folgen: (1) Erkennen und Verstehen (einschließlich der Akzeptanz von Grenzen des Verstehens), (2) klares Abrücken von einer Selbstüberschätzung, die meint, zerstörerische Kräfte von sich aus bewältigen zu können, und (3) Hoffnung auf Versöhnung von an sich unversöhnlichen

Widersprüchen. Um auf diesem Weg lebensdienlich zu handeln, braucht der Therapeut den Glauben an die Macht des Göttlichen, an Wirkgrößen, über die wir nicht einfach verfügen können. Es ist notwendig, diesen Konflikt unserer Welt sowohl personal wie global zu erfassen und dann neu zu gestalten.

Um hier genau hinzuschauen und an diesem Prozess – kritisch – teilzunehmen, bedarf es des Mutes, der Angst-*befähigung* zuerst, nicht einfach der Angst*bewältigung*. Dies soll eine gute Religion ermöglichen: die Integration von Wärme des Herzens und Klarheit des Kopfes – und dies alles in schwieriger Zeit. So wird Realität: gute Wissenschaft, wahre Erkenntnis von Wirklichkeit und auch gute Psychotherapie.

Lassen sich Vernunft und Glauben miteinander verbinden?

Walter Paris, Meran (Italien)

Es reicht. Definitiv! Wir sind der Kreuzzüge und ihrer aggressiven Folgehändel überdrüssig. Wir haben genug vom unerträglichen Getöse der ideologischen Marktschreier; vom Missbrauch unserer Sprachen, deren Worte sie unablässig verdrehen; von ihrer Über- und Untergriffsrhetorik.

Es wird Zeit, sich wieder an alte Klugheit zu erinnern, wie sie beispielsweise in der franziskanischen Aufforderung steckt, ein Licht anzuzünden.

Zwei Widerspruchskomponenten unseres Lebens stehen sich gegenüber: Wie kann man Vernunft und Glauben miteinander verbinden? Eingeschlossen die magisch-schamanistischen Formen der Weltauslegung und Selbstdeutung. Sie gehören für uns zusammen, sind, wenn auch nicht in sich, eins – Ausdruck des menschlichen Bemühens, Licht in die Welt zu bringen. Ein Beispiel ist die leuchtende Toleranzweisheit aus Lessings Ringparabel, die islamischer Herkunft ist und bereits Boccaccio auf abendländischem Boden erstrahlen ließ. Die Geschichte bleibt offen, wiewohl sie stimmig endet: Es hat ein jeder das Seine, so wie der rechte Ring ja *tatsächlich* vorliegt; allein, wem er gegeben wird, das ist noch nicht entschieden.

Hier können Religion und Wissenschaft in eins fließen und bleiben dennoch geschieden: Sie sind und haben sich so wenig, wie wir des Lichtes habhaft werden – das uns leuchtet und die Schatten flüchten lässt.

Transkulturelle Aufgeschlossenheit, wechselseitige Achtung, die in Achtsamkeit und Sorgfalt für den Anderen gründet, sind dann ebenso Voraussetzung wie Folge, Handhabung *und* Darreichung. Und erst in ihrem gemeinschaftlichen Gebrauch, im Bündnis von Wissenschaft und Religion, von

Kunst und Traum kann endlich der »gemeine« Sinn, der Gemeinsamkeit stiftet und aller vorurteilsbehafteten Denkungsart widerstrebt, uns den ersehnten Weg aus der Etappe der Kreuzzüge weisen – ins Lichtere.

Lessings Parabel von den drei Ringen als Symbol für die Zusammenarbeit verschiedener Religionen

François Biland, Olten (Schweiz)

Der Sultan Saladin lässt Melchisedech zu sich kommen und spricht zu ihm: *»Mein Freund, ich habe von vielen gehört, du seiest weise und habest besonders in göttlichen Dingen tiefe Einsicht. Daher möchte ich von dir wissen, ob du das jüdische, das sarazenische oder das christliche Gesetz für das Wahre hältst.«*

Melchisedech erkennt sofort, dass der Sultan ihn mit seinen eigenen Worten zu fangen versucht, und antwortet ihm daher mit einer Geschichte:

»Vor Zeiten lebte ein Mann, dem ein Ring von unschätzbarem Wert gehörte. Der Stein war ein Opal, der hundert schöne Farben spiegelte und die geheime Kraft besaß, denjenigen Menschen gut und angenehm zu machen, der ihn in dieser Zuversicht trug. Um diesen auf immer im Besitz seiner Nachkommen zu erhalten, ordnete er an, dass immer derjenige Sohn, der den Ring vom Vater erhielt, alles erben werde. So wurde dieser Ring immer auf die nächste Generation übertragen, bis er in den Besitz eines Vaters kam, der drei Söhne hatte, die alle schön, tugendhaft und ihrem Vater gehorsam waren. Der gute Vater liebte sie alle gleichmäßig und so versprach er denn den Ring einem jeden. Er ließ heimlich zwei andere Ringe fertigen, die dem ersten so ähnlich waren, dass er selbst den rechten kaum zu erkennen wusste. Als er auf dem Totenbette lag, gab er heimlich jedem der Söhne einen von den Ringen. Nach des Vaters Tod nahm ein jeder Erbschaft und Vorrang für sich in Anspruch, und da einer dem andern das Recht dazu bestritt, zeigte jeder, um seine Forderung zu begründen, den Ring vor, den er erhalten hatte. Da die Ringe nun einander so ähnlich waren, dass niemand erkennen konnte, welcher der echte sei, blieb die

Frage, welcher von ihnen des Vaters echter Erbe sei, unentschieden, und so ist es bis heute geblieben.«

Was bereits vor 660[17] und 220 Jahren[18] niedergeschrieben wurde, gilt in unserem Zeitalter der Globalisierung mit zunehmender Radikalisierung und Intoleranz umso mehr: Durch Aberglauben, eine *»Erscheinungsform der Dummheit«*[19] oder der »süßen Variante der Lüge«[20], ist es zu Degenerationserscheinungen in den Religionen gekommen. Wie zu Zeiten Lessings tut eine Auf*klär*ung Not.

Religion und Psychotherapie heute

In früheren Jahrzehnten wirkte eine engstirnig-moralisierende religiöse Erziehung sehr einschüchternd und verursacht bis heute bei Patienten andauernde Ängste und eine Religionsaversion. Erst jetzt hat die Psychotherapie den Wert der Religiosität und Spiritualität langsam entdeckt[21].

So schrieb Auguste Forel[22] über seine religiöse Erziehung: »Ich war sehr furchtsam. Meine Mutter hat mich im Wohlwollen, in der Rechtschaffenheit und im Pflichtgefühl unterwiesen; Dinge, an die ich geglaubt; und außerdem in einer calvinistischen Religion, an die zu glauben ich mich erfolglos bemüht habe, denn sie machte mich von allem Anfang an rebellisch. Diese Religion gab den Anlass, dass ich meiner Mutter gegenüber den Wunsch äußerte, nie geboren worden zu sein, so sehr setzte mich die Furcht vor der Hölle, die den Ungläubigen verheißen war, in Verzweiflung.«

Forel hat dann später doch noch seine religiöse Bestimmung gefunden, war als »Apostel« für die Alkoholabstinenz und als Pazifist für den Weltfrieden unermüdlich unterwegs und fand im hohen Alter seine religiöse Heimat bei den Bahá'í.

In der Bibel heißt es: »Nicht an den Worten, sondern an den Taten werdet ihr die Leute erkennen.«

Daraus folgt: »Ohne ein Gebet der Tat zu verrichten, ist das gesprochene Gebet sinnlos. Wer sein Feld bestellt und es dann nicht bewässert, braucht Gott nicht um eine reiche Ernte zu bitten. Wer den Wald nicht mit Setzlingen versieht, dessen Gebete um Regen sind vergebens[23].«

2 *Ein Optimist ist ein Mensch, der alles halb so schlimm oder doppelt so gut findet.*

Religion und moderne Globalisierung

Märchen: Gibt es ein Leben nach der Geburt?

Es geschah einmal, dass in einem Schoß Zwillingsbrüder heranwuchsen. Die Wochen vergingen und die Knaben wuchsen heran. Sie begannen, ihre Welt zu entdecken und die Nabelschnur, die sie mit der Mutter verband.

Als aber schon Monate vergangen waren, bemerkten sie plötzlich, wie sehr sie sich verändert hatten. »Was hat das zu bedeuten?«, fragte der eine. »Das bedeutet«, sagte der andere, »dass unser Aufenthalt in dieser Welt bald zu Ende geht.« »Aber ich will gar nicht gehen«, sagte wieder der Erste. »Wir haben keine Wahl«, entgegnete der andere, »aber vielleicht gibt es ja ein Leben nach der Geburt.« »Aber wie soll das gehen«, fragte wieder der Zweifelnde, »wenn wir unsere Lebensschnur verlieren? Und außerdem hat nie jemand diesen Mutterschoß verlassen und ist wieder zurückgekommen, um zu sagen, dass es weiterginge. Nein, die Geburt ist das Ende!«

Und er fiel in tiefen Kummer und sagte: »Wenn die Empfängnis mit der Geburt endet, welchen Sinn hat dann das Leben im Schoß? Womöglich gibt es gar keine Mutter hinter allem!« – »Aber sie muss existieren«, protestierte der andere, »wie sollten wir sonst hierhergekommen sein?« – »Hast du je unsere Mutter gesehen?«, fragte wieder der Zweifelnde, »vielleicht haben wir sie nur erdacht, um unser Leben besser zu verstehen!« Und so waren die letzten Tage im Schoß der Mutter voller Angst und Fragen. Schließlich kam der Moment der Geburt. Als die Zwillinge ihre Welt verlassen hatten, öffneten sich ihre Augen. Sie schrien vor Freude. Was sie sahen, übertraf ihre kühnsten Träume.

Gestern, heute und morgen

In früheren Zeiten lebte der Mensch in der sozialen Einheit, Familie, Sippe, Großfamilie, später in der Einheit eines Stammes, in einigen Kulturen war der Stadtstaat die soziale Einheit. Im Laufe der Entwicklung wurden die sozialen Einheiten immer größer: Nationen, Staatenbündnisse, globale Bündnisse.

Der technische und kulturelle Fortschritt, die Aufhebung der Entfernungen brachten mit sich, dass die gesamte Menschheit in einer gewissen Weise miteinander verbunden ist: Was heute in einem noch so entfernt gelegenen Winkel der Welt geschieht, betrifft das Wohlergehen der gesamten Menschheit und das Gewissen der Menschen.

Ein Beispiel für die Einheit der Menschheit und die Tatsache, dass alle Menschen voneinander abhängen, sind die kriegerischen Auseinandersetzungen wie in Afghanistan, im Irak, im Sudan und an vielen anderen Schauplätzen. Sie sind nicht mehr ausschließlich eine Angelegenheit der Beteiligten, sondern können das Wohl und Wehe der gesamten Menschheit betreffen.

Wohin führt dieses Buch?

Stellen wir in diesem Zusammenhang die Frage nach dem Sinn des Lebens in unserer Epoche, so wird die Antwort stets danach ausfallen, von welchen Voraussetzungen wir dabei ausgehen:

- Auf der ganzen Welt gibt es eine Vielzahl von Menschen – ich möchte behaupten, es ist die Mehrzahl –, die den Weltfrieden befürworten und für das einzige Mittel halten, die menschlichen Sinnfragen zu lösen. Gegenüber der Verwirklichung dieser Idee besteht aber bei vielen auch eine unüberhörbare Skepsis, ein Misstrauen und sogar eine innere Abwehr. Begründet wird diese Haltung damit, dass die Missstände dieser Welt einfach zu groß seien, die Schwierigkeiten zu gravierend und die Charaktere zu unterschiedlich. Alle Religionen und eine Unzahl von Weltanschauungen hätten seit jeher das Paradies versprochen, aber alle seien es schuldig geblieben. Statt des Paradieses hätten sie oft genug die Hölle gebracht. An dieser Stelle werden dann Religions- und Glaubenskriege genannt.
- Einem anderen Argument begegnet man häufig: »Wir haben genug wissenschaftliche Methoden, Möglichkeiten, Ideen, Normen und Wertvorstellungen, mit denen sich schon ganze Generationen beschäftigten. Warum sollen wir wieder mit etwas Neuem anfangen, neue Forderungen auf uns nehmen? Wir können ja mit dem Alten noch viel ändern.«
- Mit den sozialen Missständen werden die persönlichen Probleme verbunden: »Wenn es schon bei mir, in meiner Familie, im Beruf so viele Schwierigkeiten gibt, mit denen ich nicht fertig werde, um wie viel schwieriger ist es, mit den Problemen, welche die ganze Menschheit betreffen, fertig zu werden!«

Zukunftsperspektive

Es besteht wenig Zweifel, dass die nächste Phase der menschlichen Gesellschaft das Entstehen einer Weltkultur ist. Die Prozesse, die dieses neue, planetare Zusammenleben gestalten, sind insgesamt als »Globalisierung« bekannt.

Und wenn auch die Debatte darüber anhält, ob Globalisierung etwas Gutes oder etwas Schlechtes ist, zweifeln nur wenige an ihrem unaufhaltsamen Voranschreiten.

Globalisierung wird durch unterschiedliche Kräfte angetrieben wie etwa die zunehmende grenzübergreifende Migration, die immer größere Reichweite der Informationsmedien und die sich immer schneller vollziehende Vernetzung von Volkswirtschaften. Es ist unwahrscheinlich, dass derartige Trends umgedreht werden können. Was die Menschheit mithin heute braucht, ist die Verständigung auf mehrere gemeinsame Werte, auf deren Grundlage diese neuen Entwicklungen gesteuert werden können. Ohne solche gemeinsamen Werte bleibt der Aufbau einer durch Zusammenhalt geprägten – friedvollen – globalen Gemeinschaft ein weit entferntes Ziel.

Im gesamten Verlauf der Geschichte war und ist die Religion die wichtigste Quelle gemeinsamer Werte beim Aufbau einer Gemeinschaft.

Einige Thesen am Beginn dieses Buches:

1. Weltweiter Frieden und Zusammenarbeit der Völker sind der nächste Schritt in der Entwicklung auf diesem Planeten.
2. Der Mensch benötigt Erziehung und Bildung, um seine Lebensbedingungen zu verbessern und seine Fähigkeiten zu entwickeln.
3. Vorurteile der Nation, der Rasse, der Klasse, der Religion blockieren den Weg zum Frieden und sollten abgelegt werden.
4. Die volle Gleichberechtigung von Mann und Frau gehört zu den wichtigsten Voraussetzungen für den Frieden.
5. Das Bild des unverbesserlichen egoistischen Menschen ist veraltet.

6. Der krasse Unterschied zwischen arm und reich ist ein Grund für die Instabilität der Weltlage.
7. Missverständnisse und engstirniges Eigeninteresse behindern die Beziehungen zwischen den Menschen in der Welt.
8. Unsere Kinder haben ein natürliches Recht auf Frieden und Bewahrung der Natur.

3 Das Leben ist bezaubernd, man muss es nur durch die richtige Brille sehen!

Ratlosigkeit und Hoffnung in unserer Zeit – mögliche Auswege

Parabel: Das Geheimnis der vier Kerzen

Es war ganz still.

So still, dass man hörte, wie die Kerzen zu reden begannen.

Die erste Kerze seufzte und sagte: »Ich heiße Frieden, sie wollen mich nicht.« Ihr Licht wurde immer kleiner und verlosch schließlich.

Die zweite Kerze flackerte und sagte: »Ich heiße Glaube. Aber ich bin überflüssig. Die Menschen wollen von Gott nichts wissen. Es hat keinen Sinn mehr, dass ich brenne.« Ein Luftzug wehte durch den Raum, und die zweite Kerze war aus.

Leise und traurig meldete nun die dritte Kerze sich zu Wort: »Ich heiße Liebe. Ich habe keine Kraft mehr zu brennen. Die Menschen stellen mich an die Seite. Sie sehen nur sich selbst und nicht die anderen, die sie lieb haben sollten.« Und mit einem letzten Aufflackern war auch dieses Licht ausgelöscht.

Da kam ein Kind ins Zimmer. Es schaute die Kerzen an und sagte: »Aber, aber, ihr sollt doch brennen und nicht aus sein!«, und fast weinte es.

Da meldete sich auch die vierte Kerze zu Wort: »Hab keine Angst. Ich heiße Hoffnung!«

Das Kind nahm Licht von dieser Kerze und zündete die anderen Lichter wieder an.

Ratlosigkeit und Hoffnung

Unsere Kommunikation heute ist in der Krise, weltweit. In der ehelichen Kommunikation erleben die Partner den Schmerz gegenseitigen Missverstehens und Nichtbeachtens, Familien leiden unter der nahezu fehlenden oder ausgesprochen oberflächlichen Art der Kommunikation zwischen Eltern und Kindern. Ebenso weist die Kommunikation zwischen Regierungen und ihren Völkern einen Zustand gegenseitigen Misstrauens auf, von Beschimpfung über Betrug bis hin zu Feindseligkeit.

Wenn wir die Probleme innerhalb der Familie anschauen, so zeigt sich Folgendes:

● Rund 25 Prozent aller Kinder zeigten ernsthafte Verhaltensstörungen, und jedes dritte Kind fühlt sich einsam, vernachlässigt und unglücklich. Die Dunkelziffer der Kindesmisshandlungen ist so hoch, dass dieses Delikt als eines der häufigsten überhaupt eingeschätzt wird.

● Jedes siebte Kind unter 18 Jahren wächst in Deutschland bei nur einem Elternteil auf. Ursachen dafür sind uneheliche Geburt, Trennung oder Scheidung der Eltern, Tod eines Elternteils usw. Darüber hinaus gibt es funktionell unvollständige Familien. Das heißt, Vater und Mutter leben zwar zusammen, haben aber für die Familie z. B. aus beruflichen Gründen keine Zeit und sind mitunter nur stundenweise am Wochenende in der Familie präsent.

● Im Jahr 2006 wurden in Deutschland täglich etwa 520 Ehen geschieden. Diese Zahl bezeichnet nur die Spitze des Eisbergs. Nicht gerechnet ist die Unzahl der Menschen, die voneinander getrennt oder nebeneinanderher leben.

● Rund 40 Prozent der Männer und rund 70 Prozent der Frauen scheiden in Deutschland infolge Frühinvalidität, also vor dem 65. oder 60. Lebensjahr aus dem Arbeitsprozess aus. Die Frühinvalidität tritt aber nur selten infolge beruflicher Überlastung ein, sondern meistens infolge unvernünftiger und gesundheitswidriger emotionaler Lebensweise.

- Bei genauer Betrachtung stellt man fest, dass diese familiären Schwierigkeiten sich im kollektiven Bereich widerspiegeln. Zu nennen sind Kriege, die Millionen Tote fordern; erinnern wir uns nur an den Zweiten Weltkrieg mit allein 61 Millionen Toten. Laut dem Heidelberger Institut für Internationale Konfliktforschung gab es im Jahr 2006 weltweit 278 politische Konflikte (6 innerstaatliche Kriege, 29 ernste Krisen mit wiederholtem Gewalteinsatz, 83 Krisen mit sporadischem Gewalteinsatz, 160 gewaltlose Konflikte[24]).
- Um auf der politischen Ebene zu bleiben: Rund eine Milliarde Menschen in der Dritten Welt leben unter dem Existenzminimum, sie sind unterernährt und hungern. Landarbeit wird vielfach noch durch Naturalien »entlohnt«. Landwirtschaftliche Geräte sind oft so armselig, dass ganze Familien kaum mehr als einen Hektar Land bebauen können.

Herausforderungen und Perspektiven für das 21. Jahrhundert

Unsere Welt hat sich verändert. Zum ersten Mal in der Geschichte der Menschheit ist eine globale, vernetzte Gesellschaft im Entstehen, deren Hauptmerkmal ihre kulturelle Vielfalt ist. Der Prozess der Globalisierung – nicht nur auf der politischen, sondern vor allem auf der mentalen Ebene – geht nicht ohne Schwierigkeiten vor sich. Es stellt sich auch für die Psychotherapie die Aufgabe, ihr die nötige Richtung zu geben, damit sie den Anforderungen der heutigen Zeit angemessen begegnen kann. Dies erfordert allerdings ein Umdenken – was die Erklärung von Ursachen der Krise betrifft.

Diese globalen Veränderungen und Herausforderungen beeinflussen den einzelnen Menschen und vor allem die individuelle Gesundheit. Der heutigen globalen Krise – sowohl im individuellen als auch im kollektiven Leben – mit ihren zahlreichen Auswirkungen und Facetten liegen zweifellos mehrere Ursachen zugrunde, und Fachleute unterschiedlichster Disziplinen beschäftigen sich seit langem mit der Erforschung dieser Krise.

Diese Erfahrungen und Überlegungen brachten mich darauf, den Menschen – auch in der Psychotherapie – nicht nur als isoliertes Einzelwesen zu begreifen, sondern seine Beziehungen zu anderen Menschen und – wie es meiner eigenen Entwicklung entspricht – seine transkulturelle Situation zu berücksichtigen, die ihn erst zu dem machen, was er ist.

Transkultureller und interdisziplinärer Ansatz

Die Positive Psychotherapie leitet sich von dem lateinischen *positum* ab: das Gegebene, das Tatsächliche. Daraus wiederum ergibt sich unmittelbar eine Methode im Kontext des positiven Menschenbildes: Der Klient trägt die Lösung seiner Probleme, Symptome oder Störungen schon in sich. Im Gegensatz zur defizitorientierten Diagnose, die dem Patienten mitteilt, was ihm fehlt (pathogenetischer Ansatz), gibt der positive (salutogenetische) Ansatz ermutigende Impulse, damit der Patient über die Erkenntnis der Sinnhaftigkeit seiner Probleme diese selbst lösen kann. Damit werden gezielt die Selbsthilfepotenziale und damit die Ressourcen des Patienten mobilisiert.

Der transkulturelle Ansatz durchzieht wie ein roter Faden die gesamte Arbeit des Instituts, das ich gegründet habe. Wir berücksichtigen ihn deshalb gesondert, weil der transkulturelle Gesichtspunkt nicht nur Material zum Verständnis individueller Konflikte bietet, sondern darüber hinaus eine außerordentliche soziale Bedeutung hat, beispielsweise im Hinblick auf Probleme der ausländischen Mitbürger, auf Fragen der Entwicklungshilfe und auf transkulturelle Ehen.

Lösungsvorschläge aus dieser Krise für den Einzelnen, für Politiker, Geistliche, Wissenschaftler und andere sind im Kapitel »Einheit in der Vielfalt – unsere Hoffnung für die Zukunft« genauer ausgeführt.

Geduld bringt Rosen.
Ungeduld bringt Neurosen.

4 *Die Zeiten ändern sich und wir ändern uns mit der Zeit.*

Religion und Zeitgeist

Geschichte: Wer seine Träume verwirklichen will, muss immer wach sein!

Aus dem Traum furchtsam aufgewacht, schrie der Mann und bat seine Frau, ihm die Brille zu holen. Aufgeregt fragte die Frau: »Wozu brauchst du die Brille in der Nacht?« »Ich habe geträumt, in einem weit entfernten Land zu sein. Die Gassen der Stadt waren dunkel und ich konnte die Sehenswürdigkeiten nicht betrachten. Deshalb brauche ich meine Brille, um die Stadt besser zu sehen.«

Religion und Zeitgeist

In früheren Zeiten waren die Gesellschaften weitgehend in sich geschlossen, ihr religiös-weltanschauliches und gesellschaftliches System war gewissermaßen konkurrenzlos, für alle gleichermaßen gültig. Die Entwicklung der letzten Jahrhunderte führte, wie schon erwähnt, dazu, dass die Menschen infolge der wirtschaftlichen und technischen Neuerungen einander näherrückten und die gesellschaftlichen Grenzen durchlässiger wurden. Auch religiös-weltanschauliche Systeme bestanden auf engstem Raum nebeneinander. Doch führte dieser Zugewinn an Sichtweisen eigenartigerweise nicht nur zur Erweiterung des Horizonts, sondern auch zu einer Verunsicherung. Soll ein Kind heute noch lernen, gehorsam zu sein und seinen Eltern zu dienen, wie es vor allem im orthodoxen Judentum gefordert wird? Die spätbürgerliche Gesellschaft fordert dagegen – im Hinblick auf die liberale Selbstbehauptung des Einzelnen – von einem Kind Selbstständigkeit, Unabhängigkeit und Durchsetzungsvermögen. Hierzu zählt auch das Prinzip der Leistungsorientierung in der Erziehung, wie sie religiös der calvinistischen Lehre und gesellschaftlich der »Aufsteigermentalität« des »Selfmademan« entspricht.

Mit ihrem eigenen Verhältnis zur Religion sind die Eltern ein Vorbild für die Kinder. Durch sie werden sowohl extreme Einstellungen, ein Festhalten an religiösen Dogmen, eine zur Schau getragene Gleichgültigkeit oder eine manifeste Abwehr von Religion als auch das ambivalente Verhältnis zu ihr vorgeprägt. Absolutheitsansprüche scheinen ein Charakteristikum der meisten religiös-weltanschaulichen Systeme zu sein. Sie treten miteinander in Konkurrenz, eine weltanschauliche Interessengruppe gräbt der anderen das Wasser ab, bezweifelt ihre Sinnangebote, meist unter dem Absolutheitsanspruch des eigenen Systems. Dabei ergibt sich eine interessante »Zeitverschiebung«: Weltanschauung, Menschenbilder und religiöse Systeme, die geschichtlich in bestimmten Situationen entstanden waren und aus dem geschichtlichen Kontext heraus ihren Sinn hatten, bestehen nun neben anderen Systemen aus anderen Zeiten und Gesellschaften. Die Spanne reicht, bildlich gesprochen, von der Steinzeit bis zum Atomzeitalter. Entsprechend unterschiedlich sind Sinnangebote und die Zielgruppen, die sie ansprechen.

Erziehung, Werte, Religion

Die Prinzipien der Erziehung und Psychotherapie waren seit jeher von den Vorstellungen des Menschenbildes abhängig, das in dem entsprechenden Zeitalter Gültigkeit besaß. In dieses Menschenbild fließen die Erfahrungen ein, die man mit seinen eigenen Eltern und den Mitmenschen macht, ebenso die Erfahrungen, die man von seinem Umfeld oder aus der Tradition übernommen hat. Erziehung lehrt, sich so zu verhalten, wie es in der derzeitigen sozialen Umgebung wünschenswert ist. Sie ist sowohl gruppenspezifisch wie auch im weiteren Sinne abhängig von den Wertsystemen der jeweils gültigen Weltanschauung und Religion; das gilt für jede Form von Erziehung, so unterschiedlich sie auch sonst sein mag. Mit anderen Worten: Es werden durch die Erziehung Normen vermittelt, welche dem Kind Anhaltspunkte für ein konfliktarmes Zusammenleben bieten. Den Prozess der Aneignung solcher Normen bezeichnen wir als Sozialisation.

Wie verhalten sich diese Normen gegenüber den Veränderungen, welche die Gesellschaft in ihrer Geschichte durchmacht und gegenüber dem, was Arnold Toynbee als »Vernichtung der Werte« zu umschreiben sucht? In der Tat lassen sich heute keine festen, statischen Bezugssysteme für die »richtige Erziehung« dingfest machen. Früher bot die Religion die Anhaltspunkte, Kriterien, Maßstäbe und Ziele für die Erziehung: Sie zeigte, was richtig, was falsch, was gut, was böse ist. Da die Religionen und Kirchen als moralische Institutionen nicht die Anforderungen, Nöte und Bedürfnisse des Menschen in seiner sozialen Umgebung zeitgemäß berücksichtigten, wurden sie von der emanzipierten Gesellschaft als Trägerin sozialer Normen abgelöst.

Die Anschauungen darüber, was das Verhalten eines Menschen bestimmt und welche die verantwortlichen Instanzen für die Entwicklung und deren Störungen seien, sind durchaus immer wieder einem Wandel unterworfen. Während früher der Körper als Ursache für körperliche und seelische Krankheiten galt, wird heute die Umwelt (Elternhaus, Schule, Gesellschaft und moralische Institutionen) als die verantwortliche Instanz angesehen. Es vollzog sich eine Wandlung. Statt: »Das hast du von deinem Vater geerbt, der lügt auch dauernd«, heißt es heute vielfach: »Du bist so, weil deine Eltern dich so erzogen haben, deine Erziehung kann man nachträglich nicht ändern.«

Hinzu kommt die Dimension der Zeit: Man behandelt das Kind so, wie man selbst erzogen wurde *(Identifikation)*, ohne die Anforderungen zu berücksichtigen, die in der jetzigen Zeit auf das Kind zukommen: »Mein Kind soll es genauso gut haben wie ich selbst«, ist die irrige Meinung. Eine andere unzeitgemäße Haltung zeigt sich, wenn Eltern Kritik an der Erziehung üben, die sie selbst erdulden mussten, und jetzt genau das Gegenteil praktizieren: »Mein Kind soll es besser haben, als ich es hatte.« Sie berücksichtigt ebenso wenig die Fähigkeiten des Kindes und die Anforderungen der Zeit. Unbewusst beinhaltet diese Haltung meist Wünsche und Konflikte der Eltern *(Projektion)*.

Wohl am weitesten verbreitet ist die Indifferenz. Die Eltern sind unsicher. Sie wissen zwar, dass der erlernte Erziehungsstil problematisch ist, und versuchen, ihn zu modifizieren, können sich aber nicht aus der Identifikation und Projektion lösen. Ihre Inkonsequenz bemänteln sie mit Toleranz: Man erzieht das Kind je nach den momentanen (wandelbaren) Einstellungen, Informationen und Launen *(Generalisierung)*.

Fallbeispiele: Dazu die Erkenntnis eines 41-jährigen Bankkaufmanns: »Zu meinen Kindern habe ich mich genau entgegengesetzt verhalten: Das heißt, ich habe die Verhaltensweisen meiner Eltern übernommen, aber ich habe sie um 180 Grad herumgedreht!«

Oder ein 38-jähriger Betriebsleiter: »Ich habe mich sehr bemüht, meinen Kindern ein gutes Vorbild zu sein, denn ich wollte ja nicht, dass es meinen Kindern ähnlich erginge wie mir. Ich bin daraufhin in das andere Extrem verfallen und wollte – und will es zum Teil heute noch – alles hundertprozentig perfekt machen.«

In den meisten Fällen ist der projizierte Wunsch jedoch dem Entwicklungsstand und den Möglichkeiten des Partners nicht angemessen, weil bei diesem Fähigkeiten vorausgesetzt werden, die eigentlich erst Schritt für Schritt entwickelt werden müssten. Man geht hier also den zweiten Schritt vor dem ersten. Durch die Projektion der eigenen Wünsche und die Forderung, sich mit diesen zu identifizieren, wird der Partner, aber auch man selbst, emotional überfordert.

Kinder sehen nicht nur, was auch ihre Eltern sehen; sie erleben es durch die Identifikation auch in ähnlicher Weise. Das Erlebnis, dass man bei sich Verhaltensweisen und Einstellungen entdeckt, die für die eigenen Eltern, für Freunde und Verwandte typisch waren, kann jeder nachvollziehen. Oft passiert es aber, dass sich das Vorbild verselbstständigt: Man denkt, spricht und handelt nicht so, wie man es aufgrund der eigenen Überzeugung tun würde, sondern wie es das Vorbild in der gleichen Situation getan hätte.

Die folgende Erkenntnis einer Mutter ist gewiss für viele nachvollziehbar:

»Obwohl ich weiß, dass jedes Kind seinen Freiheitsraum braucht, rege ich mich über die Unordnung meiner Tochter genauso auf, wie sich meine Mutter über meine Unordnung aufregte. Dabei geht es mir schon auf die Nerven, dass ich die gleichen Argumente und Worte benutze wie meine Mutter ...«

Der Mensch hat im Gegensatz zum Tier die Fähigkeit, über Vergangenheit, Gegenwart und Zukunft zu verfügen. Durch Erlebnisse, Entmutigungen, Enttäuschungen und Nachahmungen verharrt er in einem dieser drei Bereiche: Flucht in die Vergangenheit (in Einsamkeit, Krankheiten wie Depressionen oder Schuldgefühle), Flucht in die Gegenwart (in Arbeit und Stress) und Flucht in die Fantasie (Zukunftsangst und Träumerei). In Bezug auf Religion kann daraus der Anspruch erwachsen, den einzig wahren Glauben zu vertreten. Aus einer solchen Haltung können sich verschiedene Reaktionstypen entwickeln, die im weiteren Verlauf noch genauer erläutert werden.

Von Zeit bis Zeitdruck

Zeit bezieht sich auf die Fähigkeit, den Zeitablauf zu gestalten und eine ausgeglichene Beziehung zur Vergangenheit, Gegenwart und Zukunft aufzunehmen. Dies kann passiv geschehen, indem man Zeiteinteilungen und Zeitgestaltungen übernimmt, und aktiv durch die Gliederung der Zeit nach einem persönlichen Konzept. Schon sehr früh lernt das Kind, ob es selbst etwas mit der Zeit anfangen, wie es sie gestalten kann oder ob es passiv allem Geschehen ausgesetzt ist.

Auf dieser Basis lassen sich die meisten menschlichen Konflikte als eine Störung der Dimension der Zeit, also eine mangelnde Integration von Vergangenheit, Gegenwart und Zukunft auffassen. Wenn die Dimension Zeit unberücksichtigt bleibt, kommt es zu Fixierungen, Abwehr und Indifferenz.

Durch folgende Fragen können Sie Ihre Beziehung zur Zeit besser definieren:

Nehmen Sie sich Zeit für sich und Ihre Umgebung, Ihre Mitmenschen?

Wie fühlen Sie sich, wenn Ihr Partner für Sie wenig Zeit hat (Situationen)?

Kommen Sie mit Ihrer Zeit aus oder empfinden Sie Langeweile oder Hetze?

Haben Sie genug Zeit für sich selbst und können Sie mit dieser Zeit etwas anfangen?

Was würden Sie tun, wenn Sie eine Woche lang freie Zeit zu Ihrer Verfügung hätten?

Haben Sie (Ihr Partner) eine geregelte Arbeitszeit?

Welche Zukunftspläne haben Sie?

Denken Sie oft darüber nach, was Sie in der Vergangenheit richtig oder falsch gemacht haben?

Wer von Ihren Eltern hatte mehr Zeit für Sie?

Wie wirkt sich die mangelnde Zeit des Partners auf die Stabilität der Partnerschaft aus?

Warum ist Stress gefährlich für die Partnerschaft?

Kann Zeitdruck und Stress problematische Persönlichkeitsaspekte freimachen?

Können beide Partner zusammen mit Zeitdruck und Stress umgehen?

Anregung zum Perspektivenwechsel

Überlegen Sie sich, was Sie mit Ihrer Zeit anfangen möchten, und sprechen Sie mit dem Partner oder der Familie darüber. Durch Planung können Sie Störungen vermeiden. Mit den Überraschungen, die trotzdem auftreten, müssen Sie fertig werden. Stellen Sie fest, was dringlich und weniger dringlich ist, und arbeiten Sie Ihre Aufgaben nacheinander ab. Wofür nehmen Sie sich Zeit: für sich, für den Partner, die Familie, sozialen Kontakt, Beruf, Weltanschauung/Religion?

✤ *Die Gegenwart ist das Kind der Vergangenheit und die Mutter der Zukunft.*

✤ *»Fräulein Paulsen«, sagt der Arzt zu der ältlichen Dame, »Sie sollten so schnell wie möglich heiraten. Dann verschwinden all die kleinen Beschwerden, die Sie jetzt plagen.« »Einverstanden, Herr Doktor!«, sagte die Dame erfreut. »Wann gehen wir zum Standesamt?« »Was«, rief der Arzt erstaunt, »Sie wollen mich heiraten?« »Aber ja, schließlich haben wir doch freie Arztwahl!«*

5 *Eigene Erfahrungen sind teuer.*
Fremde Erfahrungen sind kostbar.

Wer sind wir?
Identität und Sinnfragen

Geschichte: Die Tiefenschärfe entwickelt man erst, wenn man mit beiden Augen sieht

In einer Schulklasse haben sich die Schüler beklagt und ihre Unzufriedenheit mit dem Lehrer zum Ausdruck gebracht: Warum sollen wir uns mit Themen wie der globalen Abhängigkeit auseinandersetzen? Was geht es uns an, was die anderen in der Welt tun, fühlen oder machen?

Der Lehrer antwortet wie folgt: Ich habe einen Traum gehabt. Ich träumte, dass ich einen meiner Schüler nach 50 Jahren wiedertreffe. Der Schüler war sehr ärgerlich und sagte: »Warum habe ich so viel über die Geschichten der Vergangenheit meines Landes und die Administration meiner Heimat gelernt und so wenig über die Welt?«

Er war unzufrieden, weil niemand ihm gesagt hatte, dass er sich als Erwachsener täglich mit globalen Problemen wie Umwelt, Klimawandel, Naturschutz, Friedensanstrengungen, Sicherheit, Lebensqualität, Ernährung, Inflation, mangelnde Naturressourcen beschäftigen müsse. Der ärgerliche Schüler hat sich als Opfer und zur gleichen Zeit als Täter erlebt: »Warum bin ich nicht gewarnt worden? Warum habe ich keine bessere Erziehung genossen? Warum haben meine Lehrer mir nicht geholfen, diese Probleme rechtzeitig zu erkennen, sie zu verstehen und nach Lösungen zu suchen? Sie haben mir nicht gesagt, dass ich Mitglied einer globalen Fa-

milie bin.« Schließlich schrie der unzufriedene Schüler: »Sie haben meine Erkenntnisfähigkeit nicht erweitert. Sie haben mir beigebracht, mit meinen Händen Maschinen zu bedienen, mit meinen Augen Teleskop und Mikroskop zu betrachten, meine Ohren wurden geschult, Telefon, Radio und Klänge zu hören, mein Gehirn, Computer zu programmieren. Sie haben mir aber nicht geholfen, Liebesfähigkeiten zu erweitern und mein Herz, meine Liebe und Aufmerksamkeit der gesamten Menschheit zu widmen. Die Lehrer haben mich um die Hälfte der Wahrheit betrogen«[25].

Mit der Geburt betreten wir einen Lebensraum, in dem wir ständigen Veränderungen unterworfen sind. Als Kind werden wir uns allmählich unserer selbst bewusst. Die Pubertät lässt uns in die Erwachsenenwelt hineinwachsen. Der Single wird zum Paar, Beruf und Elternschaft wollen gemeistert werden. Schließlich können wir mit der Sinnkrise der Lebensmitte und den Wechseljahren konfrontiert werden. Der Ruhestand fordert wieder eine grundsätzliche Umgestaltung des Lebens, und das Alter führt uns in die Auseinandersetzung mit der Sterblichkeit und in die Vorbereitung auf den Tod.

Wir alle durchleben diese Stufen und haben die genannten Aufgaben zu bewältigen. Einigen von uns gelingt es, diese Aufgaben zu lösen, andere dagegen kommen nur mit Schwierigkeiten vorwärts und stehen unter dauerndem Stress. Wachstum und Veränderung sind das Kernstück der menschlichen Existenz.

Die elementarste Frage, vor der Menschen stehen können, lautet: Wer sind wir? Viele Menschen beantworten diese Frage in der traditionellen Weise, wie sie immer beantwortet wurde: durch Rückzug auf die Dinge, die ihnen am meisten bedeuten. Menschen definieren sich über Herkunft, Religion, Sprache, Geschichte, Werte, Sitten und Gebräuche, Institutionen. Sie identifizieren sich mit ethnischen Gruppen, religiösen Gemeinschaften, Nationen und, auf weitester Ebene, Kulturkreisen. Welche Rolle hat dabei die Politik? Menschen benutzen Politik nicht nur dazu, ihre Interessen zu fördern, sondern auch dazu, ihre Identität zu definieren.

> ✿ *Wer ständig glücklich sein möchte,*
> *muss sich oft verändern.*

Wer sind wir? Erst wenn es gelingt, die Identitätsfrage unter den jeweiligen Lebensbedingungen eines Menschen, eingebettet in seiner Umgebung, zu konkretisieren, können wir eine stabile Identität erreichen.

Fallbeispiel: »Mit seinem Tod hat mir mein Mann das Geschäft und damit die Sorgen zurückgelassen!«

»Ich fühle mich niedergeschlagen und habe starke Depressionen. Nachts kann ich nicht mehr einschlafen, und wenn ich doch einschlafe, wache ich nach etwa ein bis zwei Stunden schreiend und voller Angst wieder auf und weiß nicht, wo ich mich befinde. Erst wenn ich den Lichtschalter gefunden habe, kann ich mich langsam wieder beruhigen. Ich habe das Gefühl, dass mir alles über den Kopf wächst, und ich bin oft sehr gereizt. Begonnen haben die Beschwerden vor zwei Jahren, als mein Mann an einem Herzinfarkt starb. Er war beruflich total überlastet und nahm sich die finanziellen Schwierigkeiten seines Geschäfts sehr zu Herzen. Ein Mitarbeiter meines Mannes, dem er viel anvertraut hatte, führte die Bücher nicht korrekt genug, so dass wir Schwierigkeiten mit dem Finanzamt bekamen. Außerdem verschwanden immer wieder Waren. Mein Mann kam darüber einfach nicht hinweg. Mit seinem Tod hat er mir das Geschäft und damit die Sorgen zurückgelassen. Ich weiß nicht, wem ich die Geschäftsführung anvertrauen soll. Ich habe zu niemandem mehr Vertrauen, auch zu mir nicht, weil ich das niemals gelernt habe und jetzt auch schon total überfordert bin. Die Vorstellung, dass unser Geschäft langsam aber sicher wegen meines Unvermögens in Konkurs geht, bringt mich zur Verzweiflung und stellt mein Leben infrage. Ich weiß nicht mehr, wozu ich lebe (…).« (48-jährige Geschäftsfrau).

Die Identitätskrise bezieht sich in diesem Fallbeispiel sowohl auf die Lebensziele als auch auf die mangelnde Energieverteilung für die vier Qualitäten des Lebens und die Alltagsidentität im Sinne einer mangelnden Konfliktbewältigungsstrategie.

Im Verlauf der Therapie versuchte die Patientin nun selbst, angeregt durch Metaphern und Geschichten, ihre Umgebung, ihren verstorbenen Partner, Mitmenschen und sich selbst neu zu erfahren. Es war für sie eine Entdeckungsreise in ein bisher fast unbekanntes Land. Die Patientin schwieg eine Weile und überlegte angestrengt: »Ich glaube, die Geschichten, die wir in der Therapie besprochen haben, treffen tatsächlich auf mich zu (…).« Von hier aus war der konstruktive, konfliktzentrierte Einstieg in die psychosoziale Norm »Sparsamkeit« möglich. Durch diese Geschichte und ihre Übertragung auf die eigene Situation war der Patientin die Doppeldeutigkeit ihrer Haltung bewusst geworden, und sie konnte sich über den Generationenauftrag klar werden, den sie unbewusst zu erfüllen versuchte.

Wer sich nicht selbst achtet,
wird niemals geachtet werden.

1. Das Prinzip der Hoffnung:
Das positive Menschenbild. Wege zur Sinnfindung

Was ist das Wesen des Menschen? Ist er gut oder böse? Ist er in seinen Entscheidungen frei? Gibt es eine Erfüllung für seine Sehnsucht nach Glück? Hat er Einfluss auf das Schicksal der Menschheit? Ist mit seinem Tod alles zu Ende?

Diese Themen gipfeln in der Frage: Welchen Sinn hat mein Leben? Sie differenziert sich nach den Bereichen, in denen sich das Leben abspielt: Was für einen Sinn hat mein Beruf, meine Partnerschaft, meine Familie, meine Krankheit etc.? Das Gefühl der Sinnlosigkeit kann zur tödlichen Bedrohung werden; umgekehrt kann das Gefühl der Sinnerfüllung Glück und Zufriedenheit erleben lassen. Eine Antwort auf sie zu finden ist nicht einfach; erst recht nicht in einer Epoche, in der unser Menschenbild grundsätzlich auf dem Prüfstand steht.

Hier stellen sich die grundsätzlichen Fragen:

Was haben alle Menschen gemeinsam?
Wodurch unterscheiden sie sich?

So wie ein Samenkorn sich erst im Kontext mit der Umwelt, etwa mit dem Boden, dem Regen, dem Gärtner entfaltet, so entwickelt auch der Mensch seine Fähigkeiten in enger Beziehung zu seiner Umwelt.

Dem Konzept liegt die Auffassung zugrunde, dass jeder Mensch ohne Ausnahme zwei Grundfähigkeiten besitzt: die Erkenntnisfähigkeit und die Liebesfähigkeit. Je nach den Bedingungen des Körpers, seiner Umwelt und der Zeit, in der er lebt, werden sich diese Grundfähigkeiten differenzieren und zu einer unverwechselbaren Struktur von Wesenszügen führen.

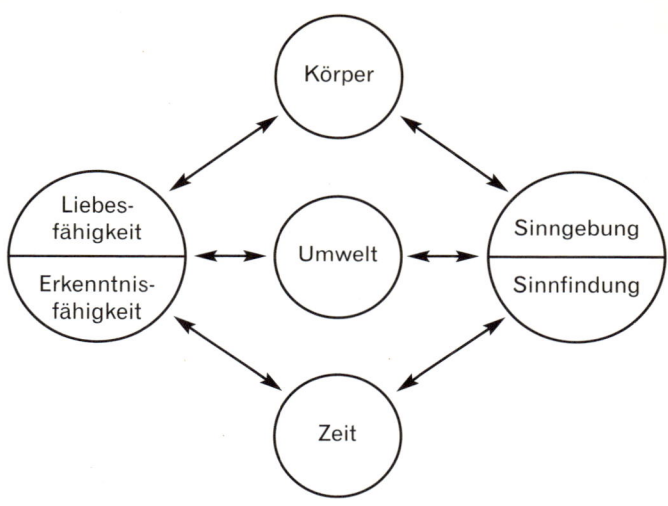

Grundfähigkeiten und ihre Entwicklungsbedingungen
zur Sinngebung (Religion) und Sinnfindung (Wissenschaft)

Liebesfähigkeit bedeutet: die Fähigkeit zu lieben und geliebt zu werden. Sie führt in ihrer weiteren Entwicklung zu den primären Fähigkeiten wie lieben können, Vorbild sein, Geduld haben, sich Zeit nehmen, Kontakt knüpfen können, Zärtlichkeit und Sexualität geben und nehmen, vertrauen können, Hoffnung haben, glauben können, zweifeln können, zu Gewissheiten gelangen und Einheit herstellen.

Erkenntnisfähigkeit bedeutet: die Fähigkeit zu lernen und zu lehren. Aus der Erkenntnisfähigkeit entwickeln sich die sekundären Fähigkeiten wie Pünktlichkeit, Ordnung, Leistung, Höflichkeit, Ehrlichkeit, Sparsamkeit, Gerechtigkeit und Gewissheit.

In alltäglichen Beschreibungen und Wertungen und in der gegenseitigen Partnerbeurteilung spielen die sekundären Fähigkeiten eine entscheidende Rolle. Wer einen Menschen nett und sympathisch findet, der begründet seine Einstellung damit: Er ist anständig und ordentlich, man kann sich auf ihn verlassen. Umgekehrt urteilt man abwertend: Er ist mir unsympathisch, weil er schlampig, unpünktlich, ungerecht, unhöflich und geizig ist und zu wenig Fleiß an den Tag legt. Die große affektive Resonanz bei Störungen der sekundären Fähigkeiten ist nur auf der Basis der emotionalen Beziehungen zu verstehen. Ausdruck hierfür sind die primären Fähigkeiten.

Wenn wir von primären Fähigkeiten sprechen, so nicht, weil diese wichtiger wären als die sekundären. Vielmehr soll der Begriff »primär« darauf hinweisen, dass diese Fähigkeiten den ich-nahen, emotionalen Bereich betreffen. Die primären Fähigkeiten stellen das Basisphänomen dar, auf dem die sekundären Fähigkeiten aufbauen. Inhaltlich beziehen sich die primären Fähigkeiten auf Erfahrungen, welche hinsichtlich der sekundären Fähigkeiten gemacht wurden. Beispielhaft dafür ist die Aussage einer Patientin: »Ich habe kein Vertrauen mehr zu meinem Mann, weil er immer unzuverlässig und unpünktlich ist …«

Umgekehrt wirken die primären Fähigkeiten auf die sekundären Fähigkeiten. In diesem Sinne sagt eine 29-jährige Patientin: »Der Bereich, in dem ich allergisch reagiere, ist die Ordnung. Wenn meine 8-jährige Tochter ihre Hausaufgaben nicht ordentlich und sauber genug macht, werde ich sauer. Ich bin dann ungeduldig und kann aggressiv werden.«

Diese Verhaltensnormen nannte ich Aktualfähigkeiten. Den Begriff führte ich deshalb ein, weil er Normen umfasst, die in unseren täglichen zwischenmenschlichen Beziehungen wirksam sind und daher fortwährend aktuelle Bedeutung haben.

Die primären und sekundären Fähigkeiten bezeichnen wir als Aktualfähigkeiten. Träger dieser Fähigkeiten sind Religionen, Kulturen, Ahnen, Eltern und kulturelle Instanzen (Schule, Gesellschaft und moralische Institutionen). Die Aktualfähigkeiten hängen somit von den historischen und gesellschaftlichen Bedingungen ab; Erkenntnis- und Liebesfähigkeit gehören dagegen zum Wesen eines jeden Menschen. Dies bedeutet nichts anderes, als dass der Mensch seinem Wesen nach gut ist. Störungen haben mit den Grundfähigkeiten nichts zu tun.

So können beispielsweise Pedanterie, Unordnung, ritualisierte Sauberkeit, Unsauberkeit, übertriebene Pünktlichkeitsforderungen, Unpünktlichkeit, zwanghafte Gewissenhaftigkeit oder Unzuverlässigkeit außer zu sozialen Konflikten auch zu psychischen und psychosomatischen Verarbeitungen – wie Ängsten, Aggressionen und Nachahmungen – mit ihren Folgen führen: im psychischen Bereich, in den Atemwegen, im Herz- und Kreislaufsystem, im Verdauungstrakt, im Bewegungsapparat, im Nervensystem, im Urogenital- und im Hautbereich.

»Wenn ich schon an die Ungerechtigkeit meines Chefs denke, fange ich an zu zittern und es wird mir schlecht. Später bekomme ich dann Kopfschmerzen und Magenschmerzen« (28-jährige Angestellte mit psychosomatischen Störungen).

Der dargestellte Ansatz legte es nahe, Patienten auf ihre Konfliktbereitschaften hinsichtlich der Aktualfähigkeiten zu befragen. Nehmen wir an, eine Patientin entwickelt immer dann Ängste, wenn sie abends auf ihren Ehemann warten muss. In einem solchen Fall zentriert sich die Angst inhaltlich um die psychosoziale Norm »Pünktlichkeit«. Liegt es dann nicht nahe, gerade diesen Bereich aufzuarbeiten? Ein solches Vorgehen wäre im besten Sinn radikal: Es geht von der Wurzel und nicht von irgendwelchen Symptomen aus.

Die Grundfähigkeiten bilden das Fähigkeitspotenzial, das jeder Mensch unabhängig von seiner körperlichen und seelischen Gesundheit und seiner sozialen Situation besitzt. Sie sind die Basis der menschlichen Beziehungen und die Bereiche, in denen Menschen trotz aller individueller und kultureller Unterschiede Gemeinsames finden können: Jede

Störung und jede Krankheit erfüllt für den Betroffenen und seine soziale Umgebung bestimmte Funktionen. Das heißt, Störungen haben auch ihre positiven Seiten.

Grund- und Aktualfähigkeiten

Das Prinzip der Grundfähigkeiten fand ich zunächst in der Bahá'í-Religion[26] und später in der Literatur in vielfacher Gestalt. Freud nimmt eine Zweiteilung von Lust- und Realitätsprinzip vor. Guilford spricht von universellen Dispositionen und Wesenszügen. Maslow verwendet den Begriff Grundbedürfnisse des menschlichen Seins. Fromm unterscheidet zwischen den allen Menschen eigenen biologischen Instinkten und existenziellen Bedürfnissen. Erikson verwendet den Begriff »basic virtues«, die er in einer Stufenfolge von Grundtugenden beschreibt. Diese Begriffe entstammen verschiedenen wissenschaftlichen Theoriesystemen, und man kann sie nicht bruchlos ineinander überführen. Sieht man jedoch von den Unterschieden des theoretischen Bedeutungszusammenhangs ab, finden wir ein Menschenbild, für das Konstrukte gefordert werden, die den Grundfähigkeiten entsprechen.

In der medizinischen, psychologischen, pädagogischen und psychotherapeutischen Literatur kommt man immer wieder auf die Aktualfähigkeiten als Einheiten des Verhaltens zurück, jedoch bleibt diese Aktualfähigkeit isoliert. Wir wollen hier diese Aktualfähigkeiten als umfassende Verhaltenskategorie und Kategorie der Einstellung systematisch berücksichtigen.

Die Bedeutung der Aktualfähigkeiten

Der Versuch, den Menschen nicht nur negativ von seinen Störungen her, sondern auch positiv, also unter dem Aspekt seiner Fähigkeiten, zu sehen, ist alt und findet sich schon bei

Platon, der die Fähigkeiten, wie sie dem Menschen inne-
wohnen, durch vier Tugenden beschreibt: Gerechtigkeit,
Einsicht, Kühnheit und Weisheit. Orientalische Philosophen
sprechen in ähnlicher Weise von den Tugenden Liebe, Gerechtigkeit, Macht und Weisheit. Die neuere Psychotherapie
berücksichtigt ebenfalls verschiedene Bereiche, in denen
sich menschliche Eigenschaften und Fähigkeiten entwickeln können.

In der psychotherapeutischen und medizinischen Litera-
tur finden sich besonders bei Verhaltensstörungen, psycho-
somatischen Störungen, Neurosen und Psychosen genügend
Hinweise auf einzelne Aktualfähigkeiten: Nach Freud[27] sind
Ordentlichkeit, Sparsamkeit und Eigensinn Eigenschaften,
die auf die Phase der Sauberkeitserziehung zurückgehen.
Jung[28], Künkel[29] und Frankl[30] betonen die Bedeutung des
Glaubens in Erziehung und Therapie. Fromm[31] spricht von
Hoffnung. Mitscherlich[32] stellt die Leistungsanforderung
und Leistungsmotivation heraus. Dreikurs[33] bringt Erfolg,
Prestige und Genauigkeit in Verbindung mit Erziehungspro-
blemen. Bach und Deutsch[34] weisen auf die Bedeutung einer
offenen Beziehung (Ehrlichkeit) in der Partnerschaft hin.
Erikson[35] formuliert eine Stufenfolge von Tugenden, welche
nach den einzelnen Entwicklungsstadien des Menschen und
der Reifung psychischer Funktionen aufgebaut sind.

> *Betrachtet den Menschen als Bergwerk,*
> *reich an Edelsteinen von unschätzbarem Wert.*
> *Nur die Erziehung kann bewirken, dass es seine*
> *Schätze enthüllt und die Menschheit daraus*
> *Nutzen zu ziehen vermag.[36]*

2. Das Balance-Modell: Vier Qualitäten menschlicher und sozialer Identität entsprechen vier Formen der Konfliktverarbeitung

Trotz aller kultureller, sozialer Unterschiede und der Einzigartigkeit jedes Menschen konnte ich beobachten, dass alle Menschen bei der Bewältigung ihrer Probleme auf typische Formen der Konfliktverarbeitung zurückgreifen. Wenn wir ein Problem haben, uns ärgern, wenn wir uns belastet und unverstanden fühlen, in ständiger Anspannung leben oder in unserem Leben keinen Sinn sehen, können wir diese Schwierigkeiten in den folgenden vier Formen der Konfliktverarbeitung zum Ausdruck bringen, denen analog vier Medien der Erkenntnisfähigkeit zugeordnet werden. Sie lassen erkennen, wie man sich und seine Umwelt wahrnimmt und auf welchem Weg der Erkenntnis die Realitätsprüfung erfolgt. Dafür habe ich folgendes Modell entwickelt:

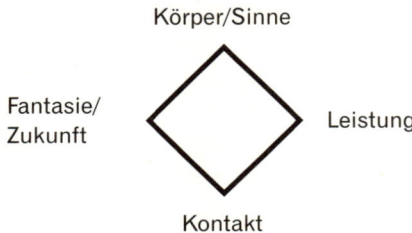

Das Balance-Modell – vier Qualitäten des Lebens, vier Formen der Konfliktverarbeitung

1. Körper/Sinne (Mittel der Sinne): Gesundheit und Identität
2. Leistung (Mittel des Verstandes): Beruf und Identität
3. Kontakt (Mittel der Tradition): Familie – Mitmenschen und Identität
4. Zukunft/Phantasie (Mittel der Intuition): Zukunft und Identität

Körper/Sinne

Die Fähigkeit, den Körper lustvoll zu erleben und damit die Gesundheit zu erhalten: Im Vordergrund steht das Körper-Ich-Gefühl. Wie nimmt man seinen Körper wahr? Wie erlebt man die verschiedenen Sinneseindrücke und Informationen aus der Umwelt? Der Schlaf- und Fütterungsrhythmus kann bedeutsam für die Entwicklung der Pünktlichkeit sein. Die Organwahl eines psychosomatisch erkrankten Patienten wird im Hinblick auf die Konzepte verständlich, an die er sich gegenüber dem Körper als Ganzem, einzelnen Organen und Organfunktionen sowie gegenüber Gesundheit und Krankheit verhält.

Fantasie/Zukunft

Die Fähigkeit, seine intuitiven und fantasievollen Ressourcen zu nutzen und damit die nahe und ferne Zukunft optimistisch und sinngebend zu entwerfen. Intuition und Fantasie reichen über die unmittelbare Wirklichkeit hinaus und können all das beinhalten, was wir als Sinn einer Tätigkeit, Sinn des Lebens, Wunsch, Zukunftsmalerei oder Utopie bezeichnen. Auf die Fähigkeiten der Intuition/Fantasie und die sich aus ihr entwickelnden Bedürfnisse gehen Weltanschauungen und Religionen ein, die damit die Beziehung auch zu einer fernen Zukunft vermitteln.

Leistung

Die Fähigkeit, von seinen Lernmöglichkeiten Gebrauch zu machen und sie einzusetzen. Die Fähigkeit zu lernen und zu lehren. Hierzu gehört die Art und Weise, wie Leistungsnormen ausgeprägt sind und wie sie in das Selbstkonzept eingegliedert werden. Denken und Verstand ermöglichen es, systematisch und gezielt Probleme zu lösen und Leistungen zu optimieren.

Kontakt

Die Fähigkeit, seine emotionalen Qualitäten umfassend zu gestalten und damit soziale Beziehungen aufzunehmen und zu pflegen. Die Fähigkeit zu lieben und sich so zu verhalten, um geliebt zu werden. Wichtig ist hier die Beziehung zu sich selbst, dem Partner, der Familie; das Verhältnis zu anderen Menschen, Gruppen, sozialen Schichten und fremden Kulturkreisen; die Beziehung zu Tieren, Pflanzen und Dingen. Die sozialen Verhaltensweisen werden durch die individuellen Lernerfahrungen und die Überlieferung (Tradition) mitgeprägt. Unsere Möglichkeiten, Kontakte zu gestalten, und sozial erlernte Auswahlkriterien, die sie steuern, sind beispielsweise: Man erwartet von einem Partner Höflichkeit, Ehrlichkeit, Gerechtigkeit, Ordnung, die Beschäftigung mit bestimmten Interessengebieten usw. und sucht sich die Partner aus, die in irgendeiner Weise diesen Kriterien entsprechen.

Jeder Mensch greift bei Problemen auf die vier Formen der Konfliktverarbeitung zurück. Nach dem Konzept der Positiven Psychotherapie ist nicht derjenige Mensch gesund, der keine Konflikte hat, sondern derjenige, der gelernt hat, mit den auftretenden Konflikten angemessen umzugehen. Angemessen bedeutet dabei, keinen der vier Lebensbereiche (Körper/Sinne, Leistung, Kontakt, Fantasie/Zukunft) zu vernachlässigen, sondern seine Energie (nicht unbedingt die Zeit!) annähernd gleichmäßig auf die vier Bereiche zu verteilen. Bildlich gesprochen lassen sich die vier Bereiche mit einem Reiter vergleichen, der motiviert und trainiert (Leistung) einem Ziel zustrebt (Fantasie/Zukunft). Er braucht dazu ein gutes und gepflegtes Pferd (Körper/Sinne) und für den Fall, dass dies ihn einmal abwerfen sollte, Helfer, die ihn beim Aufsteigen unterstützen (Kontakt).

Nach meiner Beobachtung stehen in Europa und Nordamerika als Formen der Konfliktverarbeitung die Bereiche »Körper«, »Leistung« und sekundäre Fähigkeiten im Vordergrund, während sich im Orient die Tendenz zeigt, den »Kontakt«, »Phantasie« und primäre Fähigkeiten höher zu bewerten. Trotz dieser Tendenz erlebt jeder die Welt auf seine Weise und entwickelt seine eigenen, der Einzigartigkeit seiner Persönlichkeit entsprechenden Reaktionsformen.

Im persönlichen Bereich kommen Einseitigkeiten in den vier Qualitäten des Lebens in den vier Fluchtreaktionen zum Ausdruck: Man flieht in die Krankheit (Somatisierung im Sinne von Risikofaktoren und somatoformen Störungen), in die Aktivität und Leistung (Rationalisierung im Sinne von Belastungs- und Anpassungsstörungen), in die Einsamkeit oder in die Geselligkeit (Idealisierung oder Herabsetzung im Sinne von affektiven Störungen und Veränderungen des Sozialverhaltens) und in die Fantasie (Verleugnung im Sinne von Ängsten, Phobien, Panikattacken und wahnhaften Störungen).

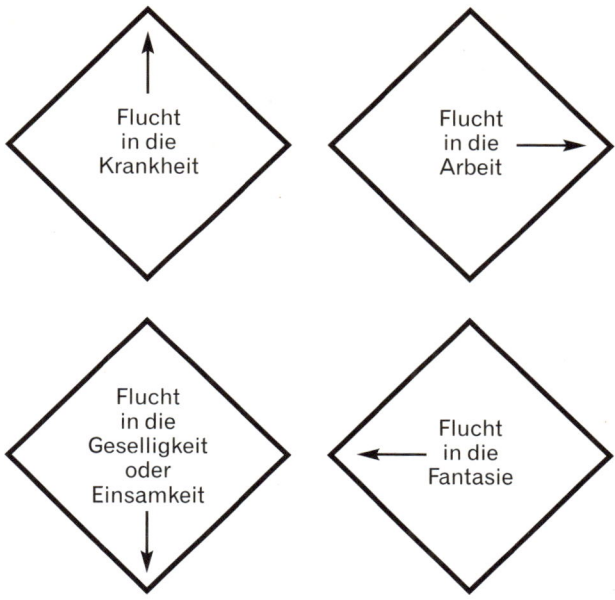

Vier Fluchtreaktionen

Vier Vorbilddimensionen und Identitätsfragen

Auch Vorbilder sind entscheidend für unsere Persönlichkeitsentwicklung. Wir unterscheiden zwischen vier Vorbilddimensionen. Diese beziehen sich auf die Lebensgeschichte der Menschen und dienen als Leitlinie bei der Identitätsentwicklung. Sie beziehen sich auf:

I. die Beziehung der Bezugspersonen (Eltern) und der Geschwister (auch der gleichaltrigen Spielkameraden) zum Kind (Ich): Entwicklung der Selbstidentität

II. die Beziehung der Eltern untereinander (Du): Entwicklung der partnerschaftlichen Identität

III. die Beziehung der Eltern zur Umwelt (Wir): Entwicklung der Gruppenidentität

IV. die Beziehung der Eltern zur Religion/Weltanschauung
(Ur-Wir): Entwicklung der Weltidentität

Aktuelle und frühe Beziehungen, Vorbilder

Die aktuellen und sozialen Beziehungen eines Menschen
stehen in engem Zusammenhang mit der Erfahrung, die er
im Lauf seiner Lebensgeschichte mit seiner Herkunftsfami-
lie, mit Lehrern, geistlichen und staatlichen Repräsentanten,
Mitschülern, Liebespartnern, Kollegen usw. gemacht hat.
Eine Auseinandersetzung mit dem sozialen Umfeld muss
deshalb unter Berücksichtigung sowohl der aktuellen als
auch der frühen Beziehungen des Menschen stattfinden.

Ein Medium der Liebesfähigkeit, selbst eine Form der
Beziehung, kann zum Rivalen der anderen werden: aus Ich-
Bezogenheit den Partner vernachlässigen; angesichts der eigenen Familie die anderen Menschen vergessen; unter dem
Eindruck von Verpflichtungen und gesellschaftlichen Enga-
gements die Familie und sich selbst vernachlässigen; durch
starke Betonung des »Ur-Wir« die aktuellen Nöte der anderen Bereiche übersehen oder, in Anspruch genommen durch
diese Nöte, das Verhältnis zum »Ur-Wir« vernachlässigen.
Die Betonung bestimmter Beziehungen kann somit Symp-
tomcharakter annehmen, weil sich aus ihrer Grundlage bei
entsprechenden äußeren Einflüssen (Aktualkonflikt) und
Veränderungen Störungen entwickeln können.

Der folgende Fragebogen orientiert sich am Modell der
vier Formen der Konfliktverarbeitung und gibt dem Leser
ein ganzheitliches Verständnis des beschriebenen Ansatzes
des Balance-Modells. Dadurch werden Möglichkeiten erschlossen, die Selbsthilfekapazitäten des Menschen freizu-
setzen.

I. Fragen zum Lebensbereich: Körper/Sinne

1. Welche körperlichen Beschwerden haben Sie?
   Welche Organe sind betroffen?
   Welche Organreaktionen gehören zu Ihnen?
2. Ist es für Sie wichtig, dass Sie und Ihr Partner gut aussehen?
3. Auf welches Organ schlägt Ihnen der Ärger?
4. Brauchen Sie viel oder wenig Schlaf?
5. Welchen Einfluss haben Krankheiten auf Ihr Lebensgefühl und Ihre Beziehung zur Zukunft?

II. Fragen zum Lebensbereich: Leistung

1. Welche Tätigkeit würden Sie gerne ausüben?
   Sind Sie mit Ihrem Beruf zufrieden?
2. Wenn Sie einen Menschen beurteilen: Wie wichtig ist für Sie seine Intelligenz und sein soziales Prestige?
3. Worin engagieren Sie sich mehr: im Beruf oder in der Familie?
4. Fühlen Sie sich auch wohl, wenn Sie einmal nichts zu tun haben?
5. Wer von Ihren Eltern legte mehr Wert auf Leistung?

III. Fragen zum Lebensbereich: Kontakt

1. Wie kontaktfreudig schätzen Sie sich selbst ein?
   Haben Sie gerne Gäste im Haus oder empfinden Sie sie eher als Belastung?
2. Was könnte Sie eher davon abhalten, Gäste einzuladen: dass man zu wenig Zeit hat, dass Gäste Geld kosten, dass Gäste Unordnung machen?

3. Wie fühlen Sie sich, wenn Sie in einer Gesellschaft unter vielen Menschen sind?
4. Halten Sie an familiären (religiösen, politischen) Traditionen fest?
5. Hatten Sie als Kind viele Freunde oder waren Sie eher isoliert?

IV. Fragen zum Lebensbereich: Fantasie/Zukunft

1. Halten Sie sich selbst für optimistisch?
2. Hängen Sie der Vergangenheit nach? Befassen Sie sich mit der Zukunft?
3. Wenn Sie eine Woche lang mit jemandem den Platz tauschen könnten, mit wem würden Sie tauschen? Warum?
4. Welchen Einfluss haben bei Ihnen religiöse und weltanschauliche Konzepte für die Kindererziehung, die Partnerwahl und die Beziehung zu Ihren Mitmenschen? Was war das Lebensziel Ihrer Eltern? Was ist Ihr Ziel?
5. Wie stehen Sie zu Mitgliedern anderer Glaubensgemeinschaften und zu Vertretern anderer weltanschaulicher Überzeugungen?

Damit Menschen sich ihrer Situation bewusst werden, stelle ich oft folgende Fragen:

- Was würden Sie jetzt tun, wenn Sie keine Ängste, Depressionen, Beschwerden und Probleme mehr hätten? Stellen Sie sich vor, alle derzeitigen Sorgen und Nöte wären gegenstandslos, Sie wären frei und unbeschwert. Was würden Sie tun? Befassen Sie sich gern mit der Zukunft? Lesen Sie gern utopische Romane?

- Sind Sie der Meinung, dass Sie allen wichtigen Dingen Ihres Lebens genügend Zeit einräumen? Wofür wenden Sie sehr viel Zeit auf (für Gesundheit, Beruf, Familie oder Zukunft und Fantasie? Wofür hätten Sie gerne mehr Zeit?
- Stellen Sie sich vor, Sie sind alt und fühlen, dass Sie bald sterben müssen. Was wollen Sie vollbracht haben? Auf was für ein Leben wollen Sie in Ihrer Sterbestunde zurückblicken? Wie bereiten Sie sich auf Ihren Tod vor? Wie stellen Sie sich den Zustand nach Ihrem Tod vor?

Auf Rat hören ist der wahre Grund des Wohlstandes.

3. Das Prinzip der Beratung

Die Anleitung zur Selbsthilfe innerhalb der Positiven Psychotherapie erfolgt mit Hilfe eines fünfstufigen Plans. Diesen Plan möchte ich an einem alltäglichen Beispiel verdeutlichen: Wenn wir uns über jemanden wegen seiner Unhöflichkeit ärgern, liegt es nahe, uns innerlich beunruhigt zu fühlen, offen über ihn zu schimpfen oder mit anderen über ihn und seine Schwächen zu sprechen. Weiterhin werden wir ihn plötzlich nicht mehr als Menschen mit seinen vielfältigen Fähigkeiten sehen, sondern nur noch als den unhöflichen, flegelhaften Menschen, der uns durch sein Verhalten beleidigt hat. Man ist nicht mehr in der Lage, sich mit guten Eigenschaften dieses Menschen zu beschäftigen, weil sich die unerfreulichen Erlebnisse wie ein Schatten auf die Beziehung zu ihm gelegt haben. Folglich wird man wenig bereit sein, sich mit ihm auseinanderzusetzen, und jede Auseinandersetzung wird letztlich in einen Machtkampf oder Affektausbruch ausarten. Die Kommunikation ist somit in jeder Weise eingeschränkt. Schließlich kommt es soweit, dass man, gewissermaßen um die anderen zu bestrafen, sich selbst einschränkt. Gehen wir von dieser Entwicklungskette aus, die im weiteren auch zu psychischen und psychosomatischen Störungen führen kann, ergibt sich folgendes Grundprinzip für die Selbsthilfe: In jeder zwischenmenschlichen Beziehung kommt es auf die Fähigkeit an, zuzuhören (Beobachtung und Distanzierung), gezielte Fragen zu stellen (Stufe der Inventarisierung), verbal und nonverbal auf das Wahrgenommene einzugehen (Stufe der situativen Ermutigung), Probleme direkt anzusprechen (Stufe der Verbalisierung der Gedanken, Gefühle und Probleme) und schließlich sein Augenmerk auf weitere Ziele und Gesichtspunkte zu richten (Stufe der Zielerweiterung)[37].

❀ *Es ist nicht wenig Zeit, die wir haben,*
sondern es ist viel Zeit, die wir nicht nutzen.

Die verschiedenen Konflikte und ihre Lösungsmöglichkeiten:

Schlüsselkonflikt: Offenheit – Ehrlichkeit

Hiermit ist die Fähigkeit gemeint, offen seine Meinung zu äußern, eigene Bedürfnisse oder Interessen mitzuteilen und Informationen zu geben. Auch Wahrhaftigkeit und Redlichkeit zählen zur Ehrlichkeit. Ehrlichkeit in einer partnerschaftlichen Beziehung gilt als Treue, in der sozialen Kommunikation als Offenheit und Aufrichtigkeit. In dem Alter, in dem das Kind zu sprechen beginnt, kann es noch nicht klar zwischen Vorstellungen und Wirklichkeit unterscheiden. Versteht der Erwachsene die Erlebnislogik des Kindes nicht und bestraft sie als Lüge, kann sich schon hier eine Erziehung zur Unehrlichkeit anbahnen.

Schätzen Sie Offenheit richtig ein:

Können Sie Ihre Meinung offen vertreten?
Haben oder hatten Sie Probleme mit sich oder Ihrem Partner wegen Unehrlichkeit? In welchen Situationen?
Wie reagieren Sie, wenn jemand Sie belügt? Erinnern Sie sich an Situationen, in denen das passiert ist?
Sind Sie mit der Wahrheit großzügig oder eher übergenau, gebrauchen Sie ab und zu Notlügen?
Erzählen Sie anderen viel oder wenig von sich selbst?

So können Sie Ihr Verhalten ändern:
Sagen Sie das, was Sie für richtig halten, aber sagen Sie es so, dass es den Partner nicht verletzt. Manche Menschen, die Ihnen jetzt Ihre Offenheit übel nehmen, werden Ihnen später dafür dankbar sein. Auch wenn es Ihnen vielleicht

nicht schwerfällt, in der Partnerschaft ehrlich zu sein, ist es im Beruf, wenn es beispielsweise um Geld geht, nicht mehr so leicht. Man wendet zumeist nicht in allen Lebensbereichen die gleichen Maßstäbe der Ehrlichkeit an.

Schlüsselkonflikt: Höflichkeit

Gemeint ist hier die Fähigkeit, zwischenmenschliche Beziehungen zu gestalten. Das sind Formen des Verhaltens wie Rücksicht, Achtung vor dem Partner und sich selbst, Bescheidenheit.

Für den Erwerb von Höflichkeit spielen das Lernen am Modell (zumeist am Modell der Eltern) und das Lernen am Erfolg (der eigenen Verhaltensweisen) eine Rolle. Die Reaktion der Eltern auf scheinbar unhöfliches Verhalten der Kinder wiegt schwer. Die Art der zu erlernenden Höflichkeit wird zu einem wesentlichen Teil von der Kultur und den Normen der sozialen Schicht bestimmt, der man angehört.

Schätzen Sie Höflichkeit richtig ein:

Können Sie Ihre Wünsche und Bedürfnisse offen zum Ausdruck bringen?
Was empfinden Sie, wenn Ihr Partner nicht die erwartete Höflichkeit oder Rücksichtnahme zeigt?
Sind Ihre Reaktionen dann situationsbezogen anders?
Sind Sie eher höflich als ehrlich?
Achten Sie sehr darauf, was die anderen über Sie sagen?
Schlucken Sie lieber den Ärger hinunter, als gute Beziehungen aufs Spiel zu setzen?
Wer von Ihren Eltern legte mehr Wert auf gutes Benehmen?

Wie können Sie sich verhalten?
Höflichkeit formt nicht selten die Kontakte. Statt »Los, gib her!« ist es besser, »Würdest du bitte ...?« zu sagen. Was

würden Sie sagen, wenn Ihr Partner Sie in gleicher Weise behandeln würde, wie Sie es mit ihm tun? In Bezug auf welche Bereiche und wem gegenüber sind Sie besonders höflich? Es lohnt sich, sich auf seine Höflichkeitslücken hin zu kontrollieren.

Schlüsselkonflikt: Gerechtigkeit

Gemeint ist hier die Fähigkeit, im Verhältnis zu sich selbst und anderen die Interessen abzuwägen. Als ungerecht empfindet man dabei eine Behandlung, die von persönlicher Zu- und Abneigung oder Parteinahme und nicht von sachlichen Überlegungen diktiert wird. Der gesellschaftliche Aspekt dieser Aktualfähigkeit ist die soziale Gerechtigkeit. Die Art, wie Bezugspersonen ein Kind behandeln, wie gerecht sie zu ihm, zu seinen Geschwistern und zueinander sind, prägt das individuelle Bezugssystem für die Gerechtigkeit.

Schätzen Sie Gerechtigkeit richtig ein:

Legen Sie Wert auf Gerechtigkeit?
Wer von Ihnen ist in welchen Situationen wem gegenüber ungerecht?
Halten Sie Ihren Partner vor den Kindern, den Schwiegereltern, den Mitmenschen, Ihnen selbst gegenüber für gerecht?
Wie reagieren Sie, wenn Sie von jemandem ungerecht behandelt werden?
Haben Sie oder hatten Sie jemals Probleme mit Ungerechtigkeiten?
Wurde bei Ihnen jemand bevorzugt?
Wer von Ihren Eltern achtete bei Ihnen oder Ihren Geschwistern mehr auf Gerechtigkeit?

So können Sie Ihr Verhalten ändern:

Gerechtigkeit ohne Liebe sieht nur die Leistung und den Vergleich – Liebe ohne Gerechtigkeit verliert die Kontrolle über die Wirklichkeit. Lernen Sie die Gegensätze zu vereinigen: Gerechtigkeit und Liebe. Zwei Menschen gleich zu behandeln, das bedeutet immer, dass Sie einen der beiden ungerecht behandeln werden.

Zusammenfassung und Ausblick

Der Ruf nach Lebensqualität gerade in hoch industrialisierten Ländern hat mit der Sehnsucht nach einer Zielsetzung menschlichen Lebens zu tun. Der Mensch vermag nur aus der Hoffnung heraus zu leben. Hoffnungsvolle Orientierung ist Ausdruck gesunden Seelenlebens.

Identität bezieht sich auf die Fähigkeit, die Grundfähigkeiten, Aktualfähigkeiten und Wertsysteme in die Erlebnisse zu integrieren und die eigenen Bedürfnisse mit denen der Umwelt in Einklang zu bringen. Übergeordnet ist dem die globale Identität; das ist die Fähigkeit, mit anderen Menschen, Gruppen, Lebewesen, Dingen und Kräften Beziehungen aufzunehmen und bestehende Zusammenhänge zu begreifen. Die Identität der Persönlichkeit, das Selbstverständnis des Menschen als Individuum, das auch die Selbstwahrnehmung umfasst, hängt von der Entwicklung der Aktual- und Grundfähigkeiten und den damit verbundenen Erfahrungen ab.

Jeder Mensch kann in jeder Entwicklungsstufe eine Einheit darstellen: der Säugling, das Kleinkind, das Kind, der Pubertierende, der Heranwachsende und der Erwachsene. Jeder kann auf seiner Entwicklungsstufe seine Identität, seine unverwechselbare Einheit finden. Aber in den verschiedenen Abschnitten seiner Entwicklung ist der Mensch für bestimmte Formen von Einheitsverlust und damit für bestimmte Störungen besonders anfällig. Diese Störbarkeit der Identität ist allerdings kein Grund, diese einem Menschen in einem bestimmten Entwicklungsabschnitt abzusprechen. Ängste, Depressionen, Aggressionen, Gewalttätigkeiten, Substanzmissbrauch, Selbstverletzungen, Prüfungsängste, Liebeskummer, Arbeitslosigkeit, Gefühl der Sinnlosigkeit, Atheismus oder vermehrte Streitigkeiten mit den Eltern und der Umwelt, Fundamentalismus, Radikalismus können dann bei vielen Jugendlichen Mittel sein, Stress zu entschärfen oder Probleme anzugehen, die nicht auf angemessene Weise gelöst werden können.

Vielleicht haben heutige Krisen in unserer Gesellschaft, versteckte und offene Aggressionen im Umgang miteinander, auch darin ihren Sinn, darauf hinzuweisen, unsere festgefahrenen Traditionen zu überprüfen.

Fazit: Mitfühlendes Gesellschaftsbewusstsein, ein anderer Umgang mit Ängsten und Aggressionen – das sind Voraussetzungen für die Welteinheit und den Frieden (durch Religion im Sinne von Sinngebung und Wissenschaft im Sinne von Sinnfindung): Zum Lernen ist es nie zu früh und nie zu spät. Es ist immer höchste Zeit.

> *Ein schöner Rückzug ist genauso viel wert wie ein kühner Angriff.*

> *»Ein Glück, dass Sie endlich zur Untersuchung gekommen sind! Es war allerhöchste Zeit!«*
> *»Ich weiß schon, Herr Doktor – heutzutage hat jeder Geld nötig.«*

6 *Weniges auf dieser Welt verbindet so stark wie eine gemeinsame Abneigung gegen einen Dritten.*

Glaube, Religion und Kirche – wichtige Unterscheidungen

Geschichte: Das passende Gebet

'Abdu'l-Bahá, der Sohn Bahá'u'lláhs, des Stifters der Bahá'í-Religion, war auf einer Reise von einer Familie zum Essen eingeladen worden. Die Frau des Hauses meinte es besonders gut und wollte ihre ganze Kochkunst unter Beweis stellen. Als sie die Speisen auftrug, entschuldigte sie sich dafür, dass das Essen angebrannt sei. Sie habe nämlich während des Kochens Gebete gelesen, in der Hoffnung, dass das Mahl dadurch besonders gut gelingen werde. 'Abdu'l-Bahá antwortete mit einem freundlichen Lächeln: »Es ist gut, dass du betest. Nimm aber doch beim nächsten Mal das Kochbuch« (vgl. Peseschkian 2006).

Religion und ihr Einfluss auf den Alltag

Die Wertsysteme, welche die zwischenmenschlichen Spielregeln festschreiben und die Art und Weise definieren, wie man in seine Umwelt eingreifen darf, artikulieren sich in Form von Weltanschauungen und Religionen. Sie umfassen nicht nur das sozial regulative Gesetzeswerk, sondern bestimmen auch den Wert eines Menschen, den Sinn seines Lebens und die Ziele, die er als wünschenswert anstreben soll.

Glaube, Religion und Weltanschauung, die als allgemeines Bezugssystem (Grundkonzept) für Einstellungen und Handlungsweisen gelten können, nehmen Einfluss auf die Ausprägung der menschlichen Fähigkeiten. So können religiös-weltanschauliche Einstellungen viele Aspekte des Lebens entscheidend gestalten: das Verhältnis zur Sexualität (sexuelle Gebote und Verbote, Rituale des Sexualverhaltens), zur Erziehung (Rollen der Eltern, autoritäre Erziehung, antiautoritäre Tendenzen, Bevorzugung des Sohnes oder der Tochter), zum Beruf (Eingrenzung der beruflichen Möglichkeiten, Motivation, die hinter dem Beruf steht, z.B. als Dienst an der Menschheit, Beruf als Selbstverwirklichung, Beruf als Lebensziel, Beruf als gesellschaftliche Aufgabe, Beruf als Belastung und Ablenkung von den wahren Aufgaben), zur Partnerschaft (Gleichberechtigung in der Beziehung von Mann und Frau, weltanschauliche Bewertung der Partnerschaft als Mittel der Kinderzeugung, als Keimzelle der Gesellschaft, als Lustbündnis, als verbindliche Vorschrift) oder auch zu sozialen Kontakten (vorgeschriebene soziale Beziehungen, z.B. im indischen Kastenwesen oder im Verhältnis der sozialen Gruppierungen, Schichten und Klassen zueinander, weltanschaulich-religiös vorgeschriebene Kontaktsituationen, z.B. gemeinschaftliches Gebet, gemeinschaftliche Feste, gemeinsames Singen, Meditieren oder Arbeiten, die Forderung nach sozialer Askese).

Nicht sosehr materielle Güter werden von einer Generation zur anderen weitergegeben – auch psychische Traumen und Strategien der Konfliktverarbeitung, Weltanschauungen und Beziehungsstrukturen. Sie gehen von den Eltern auf die Kinder über, werden von diesen aufgehoben und wieder an die einzelnen Kinder weitergegeben.

Wie Motive, die religiösen, weltanschaulichen und kulturellen Ursprung haben, auf die konkrete Lebenssituation von Menschen übergreifen können, veranschaulichen die folgenden Fallbeispiele:

Fallbeispiel: Gefährlicher Tee

Ein persischer Ingenieur, der zu Besuch in Deutschland weilte, erzählte mir: »Als ich erfuhr, dass Sie Bahá'í sind, hat es sich in mir innerlich zusammengekrampft. Mir wurde schlecht. Ich konnte den Tee, den ich gerade trank, nicht mehr trinken. Ich hätte mich fast übergeben müssen.«

Mich erstaunte diese starke affektive Reaktion. Mein Besucher war überzeugter Schiit. Wir hatten zuvor schon öfter miteinander zu tun, und deshalb brachte er mir so viel Vertrauen entgegen, dass wir gemeinsam nach den Ursachen dieser Reaktion fahnden konnten. Mein Gast erzählte, dass er öfter Auseinandersetzungen mit seinem Vater hat, der dumpf die Suren des Korans vor sich hin bete, ohne auch nur ein Wort davon zu verstehen. Er selbst könne das nicht akzeptieren und beschäftige sich in der Koran-Schule mit den religiösen Texten. Jedoch war dies noch kein hinreichender Grund für seine körperliche Reaktion. Den Schlüssel fanden wir beim Großvater meines Gesprächspartners. Dieser hatte sich in seiner Jugend lebhaft mit religiösen Fragen beschäftigt, war dann mit einigen Bahá'í zusammengekommen. Aber bald schon zog er sich wieder aus diesen Kontakten zurück. Einige seiner Freunde waren Bahá'í geworden, eine Sinneswandlung, der er skeptisch und ängstlich gegenüberstand. Als Erklärung diente ihm ein Gerücht, das damals in Persien kursierte. Die Mullahs sagten, der Tee bei den Bahá'í enthalte ein Pulver, durch das man leicht beeinflussbar werde und seinen wahren Glauben nicht mehr verteidigen könne.

Diese Erklärung hatte der Ingenieur bereits in seiner Kindheit von seinem Großvater und Vater gehört und deshalb jede Begegnung mit den Bahá'í, vor allem aber mit dem geheimnisvollen Bahá'í-Tee, gemieden. Hier trifft sich die Familienchronik wieder mit dem akuten Symptom. Einen Tag zuvor hatten wir gemeinsam Tee getrunken und uns auch über religiöse Fragen und Probleme der politischen Entwicklung im Iran unterhalten. Daran erinnerte er sich in dem Augenblick, als ich ihm beiläufig mitteilte, dass ich Bahá'í bin. Die plötzliche Übelkeit war ein Versuch, symbolisch die darin enthaltene Gefährdung abzuwehren. Mit ihr versuchte er unbewusst, im Sinne einer Organsprache, den »giftigen Tee« loszuwerden. Zugrunde lagen Schuldgefühle gegenüber den eigenen religiösen und überlieferten familiären Konzepten. Dies bestätigte sich in unseren Gesprächen. Wir kamen darauf zu sprechen, dass ihn trotz aller religiösen Überzeugung manche Zweifel plagten und für ihn deshalb das unerwartete Zusammentreffen mit einem Bahá'í eine doppelte Gefährdung bedeute. Diese Zusammenhänge wühlten ihn stark auf. Wir unterhielten uns noch länger über dieses Thema.

In einem Brief – wenige Wochen später – teilte mir der Mann mit, dass mehrere Kollegen ähnlich reagiert hätten und dass deren Fanatismus und Vorurteile ihn tief beunruhigten.

Die meisten Menschen suchen bei der Veränderung ihres Lebens am falschen Ort. Sie interessieren sich in erster Linie für richtiges Verhalten. Das ist wenig effektiv. Die dauerhafte Veränderung eines Menschen ist primär ein innerer Prozess. Eine echte Verhaltensänderung erfordert daher immer zunächst eine Veränderung der inneren Haltung. Dort wohnt ›das wahre Ich‹ eines Menschen.
Ken Blanchard

Vier Reaktionstypen hinsichtlich der Religion

Es hat sich gezeigt, dass das Wort Religion zu vielen Missverständnissen führen kann. Die Begriffe »Religion« und
»Glaube« können emotionalen Widerstand und intellek-
tuelle Abwehr hervorrufen. Man wagt in unserer Gesellschaft heute kaum, von Religion zu sprechen, es sei denn im
abwertenden Sinn. Dieser Haltung begegnet man oft auch in
der Psychotherapie. Waren früher Sex und Sexualität tabuisiert, so ist es heute die Religion. Dabei erkennen wir im Zusammenhang mit mehreren seelischen Störungen gerade
Konflikte, die den Bereich der Religion im weitesten Sinn
betreffen (vgl. S. 160). Was in der Psychotherapie als
Grundkonflikt eines bestimmten Menschen in Erscheinung
tritt, äußert sich, bezogen auf den Gegenstand der Religion,
in vier Haltungen, die bestimmte Typen verkörpern.

1. Der mumifizierte Typ (der Identifikationstyp)

Er identifiziert sich mit erlernten religiösen Normen, Glau-
bensdarstellungen und Dogmen derart, dass er notwendige
Neuerungen und Änderungen scheut. Er reagiert aggressiv;
er verteidigt sich, indem er angreift oder sich zurückzieht,
um der beängstigenden Versuchung aus dem Weg zu gehen.
Da der Glaube oft an die Stelle der Erkenntnis und des Wissens getreten ist, also nur Halbwissen vorliegt, kann man
statt vom mumifizierten auch vom »bigotten« Typ sprechen
(er behauptet, ohne zu wissen). Bigotte Menschen sind in einer tragischen Position, weil sie es immer vermeiden, sich
einer Lebenslage auszusetzen, die sie mit der Tatsache kon-
frontieren könnte, dass sie einem Vorurteil anhängen.

Fallbeispiel: »Ich brauche die Feierlichkeit der Kerze«
»Meine religiöse Haltung drückt sich beispielsweise darin
aus, dass ich an Weihnachten mit meiner Familie zur Kir-

che gehe, weil ich die Feierlichkeit der Kerzen brauche, um überhaupt weihnachtlich zu empfinden. Mein Herz wird dann weich, und ich kann wieder ernsthaft beten« (29-jährige Sekretärin).

2. Der revoltierende Typ

Er hat erkannt, dass die gültigen religiösen Normen nicht den Erfordernissen der Zeit entsprechen. Da unzeitgemäße Normen auf das Individuum repressiv (unterdrückend) wirken, neigen Vertreter des revoltierenden Typs dazu, diese Normen zu negieren. Sie gehen revoltierend vor und tun dabei nicht selten den zweiten Schritt vor dem ersten. Je nach der Persönlichkeitsausprägung des Einzelnen zeigt sich die Reaktionsweise des revoltierenden Typs als intellektueller Widerstand, in den sozialen Extremformen der aktiven Fremdenmanipulation oder der passiven Selbstmanipulation. Zur letzteren Verhaltensweise gehört der Drogenkonsum, zu der ersteren die militante Gewalttätigkeit.

Fallbeispiel: »Religion ist eine Sache für alte Menschen«
»Religion ist eine Sache für alte Omas und Leute, die in unserer Zeit nichts zu suchen haben. Wer sich am Strohhalm der Religion festhält, ersäuft trotzdem. Mit dem religiösen Glauben ist es so, als wenn man einen Kopfsprung in einen Swimmingpool macht und nicht weiß, ob eigentlich Wasser darin ist. Wer sich seinen Schädel lädieren will, kann dies tun, ich nicht. Wir machen uns Himmel und Hölle auf Erden selber, und Gott hat keinen anderen Platz als in den wirren Gehirnen religiöser Fanatiker. Religion verschleiert die tatsächlichen sozialen Zustände und hält die Menschen ab, zu tun, was nötig ist« (28-jähriger Soziologiestudent).

3. Der indifferente Typ (Der Doppelbindungstyp)

Er ist im Allgemeinen durch eine Verschiebung der Verantwortung gekennzeichnet. Einerseits hat er den Wunsch, überkommene oder verbesserungsbedürftige religiöse Inhalte abzuändern; er setzt sich dafür auch ein, kann sich aber andererseits von gewissen erlernten religiösen Traditionen nicht trennen. Hierzu gehören im Wesentlichen die unverbindlichen Interessenten, welche gegenüber Neuerungen in der Religion zwar aufgeschlossen sind, denen es aber an Konsequenz fehlt. Haben solche Menschen sich einmal für eine Richtung entschieden, zeigen sie sich dort labil. Sie ändern ihre Einstellung weniger wegen sachlicher Notwendigkeiten als vielmehr wegen der Autorität der übrigen sozialen Umgebung. So braucht nur jemand zu sagen: »Wie konnten Sie es Ihren Eltern antun, Ihre ursprüngliche Religion zu verlassen?«, und die Meinung gerät ins Wanken. Den indifferenten Typ bestimmt die Schwäche in der Unterscheidung zwischen dem Wesentlichen und dem Unwesentlichen einer Religion. So lastet er Fehler einzelner Mitglieder der Religion als ganzer an. Religion ist für ihn eine Erziehungspflicht, mit der er sich selbst nicht identifiziert.

Fallbeispiel: »Die anderen sollen damit glücklich werden«

»Die Religion ist mir von den Menschen vergrault worden, weil ich diese Art von Menschen einfach nicht ausstehen kann. Ich finde, sie heucheln zu viel. Es stört mich sehr, wenn sie so tun, als ob, und man sieht eindeutig, dass sie es nur mit dem Mund tun, aber nicht im Leben. An der Kirche stören mich die Menschen, die sie verkörpern wollen. Aber sollen sie damit glücklich werden, ich muss es ja nicht. Mit der Religion setze ich mich alleine auseinander und komme doch zu besseren Ergebnissen« (35-jähriger Angestellter).

4. Der integrale Typ (der Entscheidungsfähige)

Dieser Mensch besitzt die Fähigkeit, die Elemente seiner Persönlichkeit in einen funktionellen Zusammenhang zu integrieren. Das bedeutet, dass die Grund- und Aktualfähigkeiten nicht etwas Fremdes und von außen Kommendes, sondern ein wichtiger Teil seiner Persönlichkeit sind. Er ist in der Lage, zwischen Glaube, Religion und Kirche (Institution) zu unterscheiden.

Jeder Mensch hat die Fähigkeit zu glauben. Allem Anschein nach handelt es sich bei dem Missverständnis Religion nicht um eine tatsächliche religiöse Schwäche, eine Unfähigkeit des modernen Menschen, zu glauben, sondern um eine Schwäche, zwischen Glaube, Religion und Kirche zu unterscheiden, die im weiteren erklärt wird.

Der Gott, der uns das Leben gab,
gab uns gleichzeitig auch die Freiheit.
Thomas Jefferson

Glaube – Zweifel – Gewissheit: Die Fähigkeit, auf eine unbekannte Dimension zu vertrauen

Glaube

Dem Wesen nach bedeutet der religiöse Glaube eine seelische Beziehung zum Unbekannten und Unerkennbaren. Da der Schöpfer (Gott, Allah, Jehova, Ur-Wesen, Totalität oder die Ur-Energie) seinem Wesen nach unerkennbar ist, bedarf es des Glaubens, um mit ihm in Beziehung zu treten. Der Glaube ist eine Grundfähigkeit des Menschen.

Vom Glauben zum Aberglauben

Glaube bezieht sich auf die Fähigkeit, eine Beziehung zum Unbekannten und Unerkennbaren aufzunehmen und sich ihm schrittweise zu nähern, bis ein Teil dieses Unbekannten vertrauter wird. Der Glaube kann sich auf die eigenen Fähigkeiten und die der Mitmenschen richten, auf das noch Unbekannte und Erforschbare der Wissenschaften und das Unerkennbare der Religionen. Das Kind verfügt zunächst über einen absoluten Glauben. Später differenzieren sich die Glaubensinhalte; das Kind glaubt an die Zuwendung oder die Gerechtigkeit der Eltern. Über das Vorbild der Eltern lernt es, eine Beziehung zum Unbekannten und Unerkennbaren aufzubauen, und übernimmt die geschichtlich geprägten Formen des religiösen oder weltanschaulichen Glaubens.

> **Fallbeispiel:** »Ich glaube nicht, dass in mir noch Fähigkeiten stecken, die man entwickeln könnte. Ich habe mir eine feste Theorie gebildet und die lautet: Ich kann mir nichts merken. Das sind schlechte Aussichten für meinen Beruf. Wozu soll ich mich selbst anerkennen? Ich bin doch immer von allen abgelehnt worden« (33-jähriger Mann).

Glaube ist eine grundlegende Fähigkeit des Menschen. Als Einstellung und Erwartung gegenüber dem Unbekannten bezieht er sich nicht nur auf das innere Unbekannte, sondern auch auf das Unbekannte der Umwelt und das Unerkennbare des Weltalls, das durch den Begriff Gott umschrieben wird.

Auch die Wissenschaft, die sich als objektiv begreift, baut auf Glauben auf. Über den Glauben, die kleinen Schritte der Hypothesen, nähert man sich schrittweise dem Unbekannten.

Die potenziellen Fähigkeiten eines Menschen sind ein Teil seiner Wirklichkeit. Sie sind die Grundlage seiner künftigen Entwicklung und müssen von anderen und ihm selbst anerkannt werden.

Warum kann man den Schöpfer nicht erkennen?

»Seit undenklicher Zeit ist Er in der unaussprechlichen Heiligkeit Seines erhabenen Selbstes verborgen gewesen und wird ewig in das undurchdringliche Geheimnis Seines unbekannten Wesens gehüllt bleiben. Jeder Versuch, zum Verständnis Seiner unerreichbaren Wirklichkeit zu gelangen, hat in vollkommener Verwirrung geendet, und jedes Bemühen, Seinem erhabenen Selbst zu nahen und Seinem Wesen ins Antlitz zu schauen, ist in Hoffnungslosigkeit und Fehlschlägen verlaufen.

Wie verwirrend in meiner Bedeutungslosigkeit ist für mich der Versuch, die heiligen Tiefen Deiner Erkenntnis zu ergründen! Wie nichtig sind meine Anstrengungen, mir die Größe der Macht vorzustellen, die in Deinem Werke ruht – die Offenbarung Deiner schöpferischen Kraft! Wie kann mein Auge, das die Fähigkeit nicht besitzt, sich selbst zu erblicken, beanspruchen, Dein Wesen wahrgenommen zu haben, und wie kann mein Herz, unfähig, die Bedeutung seiner eigenen Möglichkeiten zu erfassen, sich anmaßen, Deine Natur begriffen zu haben? Wie kann ich beanspruchen, Dich erkannt zu haben, wenn die ganze Schöpfung von Deinem Geheimnis verwirrt ist, und wie kann ich zugeben, Dich nicht erkannt zu haben, wenn das ganze Weltall Deine Gegenwart verkündet und für Deine Wahrheit zeugt? Die Tore Deiner Gnade sind seit Ewigkeit geöffnet, die Mittel zum Zutritt zu Deiner Gegenwart sind allem Erschaffenen erreichbar gemacht und die Offenbarungen Deiner unvergleichlichen Schönheit zu allen Zeiten der Wirklichkeit aller sichtbaren und unsichtbaren Wesen eingeprägt worden ...«[38]

Um Ihr persönliches Verhältnis zur Religion zu erforschen, können Sie sich auch spezielle Fragen stellen:

Gibt es in Ihrer Partnerschaft Probleme wegen der Religion oder Weltanschauung?

Wenn Sie einen Partner haben, wer von Ihnen ist religiöser?

Glauben Sie an ein höheres Wesen?

Glauben Sie an ein Leben nach dem Tod?

Was halten Sie von den Religionen?

Welcher religiösen Gemeinschaft gehören Sie an?

Wie stehen Sie zur Kirche?

Wer von Ihren Eltern war religiöser?

Wie wurde die Religion zu Hause praktiziert (Gebet, Meditation, Riten)?

Glauben Sie, dass Sie sich noch weiterentwickeln und noch weitere Reserven erschließen können?

Haben Sie für Ihre beruflichen und privaten Tätigkeiten feste Ziele?

Anregung zum Perspektivenwechsel

Jeder Mensch, ohne Ausnahme, hat die Fähigkeit zu glauben. An sich selber, an seine Fähigkeiten, einen Partner, eine Gruppe, ein Idol, eine Idee, eine Theorie, eine Weltanschauung, einen Gott. Es ist wichtig, zwischen Glaube, Religion und Kirche unterscheiden zu lernen.

Lerne zu unterscheiden zwischen: Glaube, Religion und Institution.

Lerne zu unterscheiden zwischen: Glaube, Zweifel und Gewissheit.

※ *Nur ein erneuter Glaube an Gott*
kann die Wandlungen herbeiführen,
die unsere Welt vor der Katastrophe retten können.
Wissenschaft und Religion
sind dabei Geschwister, keine Gegensätze.
Wernher von Braun

Vom Zweifel zur Starrheit

Zweifel bezeichnet die Fähigkeit, einen Glauben infrage zu stellen, Unterscheidungen zu treffen und Inhalte gegeneinander abzuwägen. Die Funktion des Zweifels, die sich auf einzelne Aktualfähigkeiten und weniger auf die gesamte Persönlichkeit bezieht, wird im Umgang mit unseren Bezugspersonen gelernt.

Den Zweifel kennzeichnet eine verzerrte Zeit-Dimension, die sich als Missverhältnis von Entwicklungszeit des Kindes und Erwartungszeit der Bezugsperson darstellt. In dem Maße, wie eine Bezugsperson in der Lage ist, das kindliche Verhalten im großen Rahmen von Entwicklungszeit zu sehen, werden der Zweifel und die mit ihm verbundenen Ängste und Aggressionen der Bezugspersonen kanalisiert.

Der Zustand des Hin- und Herschwankens, auch eine nur vorübergehende Orientierungslosigkeit, erscheint für manche Menschen so erschreckend, dass sie das andere Extrem wählen. Um sich vor Zweifeln – sprich: vor dem Zustand der Verzweiflung – zu schützen, flüchten sie sich in Starrheit, die sie dann noch für Charakterfestigkeit und Treue halten. Um das Verhalten nicht ändern zu müssen, werden Informationen, welche den Zweifel verstärken könnten, nicht zur Kenntnis genommen. Man setzt sich erst gar nicht mit etwas Neuem auseinander, damit die eigene Position nicht gefährdet wird.

Spezielle Fragen, die Sie sich hier stellen können:

Worauf richtet sich Ihr Ziel?

Zweifeln Sie an Ihren eigenen Fähigkeiten?

Haben Sie manchmal das Gefühl, nicht die richtige Frau (den richtigen Mann) zu haben?

Haben Sie den Eindruck, nicht den richtigen Beruf ergriffen zu haben?

Wäre es Ihnen lieber, in eine andere Zeit, eine andere Umwelt und Gesellschaft hineingeboren worden zu sein?

Kommt es vor, dass Sie an Ihrer Religion und Weltanschauung zweifeln?

Wer von Ihren Eltern war der größere Zweifler?

Zweifel: Synonyme und Störungen

Aus Verzweiflung können sich folgende Beschwerden und Reaktionen entwickeln:

- Innerer Zwiespalt, schwanken, zögern, unschlüssig sein, mit sich selbst kämpfen, weder ja noch nein sagen, Starrheit, Kompromissunfähigkeit.
- Unsicherheit, Angst, Ambivalenz, Stimmungsschwankungen, Launen, Ungeduld, Ungewissheit, Entscheidungsschwäche, Ratlosigkeit, Selbstwertprobleme, Negativismus, Radikalisierung, Fundamentalismus.

Anregung für einen Dialog

Zweifel ist nicht bloß als Schwäche zu werten, sondern hat eine sehr wichtige Funktion einer zeitgemäßen Realitätskontrolle. Zweifeln Sie an sich, am Partner, an der Welt oder an einzelnen Eigenschaften, die mit Ihrem Anspruch nicht mehr verträglich sind?

> ❁ *Mit dem Wissen wächst der Zweifel.*
> Goethe

Von der Gewissheit zur Ungewissheit

Gewissheit – die Fähigkeit, eine Entscheidung zu treffen und Zweifel hinter sich zu lassen.

❁ Die ersten Schritte sind wertlos,
wenn der Weg nicht zu Ende gegangen wird.

Gewissheit bezieht sich auf die Fähigkeit, nach einem Zustand des Zweifelns Entscheidungen zu treffen, die keine Schuldgefühle mehr auslösen. Der Mensch ist imstande, klar ja oder nein zu sagen und sich mit dieser Entscheidung zu identifizieren.

Gewissheit meint darüber hinaus eine Qualität oder eine Intensität des Glaubens. Schon ein Kind erlebt Situationen des Zweifelns. Wenn es nach Nahrung schreit, weiß es nicht, ob jemand kommt, es zu füttern. Da die Mutter sich ihm immer wieder zuwendet, entwickelt sich schließlich Gewissheit: »Auch wenn meine Bedürfnisse nicht gleich befriedigt werden, bald wird es doch geschehen.«

Während der Zweifel den Zustand des Unentschiedenseins bestürmt und Ambivalenz gegenüber dem anderen Menschen zum Ausdruck bringt, bewirkt Gewissheit, dass man sicher hinsichtlich seiner Entwicklungsmöglichkeiten ist. Erst diese Sicherheit erlaubt, den anderen in seiner Einzigartigkeit und Einmaligkeit zu akzeptieren und ihm im Vertrauen auf seine Fähigkeiten die notwendigen Entscheidungen zu überlassen.

Spezielle Fragen

Haben Sie bei Entscheidungen das Gefühl, dass das, was Sie tun, richtig ist?

Wie sicher fühlen Sie sich, wenn Sie (beruflich oder privat) eine Entscheidung treffen müssen?

Wer von Ihren Eltern vermittelte eher das Gefühl von Sicherheit, Gelassenheit und Gewissheit?

Wie verhielten sich Ihre Eltern, wenn Sie eine eigenständige Entscheidung trafen?

Ungewissheit: Synonyme und Störungen

Durch Ungewissheit können folgende Beschwerden und Reaktionen entwickelt werden: Starrheit, Dogmatismus, Fixierung, Fanatismus, Abwehr, Ambivalenz, Schuldgefühle, Ungewissheit, Ängste, Misstrauen, Hoffnungslosigkeit, Überforderung.

Anregung zu einem Dialog

Die Kontrolle der Gewissheit, der Zweifel, ist eine menschliche Fähigkeit der Wirklichkeitsprüfung. In Bezug auf welchen Inhalt empfinden Sie Gewissheit: Treue, Höflichkeit, Ehrlichkeit, Gerechtigkeit, religiöse oder weltanschauliche Inhalte?

> *Tief im Ozean, da liegen Schätze*
> *von unvergleichlichem Wert. Doch wenn du*
> *Sicherheit suchst – die findest du am Ufer.*
> Sa'di von Schiras, persischer Dichter

Religion

Da der Mensch eine besondere Haltung gegenüber dem Unbekannten besitzt, haben ihn immer schon die Stifter der Religionen und die Begründer von Weltanschauungen fasziniert. Religion als überindividueller Glaube ist ein kulturelles Phänomen und eng mit der Entwicklung der Geschichte verbunden. In welcher Form sich die Glaubenswahrheit der Religion offenbart, hängt vom jeweiligen Entwicklungsstand, dem Bedürfnis und dem Verständnis der Menschen in einer bestimmten geschichtlichen Situation ab. Zu welcher Religion sich ein Mensch bekennt, wird zumeist von den Eltern und der jeweils gültigen Erziehungstradition bestimmt. Das Kind glaubt die Inhalte, die ihm vermittelt wurden. Der eine Teil der Religion ist geistig, transzendent und wesentlich *(erstrangige Religion)*. Dieser Teil kann als unabhängig von der Entwicklung gelten, da er als Glaubenswahrheit das Wesen des Seins betrifft. Der zweite Teil der Religion *(zweitrangige Religion)* besteht aus zeitlichen Werten und gesellschaftlichen Normen. Sie verändern sich entsprechend der sozio-kulturellen Entwicklung der Gesellschaften. Zu ihr gehören die Verbote und Gebote der einzelnen Religionen.

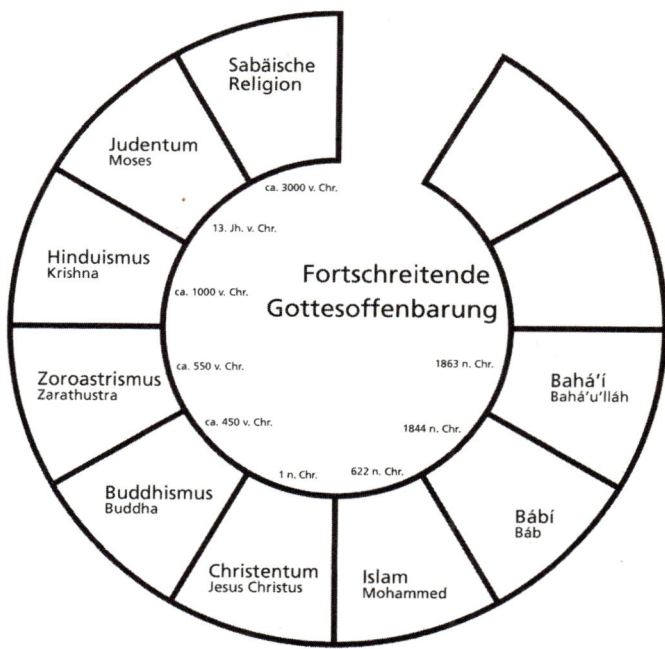

Entwicklung der Religionen in verschiedenen Zeitaltern

Jede Religion gibt dem Menschen so viel zu verstehen, wie er entsprechend seinem Entwicklungsstand verstehen kann. Die Lehren der früheren Religionen, insoweit sie den Erkenntnissen unserer Zeit widersprechen, sind nicht falsch, sondern nur unzeitgemäß, wie noch ausgeführt wird.

Kirche (Institution, Konfession)

Die Kirche ist die Institution der Religion, ihre Organisationsform und Verwaltung; der Begriff steht hier für alle Formen religiöser oder weltanschaulicher Institutionen. Die Kirche neigt zur Verselbstständigung gegenüber der Religion. Es verhält sich mit der erst- und zweitrangigen Religion ähnlich wie mit Schale, Fleisch und Kern einer Frucht. Wird in einer Religion nicht der Einfluss der Zeit und der Geschichte berücksichtigt, können erst- und zweitrangige Religion leicht miteinander verwechselt werden, das Verhältnis Glaube-Religion-Kirche erscheint verzerrt: Schale und Kern werden nicht differenziert. Die zeitbedingten religiösen Äußerlichkeiten, Rituale und Dogmen – die Schale – rücken in den Vordergrund, während die eigentlichen religiösen Inhalte – der Kern – verdrängt werden. Dadurch kommt es zu einer Verschiebung von Form und Inhalt: zum Missverständnis.

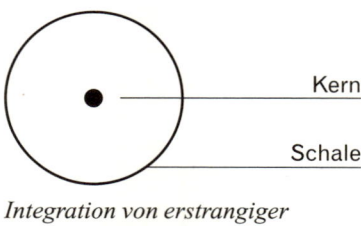

Integration von erstrangiger und zweitrangiger Religion

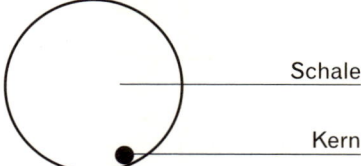

Desintegration von erstrangiger und zweitrangiger Religion

Integration und Desintegration von erstrangiger und zweitrangiger Religion

Dieses Missverständnis scheint den oben beschriebenen vier Reaktionstypen zugrunde zu liegen. Es betrifft nicht nur die individuellen und persönlichen Einstellungen zur Religion, sondern kann zur Quelle von Konflikten werden.

In der Entstehung dieser Haltungen spielt das Vorbild der Eltern eine entscheidende Rolle. Sie prägen das, was später als Grundkonflikt einen Menschen anfällig für Konflikte bestimmter Art macht. So kann es vorkommen, dass ein Mensch Glaube, Religion und Kirche verwechselt, weil diese Verschiebung schon tradiert wurde und sich über den Erziehungsstil eingeprägt hat.

Fallbeispiel: Das wahre Kind Gottes

»Ich erinnere mich noch heute genau, dass mir meine fromme Tante eintrichterte, ja nicht auf dem Foto zur Ersten Heiligen Kommunion zu lachen. Sie sagte, das sei eitel und hochmütig. Als wahres Kind Gottes darf es nur eine innere Freude sein. Solches und Ähnliches wurde mir gesagt. Es ist mir in der Tat oft schwer gefallen, ein frommes und braves Kind zu sein« (31-jährige Übersetzerin).

Fazit: Eine Institution muss ein praktisches Bedürfnis der Gesellschaft befriedigen. Wenn sie keinen Sinn und keine Aufgabe mehr hat, wird sie zu existieren aufhören.

Wir brauchen das Leben nicht so fortzusetzen,
wie wir es gestern gelebt haben.
Machen wir uns von dieser Anschauung los,
und tausend Möglichkeiten laden zu neuem Leben
ein.

Wissenschaft auf der Suche nach der Sinnfindung

Aufgabe der Religion ist es, dem Menschen Werte, Ziele und Sinn darzustellen (Sinngebung), während Wissenschaft Erklärungen sucht, logische Gesetzmäßigkeiten herstellt und neue findet (Sinnfindung). Religion und Wissenschaft sollten, sofern sie dem Menschen nützen wollen, einander ergänzen und eine Einheit bilden. Religion ersetzt nicht Psychotherapie, und Psychotherapie ist kein Religionsersatz.

Die Erkenntnis der notwendigen Beziehungen in der Wirklichkeit scheint am prägnantesten dort aufzutreten, wo Entdeckungen und Erfindungen im Sinne des wissenschaftlichen und technischen Fortschritts stattfinden. In ihnen wird nicht Neues hinzugefügt, sondern die notwendigen Beziehungen in der Wirklichkeit werden unter dem Aspekt der Brauchbarkeit erforscht und aufgedeckt. Es hat seit jeher geregnet, es gab Bäche, Flüsse, Seen; Pflanzen wuchsen und gaben Sauerstoff ab. Entsprechend den Erfordernissen der Zeit wurden diese Sachverhalte als Zusammenhänge erkannt und gedeutet. Die heutige Wissenschaft sieht in diesen Ereignissen ganze Funktionskreise, einen Kreislauf der Natur, mit anderen Worten: eine Einheit. Das Wasser verdunstet durch Wärmeeinwirkung, steigt hoch, kondensiert in einer bestimmten Höhe bei einer bestimmten Temperatur, fällt als Regen nieder und bildet zu einem großen Teil wieder Bäche, Flüsse und Seen. Ein anderer Teil des Regens befeuchtet den Boden und ermöglicht den Pflanzen, die sonst verdorren würden, sich zu entwickeln. Diese wiederum nehmen am großen Kreislauf der Natur teil, indem sie CO_2 (Kohlendioxid) verarbeiten und Sauerstoff produzieren.

Die Wissenschaft hat die notwendigen Beziehungen, die zwischen einzelnen Vorgängen innerhalb des Mikro- und Makrokosmos bestehen, entsprechend ihrem Entwicklungsstand erkannt, jedoch nichts Neues hinzugefügt.

Alles Bestehende ist gewissermaßen als Einheit des Kosmos aufzufassen. Dieser Gedanke mag sich als Spekulation anhören, ist aber kaum mehr als die letzte Konsequenz von Wissenschaftlern wie Werner Heisenberg, Albert Einstein, Max Planck, Wernher von Braun und anderen, die in diesem Sinne zur Frage der Einheit des Kosmos Stellung nahmen.

Fallbeispiel: Falsch verstandene Religion und Wissenschaft

In einer Familie kommt es zum Konflikt, weil der 24-jährige Sohn ein katholisches Mädchen heiraten will. Obwohl beide Eltern und die Geschwister angeben, dass sie nicht mehr in der Tradition ihres protestantischen Glaubens stünden und dass sie die Kirche für Unsinn hielten, wird plötzlich der konfessionelle Unterschied zum Problem.

Man hätte sich darauf beschränken können, die Ablösungsproblematik, die zweifellos auch mit im Spiel war, als Thema unserer Therapie zu wählen. Wir gingen noch einen Schritt weiter und versuchten gemeinsam mit der Familie, die Entwicklung der religiösen Konzepte zu verfolgen. Alle außer dem »Ausbrecher« zeigten in dem Punkt Einigkeit, dass man den »Schwarzen«, damit meinten sie die Katholiken, nicht über den Weg trauen dürfe. Soweit man sich zurückerinnern konnte, war auch keine Heirat mit einem katholischen Partner vorgekommen. Diese Idee nachzuverfolgen wurde eine spannende Detektivarbeit bis hin zur Urgroßeltern-Generation. Die längst vergessene »Ahnentafel« wurde zutage gefördert. Sie wies für beide Elternteile die Abstammung von den Hugenotten nach. Der Urgroßvater väterlicherseits war einer von mehreren evangelischen Pfarrern in der Familie. Er war als eifriger Kämpfer für den protestantischen Glauben bekannt. Der Großvater war Kaufmann und galt als guter Christ, der regelmäßig in die Kirche ging. Die kirchliche Bindung hatte sich bei den Eltern weitgehend gelockert. Sie ließen zwar ihre Kinder noch konfirmieren, hielten aber ansonsten die Religion im Sinne Ibsens für eine Lebenslüge. Dennoch hatte sich, losgelöst von der ursprünglichen Religiosität, die Abneigung gegen den Katholizismus als Erbe der einstmals von Katholiken vertriebenen Vorfahren erhalten und war im Zusammenhang mit der bestehenden Ablösungsproblematik des Sohnes zu einem akuten Konfliktstoff geworden. Nachdem diese Familientradition aufgeklärt worden war und die Eltern Einblick in die unbewussten Verdrängungsmechanismen erhielten, war es ihnen viel leichter möglich, auf die Ablösungsproblematik einzugehen, die jetzt nicht mehr durch das Konzept des Katholikenhasses verschleiert wurde.

Leitlinie für diese Rekonstruktion waren die Aktualfähigkeiten Glaube/Religion, Kontakt, Gerechtigkeit und Ehrlichkeit. Für viele im Augenblick unmotiviert erscheinende Wünsche, Ansprüche und Reaktionen lassen sich Konzepte in einem Stammbaum zurückverfolgen, innerhalb dessen sie plötzlich einen Sinn erhalten. Nur liegt dieser Sinn bereits Generationen zurück und wird gewissermaßen verspätet eingelöst.

Die Fähigkeit des Menschen, zu glauben, wird durch die Religion angesprochen. Zu welcher Religion ein Mensch sich bekennt, wird zumeist von den Eltern und der Erziehungstradition festgelegt. Die Kirche ist die Institution der Religion, ein Werkzeug, das sich oft genug verselbstständigt hat.

❀ *Nichts hindert uns, die Weltordnung*
der Naturwissenschaft und den Gott der Religion
zu identifizieren.
Max Planck

Was ist Religion? Was ist Psychologie?

Religionen geben uns Normen, die das Zusammenleben mit anderen Menschen regeln und die Position des Menschen im Universum definieren. Religion hat also etwas mit Sinngebung zu tun. Die Positive Psychotherapie dagegen fragt nach den wissenschaftlich erfassbaren Bedingungen dieser Normen, nach den Konflikten, die sich aus den unterschiedlichen Normen ergeben, und nach den Verarbeitungsmöglichkeiten des Einzelnen. Aufgabe von Psychologie und Psychotherapie ist somit die Sinnfindung.

Religionen schreiben uns z. B. vor, dass wir nicht lügen sollen. Die Positive Psychotherapie fragt, warum ein Mensch lügt, warum ein anderer, wenn er belogen wird, das Vertrauen verliert, warum sich jemand prahlerisch und überhöht darstellen möchte, warum ein anderer wiederum sich nach außen hin geringer darstellt, als er in Wirklichkeit ist.

Die Religion ist zum Teil selbst Gegenstand der Psychologie geworden. Dabei steht weniger die Religion an sich auf dem Prüfstand als vielmehr die Verhaltensweisen und Einstellungen der einzelnen Gläubigen und der Gruppe der Glaubensgemeinschaft. Man fragt, warum ein Mensch sich im religiösen Bereich fixiert, dogmatisch wird und Vorurteile entwickelt. Warum ein anderer mit aller Macht die religiösen Inhalte und Formen über Bord werfen möchte, und warum man heute dazu neigt, Religion vielleicht mehr zu tabuisieren als früher die Sexualität. Oder warum einer dazu neigt, wie ein Schilfrohr im Wind zwischen den einzelnen religiösen Auffassungen hin und her zu schwanken, und sich nicht mit einer Religion identifizieren kann.

Wenn also jemand in einem bestimmten Lebensbereich Schwierigkeiten hat, beispielsweise im Beruf, so kann sich das weiter auf den Partner übertragen, das Verhältnis zu den Mitmenschen beeinflussen und schließlich dazu führen, dass man auch von seiner Religion nichts mehr hält. Ähnlich können die Enttäuschungen, die man mit seinen eigenen Eltern erlebt hatte, auf die Religion übertragen werden: »Mein Vater hat mich immer ungerecht behandelt. Wie kann ich jetzt an Gott glauben?« Hier wird Gott mit dem Vater verwechselt. Umgekehrt können Störungen im religiösen Bereich die anderen Bereiche beeinflussen. Ein Patient sagte in diesem Sinne: »Ich glaube nicht an ein Leben nach dem Tod. Dann ist sowieso alles gleichgültig.«

Die Religion betrifft, wie wir schon dargestellt haben, die Seite der Sinngebung. In der Tat können wir immer wieder feststellen, dass dort, wo das Vertrauen, die Hoffnung und der Sinn gestört erscheinen, auch das Verhältnis zur Religion und zur Kirche gestört ist.

? Spezielle Fragen

Wer von Ihren Eltern war religiös?

Hatten Ihre Eltern ein pessimistisches oder optimistisches Verhältnis zur Zukunft?

Was war das Lebensziel Ihrer Eltern; was ist Ihr Ziel?

Blicken Sie hoffnungsvoll in die Zukunft?

Welcher Religion haben die Eltern angehört?

Waren sie hinsichtlich ihrer religiösen und weltanschaulichen Vorstellung einig?

Wurde die Weltanschauung des einen Elternteils von dem anderen abgelehnt?

Wurden die religiösen und weltanschaulichen Vorstellungen der Eltern von den anderen sozialen Bezugsgruppen anerkannt (Verwandte, Schule, Nachbarn, Kollegen, staatliche Institutionen)?

Wurden religiöse und weltanschauliche Abweichungen tolerant behandelt?

Wurden stereotype Auffassungen gegenüber anderen weltanschaulichen und religiösen Gruppierungen entwickelt?

Beten Sie, oder benutzen Sie irgendeine Form der Meditation?

Wer von Ihren Eltern hat gebetet und mit Ihnen gebetet?

Wer hat sich mit Fragen wie Leben nach dem Tode, dem Sinn des Seins oder dem Wesen Gottes beschäftigt?

Welche Bedeutung haben diese Fragen für Sie? – Interessieren Sie sich vorwiegend für religiöse, politische oder wissenschaftliche Probleme?

Was ist der Sinn unseres Lebens, was der Sinn des Lebens aller Lebewesen überhaupt? Eine Antwort auf diese Frage wissen, heißt religiös sein. Du fragst: Hat es denn überhaupt einen Sinn, diese Frage zu stellen? Ich antworte: Wer sein eigenes Leben und das seiner Mitmenschen als sinnlos empfindet, der ist nicht nur unglücklich, sondern auch kaum lebensfähig (nach Albert Einstein).

Konsequenzen

Wir nehmen heute in verstärktem Maße wahr, dass unsere individuelle Entwicklung nicht mehr von der weltweiten Entwicklung zu trennen ist und z. B. eine Wachstumskrise uns sensibilisiert für tief verwurzelte Fragen, wie nach dem Sinn und einer friedlichen Koexistenz und Einheit der Menschheit.

Die Frage nach Einheit ist die Forderung nach einer gleich gewichteten Zusammenarbeit von Religion und Wissenschaft. War früher die Wissenschaft Gegner der Religion, hat sich das Bild heute weitgehend gewandelt. Denn ebenso wie die Fotografie die Malerei befreit hat, hat der wissenschaftliche Fortschritt – zumindest der Möglichkeit nach – den Geist befreit. Religion und Wissenschaft stellen nicht mehr unüberbrückbare Gegensätze dar. Religion kann ohne Wissenschaft nicht überzeugen, Wissenschaft ohne Religion auf die Dauer nicht überleben.

❀ *Die Ansicht eines Weisen*
Und den Rat eines Greises
Soll man nicht von sich weisen.

❀ *Jeder Mensch kann alles,*
aber er muss auch zu allem bereit sein.
Alma Maria Mahler-Werfel

7 Wer alleine arbeitet, addiert, wer mit anderen zusammenarbeitet, multipliziert.

Die großen Weltreligionen: kurze Einführung

Geschichte: Wenn und aber …

Ein Mann wollte von einem orientalischen Gelehrten mehr über ein Geheimnis erfahren und wissen, warum viele Menschen, die von sich behaupten, religiös zu sein, und deren Religion ihnen viele Werte, Lehren, Verbote und Prinzipien vermittelt, trotzdem manchmal gewissenlos handeln und anderen gegenüber brutal sind.

Der Gelehrte sagte zu ihm: »Ich bin sehr weit gereist und habe die Religionen und Ideologien der Welt von Osten bis Westen studiert. Die Menschen, die die religiöse Anschauung gelernt haben, dass ihre Worte mit ihren Taten übereinstimmen müssen – Außenwelt gleich Innenwelt –, leben nach der Moral innerer Gewissenhaftigkeit und handeln richtig.«

Der Mann fragte ihn: »Mein Herr, wo liegt denn die Wurzel des Übels?«

Er antwortete: »Fanatische Menschen vermitteln unterschiedliche Werte der Innen- und Außenwelt, und daraus entstehen in den zwischenmenschlichen Beziehungen eine große Anzahl von Vorurteilen, Spaltungen und Unsicherheiten:

1. Du sollst nicht lügen – aber lügen gegenüber Andersgläubigen ist keine Sünde,
2. Du sollst üble Nachrede vermeiden – aber über einen Andersgläubigen schlecht zu reden ist keine Sünde.

3. Du sollst nicht töten – aber die Ermordung von Andersgläubigen ist erlaubt.
4. Du sollst nicht sexuellen Missbrauch treiben – aber Missbrauch und Verletzung Andersgläubiger ist zugelassen.

All diese ›Wenn‹ und ›Aber‹ verwirren und verdrehen die Menschen, und jeder behauptet von sich, wahrhaft gläubig zu sein. Die Anderen sind es, die ungläubig, gotteslästerlich und heidnisch sind. Durch diese Betrachtungsweise räumen sich diese Menschen das Recht der Verurteilung Andersgläubiger ein und glauben sogar, dass Gott mit ihrem Handeln zufrieden ist.

Je weniger wir über die Lehren von andersgläubigen Menschen wissen, desto größer ist das Wagnis, diese Menschen zu akzeptieren.«

Frage: Was haben alle Religionen gemeinsam?

Antwort: Jede Religion weist etwa sieben Elemente auf, die sich auch in der primitivsten Form des religiösen Verhaltens wiederfinden.

1. Die Vorstellung eines Schöpfers, die sich inhaltlich entsprechend der Vorstellungskraft des Menschen erweitert.

   In der Entwicklung von Gottesvorstellungen sind folgende Stufen zu nennen: die Zauberei, Magie; Animismus, Glaube an die Beseeltheit der Natur; Polytheismus, Glaube an eine Vielzahl von Göttern; Priesterkönig, Verehrung einer Verbindung von Menschen; Priester und Gott; Monotheismus, Glaube an einen Gott. So unterschiedlich diese Gottesvorstellungen auch sein mögen, gemeinsam ist ihnen die Suche nach dem Unbekannten, dem Schöpfer.

2. Das Leben nach dem Tode: Dieses Charakteristikum der Religionen beinhaltet eine grundlegende Hoffnung des Menschen, die sich auf eine Einheit in der Schöp-

fung, eine Verbindung von »Diesseits« und »Jenseits« bezieht. Auch dieser Teil unterliegt inhaltlich geschichtlichen Wandlungen, während seine Struktur letztlich gleich bleibt: »O Sohn des Seins! Prüfe dich selbst jeden Tag, ehe du zur Verantwortung gezogen wirst. Denn unerwartet kommt der Tod, und dann wirst du für deine Taten Rechenschaft ablegen müssen« (Bahá'u'lláh).

3. Das dritte Prinzip, in allen Religionen zu finden, ist das des Gebetes und der Meditation, des Opferns und des Fastens. Es findet sich in unterschiedlichen Formen: In früheren Zeiten opferte man Tiere, Nahrungsmittel, Menschen usw. In einigen Religionen hat sich dieses Ritual auf symbolischer Ebene erhalten. War der Sinn des Opferns in früheren Zeiten mehr auf das Wohlergehen des Stammeskollektivs gerichtet oder darauf bezogen, eigene Ziele oder die der Familie zu erreichen, ist er heute notwendigerweise auf die gesamte Menschheit gerichtet.

Die Wirkung von Gebet und Meditation beschränkt sich nicht auf die beiden Bereiche von Körper und Seele, sondern eröffnet eine weitere Wirkungsdimension, nämlich die Beziehung zum Unerkennbaren anzunehmen. Jeder, der einen anderen liebt, versucht mit ihm auf irgendeine Art und Weise in Beziehung zu treten. Ebenso verhält es sich mit der menschlichen Fähigkeit, Gott zu lieben.

4. Alle Religionen bestätigen in ihren Lehren die früheren Religionen. Die verschiedenen Religionsstifter zu den verschiedenen Zeiten sind daher keine Rivalen, die sich gegenseitig die Wahrheit ihrer Offenbarung absprechen wollen, sondern sie sprechen von der gleichen Wahrheit, welche absoluten Charakter besitzt. Sie sprechen von einem Gott und von einer Wahrheit. Dass ihre Erscheinungsform, ihre Sprache, ihre Gebote und

Verbote sich unterscheiden, hat letztlich nichts mit dieser Wahrheit zu tun, sondern ist Folge der unterschiedlichen Bedingungen und Bedürfnisse einer Zeit.

5. Das fünfte Prinzip betrifft die Tatsache, dass jede Religion verbunden ist mit Normen und Werten, die das Verhalten der Gläubigen und ihre Werthaltungen bestimmen sollen. Diese Normen dienen vor allem der Regelung des zwischenmenschlichen Verhaltens und haben ihre Auswirkungen auf die gesamte betroffene Kultur. Der Wandel und die Entwicklung der Gesellschaft bedingen die Notwendigkeit eines Wandels der Normen, Gesetze und Gebote.

6. Jede zeitgemäße Religion bringt nicht nur neue Normen mit sich, sondern trennt für die vorhergehende Religion den wesentlichen Kern von dem, was im Laufe der Zeit als äußere Schale entstand. Im Laufe der Geschichte einer Religion hat sich durch von Menschen gemachte und hinzugefügte Dogmen, zweckdienliche Faktoren, die übertrieben worden sind, veraltete Normen und Werte, Kompromisse, naive oder bewusste Fehlinterpretationen, verdrehte Auffassungen und die Sakralisierung von Profanem und Begrenztem das Verhältnis von erstrangiger und zweitrangiger Religion verschoben.

7. Jede Religion weist in ihren Lehren auf die Zukunft. Prophezeiungen in irgendeiner Form sind daher als ein weiteres Kennzeichen von Religionen aufzufassen. Diese Prophezeiungen geschehen in einer symbolhaften Sprache, in der sie bildhaft Dinge der Zukunft vorwegnehmen. Sie benötigen zu ihrem Verständnis die Fähigkeit, mit einem unterscheidenden Auge ihre Aussage wahrzunehmen. Die Prophezeiungen deuten den Menschen die Möglichkeiten der Zukunft an, soweit sie unbedingtes Schicksal sind und soweit sie bedingtes Schicksal und vom Handeln des Menschen abhän-

gig sind. Den Prophezeiungen liegt zugrunde, dass den Menschen der Blick für eine nähere oder fernere Zukunft geöffnet wird. Religionsstifter bringen nicht alles auf einmal. Dennoch meint ein Großteil ihrer Gläubigen, sie müssten bereits alles gegeben und gebracht haben. Viele Aussagen der Religionsstifter sind also sprachliche Bilder und Symbole für einen Sinn, der hinter ihnen steht. Betrachtet man religiöse Aussagen unter dem Aspekt ihrer Symbolhaftigkeit, erschließen sich zu ihrem Verständnis ganz neue Dimensionen. So lohnt es sich, über die Aussagen der Propheten nachzudenken und über sie zu meditieren.

> *Es sind mancherlei Gaben, aber es ist ein Geist. Und es sind mancherlei Ämter, aber es ist ein Herr. Und es sind mancherlei Kräfte, aber es ist ein Gott, der da wirket alles in allen*[39].

> *Wenn Gott seine Manifestationen zu den Menschen schickt, so ist seine Absicht eine zweifache. Die erste ist, die Menschenkinder aus dem Dunkel der Unwissenheit zu befreien und sie zum Lichte wahren Verstehens zu führen, die zweite, den Frieden und die Ruhe der Menschheit zu sichern und alle Mittel hierfür bereitzustellen*[40].

I. Religion ist Einheit. Diese Wahrheit findet sich auf fast jeder Seite der Heiligen Schriften aller bestehenden Religionen bestätigt. Wir sehen dort, dass alles religiöse Streben sowie das Licht, das den Wahrheitssuchenden leitet, ein und dasselbe für alle Religionen sind. Ob wir Hindus, Buddhisten, Christen, Mohammedaner oder Anhänger irgendeiner anderen Religionsgemeinschaft sind, wir alle sind Reisende auf dem gleichen Pfad, ja mehr noch, wir müssen alle gewisse Entwicklungsstufen des Bewusstseins durchschreiten, welchen Glaubens wir auch sein mögen.

II. Alle Religionen haben ihren spezifischen, nur ihnen eigenen Schwerpunkt, der durch die geschichtliche Situation bei ihrer Entstehung und während ihres Heranreifens bestimmt ist; manche z. B. sind in erster Linie auf Liebe und Erbarmen gerichtet, andere suchen die seelischen Bedürfnisse ihrer Anhänger zu befriedigen, indem sie die Dringlichkeit des Nichtverhaftetseins und Entsagens betonen. Beide ergehen sich ausführlich über ihre speziellen Gesichtspunkte und übergehen andere Momente, die nur flüchtig erwähnt werden. Wieder andere Lehren bedienen sich der Sprache der ethischen und moralischen Gesichtspunkte oder sie sprechen hauptsächlich in Gleichnissen und vernachlässigen dabei den metaphysischen Standpunkt, auf den andere großen Wert legen.

Wir fassen drei Gruppen von Religionen zusammen, unterschieden nach Regionen. Die erste enthält die indischen Religionen: Hinduismus, sowie die dem Hinduismus verwandten Religionen Buddhismus, Jainismus und Sikhismus. Die zweite Gruppe beschreibt die fernöstlichen Religionen: Schintoismus, Konfuzianismus, Daoismus und Zen-Buddhismus. Die dritte Gruppe enthält die Religionen des mittleren Ostens: die Religion des Judentums, Avesta (Zoroastrismus), Christentum, Islam und die neue Offenbarungsreligion Bahá'í-Glaube (Bahá'ísmus).

Unter Dogmen versteht der Wissenschaftler feste Lehrmeinungen, die sich so durchgesetzt haben, dass sie sozusagen unbesehen weiterverbreitet werden. Auf dem Gebiete der Religion bezeichnet man damit alle Lehrsätze, die das Glaubensgut einer Religionsgemeinschaft ausmachen und die teils auf den Stifter der Religion selbst zurückgeführt werden, teils auch erst von seinen Nachfolgern aufgestellt wurden.

I. Die so genannten Naturreligionen vorgeschichtlicher Zeit

Die *Naturreligionen* sind in vorgeschichtlicher Zeit entstanden. Auch sie gehen auf Offenbarer zurück, die jedoch nicht mehr feststellbar sind. Bereits in den Frühzeiten der Menschheit erkannte man das Bestehen einer höheren Macht an, die das ganze Weltgeschehen leitet. Allerdings wurden oft höhere Mächte auch dort vermutet, wo natürliche Ursachen vorliegen. So ertranken die Leute, weil in der Wassertiefe verborgene Geister sie niederzogen. Man wird krank, weil ein Nachbar den bösen Blick auf einen geworfen hatte. Wind und Gewitter, Tag und Nacht, Sommer und Winter wurden durch das dauernde Einwirken besonderer Gottheiten hervorgerufen (Projektionen). Ein Zusammenhang zwischen diesen Gottheiten wurde nicht gesehen, man glaubte an das Bestehen vieler Götter (Polytheismus). Die uns bekannten frühen Offenbarer, wie Moses und Zarathustra, reinigten und vergeistigten die vorgefundene Naturreligion. In Europa wich die litauische als letzte Naturreligion im 15. Jahrhundert dem Christentum.

Wer sind die Sabier?

Oft werden die Sabier mit den Sabäern verwechselt, den Bewohnern des Reiches Saba (arabisch Sabá, hebräisch shebâ, englisch Sheba), von Luther mit Reicharabien verdeutscht (1. Könige 10:1 und 13; 2. Chronik 9:1). Diese Sabäer bildeten mit den Stämmen von Ma`in, Qatabán und Had-ramaut zusammen den südarabischen Zweig der semitischen Völkerfamilie. Nach der Eroberung durch die Araber unter Muhammad wurde die südarabische Sprache vom Arabischen stark zurückgedrängt.

Der Name sábi', »Sabier«, stammt vom aramäischen seba', »taufen«, und bedeutet also »Täufer« oder »Taufgesinnter«. Es ist der arabische Sammelbegriff für kleinere religiöse Gemeinschaften, die keine gewöhnlichen Juden, Zoroastrier oder Christen sind, aber die Taufe oder Waschungen ausüben. So wurden im Laufe der Jahrhunderte Elkesäer, Ebioniten, Mandäer und Harraner mit diesem Namen belegt.

Sabier nannte man sehr verschiedene Glaubensrichtungen, die durch den Zerfall des alten Heidentums und beim Übergang vom Judentum zum Christentum entstanden waren und Waschungen und die Taufe ausübten. Auch Mohammed selbst und seine Muslime wurden von den Heiden in Mekka als Sabier bezeichnet.

Tatsache ist jedoch, dass in den Jahrtausenden vor Christus im Orient ein fruchtbarer geistiger Mutterboden bestand, dem auch solche geistige Führer wie Pharao Echnaton und der Gesetzgeber Hammurabi entsprossen sind.

II. Hinduismus

Wer so handelt, dass er seine Werke dem Brahman weiht und sich von dem Hang nach Lohn freigemacht hat, der bleibt vom Bösen unbefleckt, wie das Lotosblatt vom Wasser.

Nur mit dem Leibe, mit dem Manas (Intellekt) und der Buddhi (höchste Erkenntnis), nur mit den Sinnesorganen allein vollbringen die Jogis das Werk, in dem sie die Anhänglichkeit an den Lohn fahrenlassen, um ihre Seele reinzuhalten.

Der dem Joga sich Hingebende verzichtet auf die Frucht der Werke und erlangt den unvergänglichen Frieden; der Nicht-Hingegebene handelt aus Begierde, ist anhänglich an den Lohn und bleibt gebunden[41].

Entstehungsgeschichte

Spiritualität – Rituale – Ethik – Heilige Schrift – Dogma – Zitate

Auf dem indischen Subkontinent hat der Hinduismus durch Toleranz und Pluralismus dazu beigetragen, die verschiedenen ethnischen und gesellschaftlichen Gruppen zu verbinden, indem er ein reichhaltiges geistiges Leben und eine kulturelle Struktur geschaffen hat.

Der Hinduismus ist als eine archaische Religion zu verstehen. Es handelt sich eher um eine Kultur, innerhalb deren verschiedene eigenständige Religionen existieren. Auch diese archaischen Religionen beinhalten die Vorstellung eines Religionsstifters oder Offenbarers. Im Hinduismus wird Krishna (»der Schwarze«) als Religionsstifter angesehen. Es gibt keine historischen Quellen, vielmehr handelt es sich bei Krishna um ein übernatürliches Wesen. Man darf nicht vergessen, dass sich im Hinduismus eine Vielzahl von theologischen und philosophischen Lehren treffen und zu einer Religion verbinden, die nicht einheitlich organisiert ist. Die Hindus eint die Überzeugung, einer gemeinsamen Nation und Religion anzugehören, die die alten Traditionen und Riten aufrechterhält, sei es aktiv als praktizierender Hindu oder eher passiv als sich zu den Traditionen bekennender Hindu (»moderner« Hinduismus).

Historisch lässt sich der Hinduismus in drei Perioden aufteilen: Die vedische Periode (2. Jahrtausend v. Chr. bis etwa 800 v. Chr.), eine Zeit, in der der Hinduismus sich als Naturreligion manifestierte; die klassische Zeit (ca. 800 v. Chr. bis ca. 1000 n. Chr.), neue Rituale und Anschauungen wurden übernommen. In diese Zeit fällt auch die Entstehung der großen Epen Mahabharata und Ramayana, der 18 Puranas und der Lehr- und Gesetzbücher. Zwei große Abspaltungen, die buddhistische (Gautama Buddha, 560–480 v. Chr.)

und die jainistische (Jaina Mahavira, 549–477 v. Chr.), haben sich in dieser Zeit als unabhängige Religionen etabliert. Der Jainismus, eine streng asketische und vegetarische Heilslehre, blieb auf einige Gebiete Indiens beschränkt.

Seit etwa 1000 n. Chr. gibt es im Hinduismus theistische Tendenzen, die unter anderem auf den Einfluss des fast acht Jahrhunderte lang Indien beherrschenden Islam zurückgeführt werden. So werden als Gottheiten insbesondere Vishnu und Shiva verehrt. Krishna wird als Prophet der Unsterblichkeit der Seele gesehen, als Helfer der Menschheit.

Als göttliche Offenbarung werden vor allem die *vier Veden* angesehen (Rig-, Sama-, Yahur- und Atharvaveda) (Veda bedeutet so viel wie »Weisheit«; Rig = »Hymne«, Sama = »Melodie«, Yahur = »Opferformel«, Atharva = »Priester«). Der älteste Text ist der *Rigveda* (um 1500 v. Chr.); die weiteren Texte entstanden in einem weiten Zeitraum danach (bis ungefähr 1500 n. Chr.). Sie enthalten Hymnen, Mantras (Gebetsformeln) und Lieder, außerdem Brahmanas (Opfertexte), in denen heilige Riten beschrieben werden, Aranyakas, in denen die Riten mystisch-theoretisch abgehandelt werden, sowie die Upanishaden (philosophische Darstellungen). Diese Texte werden in ihrer Gesamtheit als die Offenbarung (Shruti, »das Gehörte«) betrachtet.

Eine weitere zentrale Schrift des Hinduismus ist die *Bhagavadgita,* die von Hindus auch als Essenz der Veden gesehen wird (im Gegensatz zu den Veden zählt die Bhagavadgita zu Smriti, »das Erinnerte«).

Einer der zentralen Grundbegriffe des Hinduismus ist die Wiederkehr der höchsten Gottheit (Offenbarung) im Verlaufe jeden Weltzyklus. Gott verlässt die Welt nie.

Es gibt im Hinduismus sehr strenge soziale Regeln und ein striktes Kastenwesen. Im weitesten Sinne wären zu benennen:

- Karma, Seelenwanderung, Wiedergeburt, Opfer.
- Der Dharma (Weltgesetz) als Grundlage der Verhaltensmaßstäbe (variiert entsprechend der Einordnung des Individuums in den gesellschaftlichen Rahmen des Kastensystems).
- Bhakti bezeichnet die Liebe zu einem persönlichen Gott; auch die auf Gegenseitigkeit beruhende Liebe zwischen Gott und den Menschen.

Weltweit gibt es etwa 900 Millionen Hinduisten.

> *Er (der Geist) wird nicht geboren und stirbt nie ... Der Ungeborene, Ewige, Unsterbliche, Uralte wird nicht getötet, wenn der Körper getötet wird ... Nicht ihn durchbohren die Waffen, nicht ihn verbrennt das Feuer, nicht ihn machen die Wasser nass, nicht ihn dörren die Winde aus[42]!*

> *Wenn immer die Gerechtigkeit verfällt und die Ungerechtigkeit triumphiert, offenbare Ich Mich wieder, um die Guten zu beschützen, um die Unheilvollen zu zerstören, um die Richtigkeit fest wiederherzustellen in jedem Weltalter, werde Ich geboren[43].*

III. Daoismus und Konfuzianismus

❀ *Der Meister sprach: »Der Wissende ist noch nicht so weit wie der Forschende, der Forschende ist noch nicht so weit wie der heiter Erkennende.«*[44]

Entstehungsgeschichte

Spiritualität – Rituale – Ethik – Heilige Schrift – Dogmen – Zitate

Als »Daoismus« oder »Taoismus« wird eine chinesische Philosophie bezeichnet, die als Chinas eigene und authentische Religion angesehen wird.

Zusammen mit dem Konfuzianismus und dem Buddhismus bildet der Daoismus die »Drei Lehren«, die China und darüber hinaus ganz Asien prägten.

»Konfuzius«, chinesisch Kungfutse, »der Meister Kung«, lebte von 551 bis 479 vor Christus und soll von Huang Ti, dem sagenhaften Gelben Kaiser des dritten Jahrtausends, abstammen. Er lebte in der Verfallzeit des Lehenswesens und damit in einer Zeit politischer Wirren. An der Schwelle des Alters musste er seinen Heimatstaat Lu im südwestlichen Schantung verlassen und konnte erst nach 13-jähriger Verbannung zurückkehren. Konfuzius bemühte sich, durch das Sammeln der ältesten Überlieferungen seines Volkes die Grundlage für eine Reform zu schaffen. So ist er der große Lehrmeister Chinas geworden, indem er ein Bannerträger der Überlieferung sein wollte.

Der Zeitpunkt der Entstehung des Daoismus ist unklar. Man geht davon aus, dass es sich um einen langen Entwicklungsprozess handelte, während dem verschiedene Strömungen des Altertums formgebend waren. Die spirituellen Inhalte gehen auf Ideen zurück, die man auf die Zeit um 1000 v.

Chr. und noch früher datieren kann (bis 2. Jahrtausend v. Chr.).

Die Bücher des Konfuzius sind nicht in ununterbrochener Überlieferungskette zu uns gekommen, denn 250 Jahre nach Konfuzius beseitigte Schih Huangti, der »Erste Kaiser«, das Lehenswesen und schuf einen Einheitsstaat mit unumschränkter kaiserlicher Gewalt. Um mit der Vergangenheit unwiderruflich zu brechen, ordnete er 213 v. Chr. die »Große Bücherverbrennung« an, bei der alle Schriften des Konfuzius zu vernichten waren.

Unter dem folgenden Kaiserhaus der Han wurden die Bücher des Konfuzius neu gesammelt und verbreitet und zur allgemeinen Richtschnur chinesischen Lebens erhoben. Nach dem Geiste des Konfuzius richtete sich der aufkommende Begriff des Klassischen. Die Lehren des Konfuzius wurden zum Staatsdogma erhoben, und die Kenntnis der konfuzianischen Bücher bildete fortan den Gegenstand der berühmten chinesischen Beamtenprüfungen.

Die einzigen Schriften, die dem Daoismus zugeordnet werden können, ist das Daodejing von Laotse, das philosophische Sinnsprüche und Lehren über das »Dao« (etwa: »der Weg«) enthält, sowie das Nanhua zhen jing, nach seinem Verfasser auch Zhuangzi genannte Werk, das philosophische Parabeln und Anekdoten enthält. Man kann bei diesen Werken nicht eigentlich von »religiösen Schriften« sprechen. Vielmehr ist in ihnen daoistisches Gedankengut versammelt, das sich vor dem Hintergrund religiöser Ideen entwickelt hat. In ihnen werden keine Regeln aufgestellt, sondern vielmehr Beobachtungen des Laufs der Dinge dargestellt, wie es der Philosophie des Daoismus entspricht.

Die fünf Bücher, die Konfuzius zusammengestellt haben soll und die das Staatsdogma bilden, sind:

I. Schu-ging, das »Urkundenbuch«, eine Sammlung uralter Erlasse, die zurückführt bis zu den sagenhaften Kai-
sern Jau und Schun des 24. und 23. Jahrhunderts.

II. Schi-ging, das »Liederbuch«, hat uns die älteste Dich-
tung Chinas überliefert.

III. Li-Gi, die »Sittenregeln«, dürfte vielleicht nicht von
Konfuzius selbst verfasst sein. Es regelt die Durchfüh-
rung der religiösen und weltlichen Bräuche, besonders
der Ahnenverehrung.

IV. I-Ging, das »Wandlungsbuch«, eine Sammlung uralter
Orakel, gibt Anweisungen für menschliches Verhalten
unter den verschiedensten Umständen.

V. Tschun-tschiu, »Frühling und Herbst«, gibt Einblicke in
die Geschichte des Staates Lu in den Jahren 722 bis 481
v. Chr.

Weltweit gibt es neben den rund 6,5 Millionen Anhängern
des Konfuzianismus etwa 6 Millionen Daoisten auf Taiwan
und etwa 60 Millionen in der Volksrepublik China.

*... Deshalb ehrt der Edle das Wesen, aus dem die Geistes-
kraft ausstrahlt, und er schreitet vor auf dem Weg des Fra-
gens und Forschens. Er ermisst alle Weite und Größe und
durchdringt alles Geistige und Geheimnisvolle. Er verfolgt
alle Höhen und Klarheiten und schreitet auf dem Weg von
Maß und Mitte. Er übt das Alte und erkennt das Neue. Er ist
ehrlich und fest und hält die Sitte hoch*[45].

IV. Judentum

Mein Sohn, nimmst meine Reden du an,
speicherst meine Gebote bei dir,
dass dein Ohr auf die Weisheit merkt,
du dein Herz der Verständigkeit neigst,
ja, rufst du den Verstand,
gibst deine Stimme der Verständigkeit hin,
suchst du nach ihr wie nach Silber,
spürst wie verscharrten Schätzen ihr nach,
dann wirst du SEINE Furcht verstehen,
wirst die Erkenntnis Gottes finden[46].

Entstehungsgeschichte

Spiritualität – Rituale – Ethik – Heilige Schrift – Dogmen

Die jüdische Religion ist eine monotheistische, die sich auf Abraham als den Begründer des Glaubens an einen einzigen Gott beruft. Religionsstifter und Namensgeber der »mosaischen Religion«, wie das Judentum auch genannt wird, ist Mose, der um 1500 v. Chr. seine göttliche Berufung erhielt. Er erhielt den göttlichen Befehl, sein Volk aus der ägyptischen Knechtschaft zu befreien und ins Land Kanaan – Palästina – zu führen. Schon in dieser ersten Berufung wird die politische Dimension, die ihr Konfliktpotenzial bis zum heutigen Tag weiterträgt, deutlich.

Die Zehn Gebote als wichtigste Erklärung des Willens Jahwes, Gottes, wurden nach der Legende Mose auf dem Berg Sinai offenbart. Sie gelten sowohl im Judentum als auch im Christentum als Inbegriff der Weisung Gottes für das Verhalten des Menschen.

Unabhängig von unterschiedlichen Strömungen und Traditionen (»orthodoxes«, »liberales«, »konservatives« Judentum) wird der Religionszugehörige immer definiert sowohl durch seine Beziehung zu Gott als auch zum Gottesvolk Israel. Somit hat die jüdische Religion eine starke gesellschaftspolitische Prägung.

Die jüdische Religion lebt weniger von Dogmen als vielmehr durch die gemeinsame Verbundenheit in Erinnerung an die Geschichte des Volkes.

Die religiösen Überlieferungen teilen sich auf in eine schriftliche und eine mündliche Lehre (Tora). Auf beiden beruht das jüdische Gesetz (Halacha).

Als bedeutendes Ereignis wird die Übersetzung der hebräischen Bibel ins Griechische angesehen (3. Jahrhundert). Dies war die Grundlage für den Eingang eines nicht unbeträchtlichen Teils der jüdischen Tradition in die abendländische Kultur.

Die Geschichte des jüdischen Volkes und damit der jüdischen Religion ist geprägt von ständiger Verfolgung, was nicht ohne Auswirkungen auf das Selbstverständnis geblieben ist.

Die Dogmen des Judentums: Gott als Schöpfer des Universums, Sabbatheiligung, Beschneidung.

Der Talmud enthält viele Vorschriften für das rechtliche und religiöse Leben.

Im Allgemeinen werden *jüdische Glaubensprinzipien* definiert. Im Unterschied zum Christentum werden sie aber nicht allgemeingültig interpretiert und können somit nicht als reine Dogmen angesehen werden. Selbst der Glaube an die Existenz eines Gottes unterliegt keinem Dogma. Es gibt im Judentum keinen Katechismus (im Gegensatz zum Christentum).

Weltweit gibt es etwa 14 Millionen Juden in mehr als 100 Staaten.

V. Zoroastrismus

🏵 *Reinheit ist nach der Geburt für den Menschen das Beste. Das ist die Reinheit, o Zarathustra, nämlich die Religion der Mazdaanbeter, für den, der sein Gewissen rein hält durch gute Gedanken und gute Worte und gute Werke*[47].

Entstehungsgeschichte

Spiritualität – Rituale – Ethik – Heilige Schrift – Dogmen – Zitate

Die Verbreitung der Lehren Zarathustras setzte ein, nachdem er im Alter von etwa 30 Jahren eine neue Offenbarung verkündete und davon auch den Fürsten Vishtaspa und dessen Familie überzeugen konnte. Tatsächlich handelte es sich um eine Fortentwicklung der Religionen des alten Irán.

Zarathustra wurde um 520 v. Chr. bei einem Überfall des Nachbarfürsten Aryastaspas im Alter von etwa 77 Jahren ermordet (über die genaue Lebenszeit Zarathustras herrscht bis heute Uneinigkeit).

Die zoroastrische Religion verlor nach der Islamisierung Persiens ihre Bedeutung. Auch von den Heiligen Schriften (Avesta) ist heute nur ein Teil überliefert.

Die drei Gebote (Homat, Hucht und Havaresht) stellen das Fundament der Lehre Zarathustras dar und sind zu vergleichen mit den Zehn Geboten Moses, dem Gebot der Nächstenliebe Christi und dem der Gerechtigkeit im Koran.

Die zarathustrische Ethik ist geprägt von dem Gegensatz »Gut und Böse«. Der Mensch hat die Freiheit, sich für einen wahrhaftigen (»guten«) Weg zu entscheiden, der sich in guten Gedanken, guten Worten und guten Taten äußert. Das

Wirken des Menschen unterliegt wenigen Gesetzen. Durch sein »gutes« Verhalten (reines Denken, reines Sprechen und reines Tun) unterstützt der Mensch den Kampf des einen einzigen abstrakten Gottes, Ahura-Mazda, in seinem Kampf gegen das Böse.

Weltweit gibt es etwa 150 000 Anhänger des Zoroastrismus (Parsen).

> *»Ein kluger Freund fragt dich, warum es in dieser Welt Gottes Boten geben soll. Ein Gottesoffenbarer ist notwendig, da die Menschen im täglichen Leben aufeinander angewiesen sind. Um wahre Gerechtigkeit zu begründen, muss es göttliche Gebote geben, denen sich alle Menschen unterwerfen. Er fragt dich: Wie sollen wir einen wahren Boten erkennen? Ihr werdet ihn erkennen, indem er weiß, was die anderen nicht wissen. Er wird in euer Herz hineinschauen und auf alle Fragen eine Antwort geben können.«*
> Avesta

VI. Buddhismus

❋ *Wessen Kern und Natur unwahr ist,*
der verfehlt die Wahrheit und erlangt nicht
die vollkommene und unmittelbare Lehre Dessen,
Der da ist[48].

Entstehungsgeschichte

Spiritualität – Rituale – Ethik – Heilige Schrift – Dogmen

Die buddhistischen Lehren über ein rechtschaffenes Leben und Verhalten sind eng mit dem Begriff der »Sangha« oder »Gemeinschaft« verbunden und haben der buddhistischen Kultur den ihr zugrunde liegenden Impuls verliehen.

Leben und Lehre Gautama Siddhartas, des Buddha: Auf ihn berufen sich alle Buddhisten. Seine Lebenszeit wird auf etwa 450–370 v. Chr. datiert.

Historisch nachvollziehen lassen sich Details nur aus der Analyse der zeitgenössischen Strukturen der hinduistischen Gesellschaft.

Gautama Siddharta entstammte einer Herrscherklasse, war verheiratet und zeugte einen Sohn. Mit etwa 30 Jahren verließ er seine Familie, um als Asket Erlösung und Erleuchtung zu finden, die er nach sechs Jahren in Bodhgaya fand. In Benares verkündete er anschließend die *vier edlen Wahrheiten* und den *achtfachen Pfad.*

Wie Moses, Christus, Mohammed und Bahá'u'lláh (und ganz verschieden von den hinduistischen Theologen) widmete der Buddha seine göttlichen Fähigkeiten der Lösung von ethischpraktischen, nicht von metaphysisch-theologischen Problemen.

Buddha hat die göttliche Lehre nicht durch eine Offenbarung im eigentlichen Sinne erhalten, sondern durch Medita-

125

tion und Kontemplation, durch eine reine Anschauung der eigentlichen Natur des Geistes und der Dinge. Dieser Zugang zur Wahrheit der Dinge stehe jedem Menschen offen, der Buddhas Lehre folgt.

Zentral in der Lehre Buddhas ist die Vermeidung alles Bösen und die Läuterung des eigenen Herzens. Eine praktische Anleitung zur Erlangung des Nirvana (Erleuchtung, Überwindung von Leid und Unvollkommenheit) stellen die fünf Silas, die sittlichen Regeln des Buddhismus, dar. Auf sie werden auch ethische Werte wie Güte und Mitleid zurückgeführt.

Die vier edlen Wahrheiten und der achtfache Pfad:
– die Wahrheit vom Leiden
– die Wahrheit von der Entstehung des Leidens
– die Wahrheit von der Aufhebung des Leidens
– die Wahrheit vom Wege zur Aufhebung des Leidens, der achtfache Pfad:
  rechtes Glauben, rechtes Entschließen, rechtes Wort, rechte Tat, rechtes Leben, rechtes Streben, rechtes Gedenken, rechtes Sichversenken[49].

Weltweit gibt es etwa 380 Millionen Anhänger des Buddhismus.

VII. Christentum

❀ *Selig sind, die reinen Herzens sind;*
denn sie werden Gott schauen[50].

Entstehungsgeschichte

Spiritualität – Rituale – Ethik – Heilige Schrift – Dogmen – Zitate

Das Christentum findet seine Grundlage für den Aufbau einer Gemeinschaft im Gebot Christi: »Liebe deinen Nächsten wie dich selbst.« Etwa zwei Milliarden Menschen bezeichnen sich heute als Christen (das »Gebot Christi«: »Liebe deinen Nächsten wie dich selbst« findet sich im 5. Buch Mose 19,18. Christus hat dieses Gebot vorgefunden. Neu ist, wie er es verwendet: er verbindet es mit der Gottesliebe [vgl. Matth. 22,38–39]).

Durch Jesus Christus hat sich Gott den Menschen zugewandt. Sein Tod am Kreuz hebt als Erlösung die Sünde der Menschheit auf, die den Menschen von Gott trennt. Der einzelne Mensch erlangt Erlösung durch seinen Glauben an Gott (oder die Dreifaltigkeit von Gott-Vater, Sohn und Heiligem Geist). Das Reich Gottes wird durch die Auferstehung erschlossen – die christliche Gemeinschaft gründet sich auf den Auferstehungs- oder Osterglauben. Im Neuen Testament wurde die christliche Lehre, die zuweilen auch als Fortführung des Judentums angesehen wird, festgehalten.

Christus gab verschiedene Hinweise auf andere Offenbarungen, vor und nach der seinen. Aber es ist besonders einer, der von hervorragender Bedeutung ist, weil er darin den inneren geistigen Zusammenhang seiner eigenen Offenbarung mit den früheren der vor-israelitischen Zeit bekräftigt, als seine Vollmacht einmal von gewissen Juden angezweifelt wird. »Jesus sagte zu ihnen: ›Wahrlich, wahrlich, ich sage euch, bevor Abraham war, bin ich‹« (Joh. 8, 58).

Jesus setzte keine rückwärtige Zeitgrenze. Er sagte, dass die Gottesoffenbarung in der Welt wirkte, ehe die jüdische Geschichte begann, und immer ein und dieselbe war, der Quelle und dem Geist nach immer gleich mit dem, was nunmehr durch Jesus von Nazareth gewährt wurde.

Diverse Rituale gehören zum festen Ablauf im christlichen Leben: Taufe, Abendmahl, Kommunion/Konfirmation, Ehe (als heiliges Sakrament) und die verschiedenen christlichen Feste (christlicher Kalender).

Der Mensch hat die göttlichen Weisungen zu befolgen (Zehn Gebote) und nicht nur sein Denken, auch sein Handeln muss dem entsprechen. Es droht ihm die Hölle, sollte er sich nicht nach den göttlichen Gesetzen richten. Erst die Reformation durch Martin Luther hob wieder die Gnade Gottes und die erlösende Macht des Glaubens in den Mittelpunkt. Die christliche Kirche wurde dadurch einerseits gespalten, andererseits von Grund auf erneuert.

Die Bibel enthält die christlichen Schriften (das Neue Testament). Ihre Auslegung variiert sehr stark, nicht nur innerhalb der Konfessionen, sondern auch bei den einzelnen Mitgliedern der verschiedenen Glaubensrichtungen.

Die christlichen Kirchen verfügen über viele Dogmen. Wenn wir uns mit diesen Dogmen beschäftigen, erleben wir in eindrücklicher Weise, wie jedes einzelne eine Spaltung verursacht hat. Es gibt kein einziges christliches Dogma, das von sämtlichen Kirchen verkündet oder gar von allen Christen geglaubt würde. Es steht fest, dass Mohammed das Christentum vor allem in der ebionitischen Form kannte. Er behielt auch viele ihrer Lehren und einige ihrer Bräuche im Islam bei, z. B. die Waschung vor dem Gebet und das Beten in Richtung auf Jerusalem; allerdings wurde die Gebetsrichtung später auf Mekka abgeändert.

Dreifaltigkeit (in den unterschiedlichen Strömungen kontrovers diskutiertes Dogma): »Die Erlösungslehre, die sich in der allgemeinen Kirche während der ersten Jahrhunderte durchsetzte, überhöhte die Gestalt Christi immer mehr und führte schließlich zur Lehre von der göttlichen Natur und jungfräulichen Geburt Christi und zum Dogma der Dreifaltigkeit. Im Dogma der Dreifaltigkeit erkannte man drei Seiten oder Personen Gottes: Gott Vater, Sohn und Heiligen Geist. Gott Vater ist das schöpferische Prinzip. Der Sohn, Jesus Christus, ist der Stellvertreter des Vaters und Erlöser der Menschheit. Die dritte Person, der Heilige Geist, ist das unmittelbare Heilswirken Gottes in seiner Schöpfung, er verbindet Gott Vater und den Sohn Gottes und ist der Stellvertreter des Sohnes. Alle drei Personen sind einander völlig gleich und bilden zusammen eine Einheit. Der Gedanke der Dreifaltigkeit tritt auch in anderen Religionen auf, zum Beispiel im Hinduismus, wo das höchste Sein, die Weltseele, sich in den drei höchsten Gottheiten verkörpert: Brahma, dem Schöpfer, Wischnu, dem Erhalter, Schiwa dem Zerstörer (es handelt sich hierbei um eine Trias [Dreiheit]).

Der Glaubenssatz der Dreifaltigkeit ist dem christlichen Gläubigen von jeher unbegreiflich und wunderbar erschienen, den Freigeistern dagegen war er der größte Stein des Anstoßes. Z. B. sagt Goethe im *Faust* (Mephistopheles in der Hexenküche):

> ›... *ein vollkommner Widerspruch*
> *bleibt gleich geheimnisvoll für Kluge wie für Toren.*
> *Mein Freund, die Kunst ist alt und neu.*
> *Es war die Art zu allen Zeiten,*
> *durch Drei und Eins, und Eins und Drei*
> *Irrtum statt Wahrheit zu verbreiten.*
> *So schwätzt und lehrt man ungestört;*
> *wer will sich mit den Narr'n befassen?*
> *Gewöhnlich glaubt der Mensch, wenn er nur Worte hört,*
> *es müsse sich dabei doch auch was denken lassen.*‹«[51]

Weitere Dogmen der christlichen Kirche:
Unbefleckte Empfängnis – Geburt Christi – Auferstehung
Marias – Abendmahl (als Höhepunkt des Gottesdienstes) –
Unfehlbarkeit des Papstes – Heiligenverehrung.

Das Christentum gilt als quantitativ größte Weltreligion. Die
Mehrheit der Christen lebt seit den 1970er Jahren auf der
Südhalbkugel. Weltweit gibt es etwa 2,1 Milliarden Chris-
ten.

> *Richtet nicht, auf dass ihr nicht gerichtet werdet.*
> *Denn mit welcherlei Gericht ihr richtet, werdet*
> *ihr gerichtet werden; und mit welcherlei Maß ihr*
> *messet, wird euch gemessen werden.*
> *Was siehest du aber den Splitter in deines Bruder*
> *Auge, und wirst nicht gewahr des Balkens in*
> *deinem Auge?*
> *Oder wie darfst du sagen zu deinem Bruder: Halt,*
> *ich will dir den Splitter aus seinem Auge ziehen –*
> *und siehe, ein Balken ist in deinem Auge?*
> *Du Heuchler, zieh am ersten den Balken aus*
> *deinem Auge; darnach siehe zu, wie du den*
> *Splitter aus deines Bruders Auge ziehest*[52]*!*

VIII. Islam

❀ *Wohl dem, der sich von seinen Sünden reinigt und*
des Namens seines Herrn gedenkt und betet[53].

Entstehungsgeschichte

Spiritualität – Rituale – Ethik – Heilige Schrift – Dogmen – Zitate

Über das theologische System hinaus, das aus dem Offenbarungsglauben resultiert, beinhaltet der Islam gleichzeitig ein religionsrechtliches und sozialethisches System. Im Zentrum des muslimischen Glaubensbekenntnisses steht der Glaube an Allah als einzigen Gott sowie die Anerkennung Muhammads als seinen Gesandten.

Der Islam bemüht sich seit seinen frühesten Tagen darum, eine integrative geistige, gesellschaftliche und politische Gemeinschaft aufzubauen, die »Umma«, in welcher Religion, religiöses Gesetz und Werte eine führende Rolle in der Gesellschaft spielen sollen. Im Mittelalter brachte die entstandene islamische Kultur einschneidende Fortschritte in Mathematik, Astronomie und Medizin hervor.

Schon kurz nach dem Tod Mohammeds im Jahr 632 verbreitete sich der Islam unter den ersten beiden Kalifen nach Syrien, Ägypten und weiter nach Persien und Nordafrika. Um 710 erreichte er über Spanien auch den europäischen Kontinent.

Die Glaubensrichtungen werden grob aufgeteilt in:

a) Schiiten (Voraussetzung der Verwandtschaft); b) Sunniten (Kalifat); c) Charidschiten; d) Sufismus.

Aus diesen Richtungen spalteten sich wiederum einzelne Bewegungen ab:

Aus dem sunnitischen Islam entstanden unter anderem

die Ahmadiyya, aus dem schiitischen Islam gingen unter anderem die Aleviten und die Drusen hervor.

Im Islam sind sechs Glaubenssätze aufgestellt:
- es gibt nur einen einzigen Gott (Allah),
- seine Engel,
- die Offenbarung (die heiligen Bücher),
- die Gesandten,
- den Jüngsten Tag/das Jüngste Gericht,
- die göttliche Vorhersehung (des Guten und des Bösen).

Nach islamischem Verständnis ist eine Trennung von Staat und Religion nicht vorgesehen. Insofern kann der Islam nicht allein als religiöses Konzept, sondern muss darüber hinaus auch als politisches Wertesystem begriffen werden.

Der Koran, auf dem der Islam gründet, wird angesehen als Offenbarung an Mohammed durch den Erzengel Gabriel. Er verkündet somit das Wort Gottes.

Die Regeln des Islam sind in der Scharia schriftlich festgehalten, sie bildet die Grundlage islamischen Rechts. Die Scharia wird als universal gültig aufgefasst und soll nach islamischem Recht weltweit durchgesetzt werden. In einigen islamischen Ländern gilt die Scharia spätestens seit der Kairoer Erklärung der Menschenrechte im Islam (1990) nahezu uneingeschränkt und gewinnt weiterhin an Bedeutung.

Die »Fünf Säulen des Islam« werden gebildet durch:

Glaubensbekenntnis – Gebet – Almosensteuer – Fasten – Pilgerfahrt.

Weltweit gibt es etwa 1,3 Milliarden Muslime.

Einige haben eine Moschee errichtet, um dem wahren Glauben zu schaden, den Unglauben aber zu verbreiten, um eine Spaltung zwischen den Gläubigen hervorzurufen und einen Hinterhalt zu haben für den, der schon früher gegen Gott und seinen Gesandten gekämpft hat. Und doch schwören sie: Wahrlich, wir beabsichtigen nur das Beste. –

Aber Gott wird es bezeugen, dass sie Lügner sind. Tretet niemals hinein! Hier ist ein Heiligtum, vom ersten Tage an auf Gottesfurcht gegründet. Es ist besser, wenn du hier hinein trittst. Denn hier sollen die Menschen sich zu reinigen wünschen. Denn Gott liebt die Reinen[54].

IX. Bahá'í-Glaube

»Jedes Zeitalter hat seine eigenen Probleme, jede Seele ihre besondere Sehnsucht. Das Heilmittel, das die Welt in ihren gegenwärtigen Nöten braucht, kann nicht das gleiche sein, das ein späteres Zeitalter erfordern wird. Beachtet genau die Nöte eures Zeitalters und legt den Schwerpunkt eurer Überlegungen auf seine Bedürfnisse und Forderungen.«[55]

»Ziel aller Religionsstifter und Heiligen Bücher ist es, Menschen zur Wahrhaftigkeit und Erkenntnisfähigkeit anzuleiten und damit dem Einzelnen und der ganzen Menschheit Frieden zu bringen.

Jede Botschaft, die das Herz versöhnt, die Würde des Menschen erhöht und die Mitmenschen zufrieden stellt, ist willkommen.«[56]

Entstehungsgeschichte

Spiritualität – Rituale – Ethik – Heilige Schrift – Dogmen – Zitate

Der Bahá'í-Glaube (auch Bahá'ísmus oder Bahá'ítum) wurde im 19. Jahrhundert von dem aus Persien stammenden Bahá'u'lláh gestiftet. Weltweit gibt es etwa 7,7 Millionen Angehörige der Bahá'í Religion, vor allem in Indien, im Iran, Schwarzafrika, Südamerika, den USA sowie in Australien und Kanada. Die Bahá'í-Religion ist nach dem Christentum die geografisch am zweitstärksten verbreitete unabhängige Weltreligion[57].

Die Bahá'í, die einen Querschnitt der Menschheit darstellen, kommen praktisch aus allen Nationen, ethnischen Gruppen, Kulturen, Berufen und gesellschaftlichen oder ökonomischen Klassen. Es sind mehr als 2100 verschiedene ethnische Gruppen vertreten, ein Beweis globaler »Einheit in Mannigfaltigkeit«. Aber trotz dieser Vielfalt ist die weltweite Bahá'í-Gemeinde frei von Spaltung oder Zersplitterung. Zu den größten Errungenschaften des Bahá'í-Glaubens zählt in der Tat die Fähigkeit, dem uralten Drang nach Spaltung in Sekten und Untergruppen zu widerstehen, dem bisher noch jede andere Religion zum Opfer gefallen ist.

Der wichtigste Text der Bahá'í ist der Kitab-i-Aqdas, das Heiligste Buch, aus dem Jahr 1873. Hier wird die Offenbarung Bahá'u'lláhs, das Wort Gottes, vermittelt. Die über 100 heiligen Schriften der Bahá'í-Religion sind authentisch und im Original vorhanden.

Was ist der Bahá'í-Glaube?
Das Ziel, auf das alle Lehren des Bahá'í-Glaubens brennpunktartig ausgerichtet sind, ist die Errichtung der »Einheit der Menschheit«. Die Darlegungen des Universalen Hauses der Gerechtigkeit vermitteln ein umfassendes Bild jener Grundsätze des Bahá'í-Glaubens, die für die Errichtung eines dauerhaften Weltfriedens wesentlich sind.

Der Báb (geb. 1819), der Vorläufer Bahá'u'lláhs, rief die Führer der islamischen Glaubensrichtungen zur gemeinsamen Erwartung jenes Verheißenen auf, durch den das langersehnte Friedensreich auf Erden endlich Wirklichkeit werden sollte. Er starb 1850 in Tabriz den Märtyrertod.[58]
Bahá'u'lláh selbst (geb. 1817) gab eine umfassende Darlegung jener religiösen, geistigen und materiellen Grundsätze und Maßstäbe, die für die Errichtung des Weltfriedens wesentlich und unerlässlich sind. Er rief die geistlichen und weltlichen Führer seiner Zeit in Sendschreiben dazu auf, ihm zu folgen und den ihrer Obhut anvertrauten Menschen auf dem Weg zu Friede und Eintracht beispielgebend voranzueilen. Er starb 1892, noch immer ein Verbannter des persischen und türkischen Reichs, unter Hausarrest unweit von

Akkon (heute Israel), wo in der Folge das geistige und organisatorische Weltzentrum der Bahá'í entstand. 'Abdu'l-Bahá (geb. 1844), sein ältester Sohn und bevollmächtigter Ausleger, erklärte und entfaltete den von Bahá'u'lláh niedergelegten Friedensplan. 'Abdu'l-Bahá gilt den Bahá'í als vollkommenes Vorbild für ein auf das Ziel des Weltfriedens und der Einheit der Menschheit ausgerichtetes Leben. Er starb 1921 in Haifa.

Als seinen Nachfolger und Hüter des Glaubens berief 'Abdu'l-Bahá seinen ältesten Enkel Shoghi Effendi (geb. 1898). Er vermittelte den Bahá'í in der ganzen Welt ein tieferes Verständnis der für den Weltfrieden notwendigen Grundsätze, förderte die einzelnen Bahá'í-Gemeinden in der praktischen Anwendung der Weltordnung Bahá'u'lláhs und formte die Bahá'í-Weltgemeinde zu einem Modell, das als Muster für die Überwindung der Weltkrise dienen könnte. Nach einem allein diesem Ziel geweihten aufopferungsvollen Leben starb Shoghi Effendi 1957 in London.

»Der von Bahá'u'lláh verkündete tragende Grundsatz, zu welchem sich alle Anhänger seines Glaubens fest bekennen, besagt, dass religiöse Wahrheit nicht absolut, sondern relativ ist, Gottesoffenbarung ein fortdauerndes und fortschreitendes Geschehnis ist, alle großen Religionen der Welt göttlich in ihrem Ursprung sind, ihre Grundsätze miteinander in völligem Einklang stehen, ihre Ziele und Absichten ein und dieselben sind, ihre Lehren nur Widerspiegelungen der einen Wahrheit sind, ihr Wirken sich ergänzt, sie sich nur in unwesentlichen Teilen ihrer Lehren unterscheiden und ihre Sendungen aufeinanderfolgende geistige Entwicklungsstufen der Menschheit darstellen. Die Bahá'í-Religion [...] erlegt ihren Anhängern vor allem die Pflicht des ungehinderten Suchens nach Wahrheit auf, verwirft alle Arten von Vorurteil und Aberglauben und erklärt den Zweck der Religion als den der Förderung von Freundschaft und Eintracht.«[59]

Das Universale Haus der Gerechtigkeit, ein Gremium aus neun Mitgliedern, wird seit 1963 alle fünf Jahre durch Delegierte aus der gesamten Bahá'í-Weltgemeinde gewählt.

Es ist entsprechend den schriftlichen Festlegungen Bahá'-u'lláhs und seiner von ihm bevollmächtigten Nachfolger gebildet und mit höchster Autorität ausgestattet. Sein Amtssitz liegt im Heiligen Land an den Abhängen des Berges Karmel.

Das Universale Haus der Gerechtigkeit wendet sich nunmehr in seiner Botschaft über den Rahmen der Bahá'í-Welt hinaus erstmals an alle Völker der Welt und setzt damit jene unermüdliche Friedensarbeit fort, die ein kennzeichnendes Merkmal für den Bahá'í-Glauben seit seiner Entstehung in der Mitte des 19. Jahrhunderts ist (vgl. Verheißung des Weltfriedens 1985).

»Der Bahá'ísmus ist religionswissenschaftlich betrachtet eine eigenständige Religion; er ist die jüngste Offenbarungsreligion in der Linie von Judentum, Christentum und Islam.«[60]

»... (Der) Charakter des Bahá'í-Glaubens als Religion und der Bahá'í-Gemeinschaft als Religionsgemeinschaft (ist) nach aktueller Lebenswirklichkeit, Kulturtradition und allgemeinem wie auch religionswissenschaftlichem Verständnis offenkundig...«[61]

»Die religiöse Gemeinschaft der Bahá'í verdient unsere besondere Hochachtung. Um die Mitte des 19. Jahrhunderts in Persien gegründet, ist sie heute dort die größte religiöse Minderheit. In der übrigen Welt hat sie heute mehrere Millionen Anhänger. Sie lehrt nicht nur, wie manche Religionen, den Frieden zwischen den Menschen und fordert die Überwindung des Kampfs zwischen den Mächtigen, sondern sie lernt und praktiziert auch den Frieden zwischen den Religionen.«[62]

»... Der Bahá'ísmus steht somit als geschichtliche Erscheinung den anderen Universalreligionen, dem Hinduismus, Buddhismus, Judentum, Islam, Sikhismus und Christentum ebenbürtig zur Seite.«[63]

»Im Bahá'ítum bietet die neuere Religionsgeschichte ein Beispiel dafür, wie aus einer Weltreligion, in diesem Fall dem Islam, eine Bewegung entstehen kann, die nicht nur den Anspruch erhebt, selbst eine Weltreligion zu sein, sondern auch die religionsphänomenologischen Merkmale einer solchen aufweist ...«[64]

»Die Bahá'í-Lehren haben eine große Zukunft vor sich ... Der Bahá'í-Glaube stellt sich uns als das reinste und erhabenste religiöse Empfinden dar ... Die Welt ist in Aufruhr, der Schlüssel zu allen ihren Problemen befindet sich in der Hand des Gefangenen von Akkon: Bahá'u'lláh.«[65]

»Wahrlich, das Notwendigste ist Zufriedenheit in allen Lebenslagen: Durch sie bewahrt sich der Mensch vor krankhaften Zuständen und der Abspannung. Gib nicht dem Kummer und der Sorge Raum, denn sie verursachen das größte Elend. Eifersucht verzehrt den Körper und Zorn verbrennt die Leber. Meide diese beiden, wie du den Löwen meidest.«[66]

8 *Was man in der Wiege gelernt hat, das hält auch im Alter vor.*

Wissenschaft und Religion – alte Rivalitäten, neue Positionen

Geschichte: Was unterscheidet den Hakim vom Propheten?

Zu Avicenna, dem bekannten persischen Arzt, trat einmal ein Schüler, der ihn sehr verehrte, und sprach: »Großer Herr! Du bist weiser als die Gelehrten unserer Zeit. Du bist Philosoph, Arzt, Dichter, Astrologe und kannst alles das und noch mehr, als die Wissenschaft unserer Zeit es verlangt. Warum erhebst du nicht den Anspruch, ein Prophet zu sein? Ich bin überzeugt, Tausende und Abertausende werden dir folgen und dir gehorchen. Sieh, Mohammed war nur ein Kameltreiber und in den Wissenschaften nicht erfahren, und dennoch erreichte sein Wort die Ohren von Millionen.« »Ich werde es dir gelegentlich erklären«, antwortete Avicenna, »hab nur Geduld!«

Im folgenden Winter, der so kalt war, dass sich selbst die Ältesten nicht daran erinnern konnten, je einen kälteren Winter erlebt zu haben, lag Avicenna krank darnieder. Im gleichen Raum lag auch der Schüler, der ihn damals gefragt hatte. Es war Nacht. Vom Fieber ausgetrocknet, dürstete Avicenna nach einem Schluck kühlen Wassers. »Freund«, sagte er zu seinem Zimmernachbarn, »ich habe großen Durst, würdest du mir ein Glas Wasser von draußen holen?« Der Schüler kroch noch tiefer unter die Decke seines Bettes, in der Vorstellung, bei dieser unmenschlichen Kälte nach draußen gehen zu müssen. »Nein, Herr«, sprach er, »die Ärzte sind sich alle darüber einig, dass kaltes Wasser bei deiner Krankheit Gift ist.« Der Durst Avicennas wurde größer. Trocken lag seine Zunge im Mund. »Bring mir doch etwas Wasser. Für die Erkrankung, die ich habe, ist die Kühle sogar das beste Heilmittel.« Die Vorstellung, draußen mit einem Stab das Eis des Brunnens aufbrechen zu müssen, um dem Meister den Wunsch zu erfüllen, ließ seinem Gefährten den Rücken zu einer Gänsehaut werden. Starr und fest blieb er bei seiner Überzeugung, dass es nichts Schädlicheres gäbe als kaltes Wasser. Avicenna, der große Arzt, beharrte jedoch darauf, nur kaltes Wasser könnte sein Leiden mildern. Es entwickelte sich ein Streit über Dogmen, der schließlich die ganze Nacht hindurch dauerte.

In der Morgendämmerung erscholl vom Turm des Minaretts die Stimme des Muezzin, der die Gläubigen aufforderte, sich nach den Geboten des Propheten zu reinigen, das Haupt nach Mekka zu verneigen und die heiligen Suren zu sprechen.

Der Schüler Avicennas warf seine Decke zur Seite, sprang aus dem Bett, stürmte aus dem Zimmer, brach das Eis des Brunnens auf und wusch sich, wie es sein Glaube vorschrieb. Dann kniete er auf dem Gebetsteppich nieder, um das Morgengebet, die Preisgebung, zu sprechen.

Nachdem er den Gebeten Genüge getan hatte, sprach ihn Avicenna an: »Lieber Freund, du erinnerst dich noch daran, dass du mich gefragt hast, warum ich nicht Anspruch erhebe, Prophet zu sein. Heute will ich dir eine Antwort geben. Siehe: Mohammed, der nur ein Kameltreiber war, ist schon vor über 300 Jahren von uns gegangen, und doch hat sein Wort die Kraft und die Macht, dich aus dem warmen Bett zu holen, hat die Macht, dass du dich mit dem kalten Eiswasser wäschst und trotz herrschender Kälte dein Gebet verrichtest. Als ich dich die ganze Nacht über bat, mir nur ein Glas Wasser zu holen, erwies sich die Vielzahl meiner Worte als noch zu schwach, obwohl ich weiß, dass du mich als deinen Meister verehrst. Dies ist einer der Gründe, warum ich trotz aller Ge-

lehrtheit nie für mich in Anspruch nehmen werde, Prophet zu sein!«

Die Geschichte macht vor allem eines deutlich: Ein Therapeut kann bei allem Vertrauensvorschuss, den der Patient ihm entgegenbringt, kaum auf das Charisma zurückgreifen, das einem Propheten eigen ist.

Wissenschaft ohne Religion? Religion ohne Wissenschaft?

Die Kulturpsychologie hat nachgewiesen, dass es überall dort, wo man die Zeitdimension nicht berücksichtigt, zu Fixierungen und unangemessenen Versuchen der Realitätsbewältigung kommt – in Politik, Wissenschaft und Religion. Als Beispiel hierfür mag zunächst die Wissenschaft dienen. Obwohl sie gemeinhin zu neuen Erkenntnissen führt, finden wir gerade hier nicht selten dogmatische Fixierungen, die sich gegen neue, zeitgemäße Erkenntnisse wenden. Einige historische Begebenheiten können davon Zeugnis ablegen:

1. Giordano Bruno wurde im Jahr 1600 n. Chr. als Ketzer verbrannt, weil er unter anderem lehrte, dass die Erde sich um die Sonne drehe. Einige Jahre später musste Galilei seiner Erkenntnis vom neuen Weltbild abschwören.
2. Als Stephenson seine Lokomotive erfand, versuchten bekannte europäische Mathematiker seiner Zeit jahrelang zu beweisen, dass seine Maschine auf glatten Schienen niemals eine Last ziehen könne, weil die Räder durchdrehen würden, ohne den Zug vorwärts zu bewegen. Weiterhin wandte sich eine große Anzahl von Ärzten und Bürgern an die Regierung, mit der Bitte, dieser Entwicklung Einhalt zu gebieten, weil der Rauch dieser Maschinen die Luft verpesten und somit zum Tod von Mensch und Tier führen würde.

3. Als Alexander Graham Bell im Jahr 1865 das Telefon entwickelte, schrieb eine amerikanische Zeitung: »Sicherlich wissen kluge und intelligente Personen, dass die
Übertragung der menschlichen Stimme durch ein Kabel
eine Unmöglichkeit ist. Und falls es auch nicht unmöglich ist, so ist es jedoch unnötig.« Eine Bostoner Zeitung
brachte einen Artikel mit dem Appell an die Stadtverwal-
tung, den Umtrieben dieses Verrückten so schnell wie
möglich Einhalt zu gebieten.
4. Als Jean Eiffel den Eiffelturm bauen wollte, erhoben über
300 berühmte und angesehene Wissenschaftler Ein-
spruch. Ihrer Ansicht nach sei das Errichten eines solchen
Turmes gegen den französischen Geschmack und gegen
die Geschichte Frankreichs. Außerdem würde es ein
furchterregendes Ungetüm im Herzen von Paris sein und
damit die Hauptstadt Frankreichs verunstalten.
5. Als Freud, der Begründer der psychoanalytischen Bewegung, der Wiener Gesellschaft der Ärzte einen Fall von
männlicher Hysterie vortrug, wurde er derart angefein-
det, dass er die Ärztegesellschaft nie wieder besuchte.
Außerdem wurde er nie auf einen Lehrstuhl an eine Universität berufen.

Es kostete Jahre Arbeit, bis all diese Wissenschaftler ihre
Kollegen vom Wert ihrer Entdeckung überzeugen konnten.
Es kostete auch zahlreiche Menschenleben, die gerettet
worden wären, wenn diese Entdeckungen rechtzeitig Anerkennung gefunden hätten.

Die Krise beim einseitigen wissenschaftlichen Vorgehen

So gern wir es verdrängen, eigentlich wissen wir alle: Eine
der größten Gefahren unserer wissenschaftlich-technischen
Zivilisation liegt in der tödlichen Effizienz der überdimen-
sionierten und ständig expandierenden Rüstungsapparate.

Schon seit Jahren reicht das nukleare Zerstörungspotenzial bei weitem aus, die Erde unbewohnbar zu machen. Dennoch wächst die Zahl der todbringenden Megatonnen ständig weiter. Die »Zuverlässigkeit« der Waffensysteme nimmt weiter zu. Immer mehr Staaten verfügen über Atomwaffen – und dies alles trotz Entspannungspolitik, SALT und Atomwaffensperrvertrag. Auch bei der heutigen Problematik des Klimawandels kann man diese Einseitigkeit beobachten. Um effizient auf diesem Planeten weiterleben zu können, kommen wir nicht darum herum, uns in die Vielfalt zu begeben, das heißt gemeinsame Betrachtungsweisen und Wege finden, die uns aus der Angst und Engstirnigkeit und in das Vertrauen der Vielfalt und Einheit führen. Das bedeutet auch, dass Wissenschaft und Religion miteinander wirken müssen. Nach unserem Konzept führt Religion ohne Wissenschaft zu Fatalismus, Wissenschaft ohne Religion zu Materialismus. Daraus folgen individuelle und kollektive Probleme, wie Gruppenhass, Vorurteile, Kriege.

Wissenschaftler versus Religionsstifter

Der folgende Überblick verdeutlicht den Unterschied zwischen Religionsstiftern und Wissenschaftlern und bietet Anregungen zum Nachdenken.

Wissenschaftler	Religionsstifter
Sinnfindung: Sucht Erklärungen und logische Gesetzmäßigkeiten für Naturphänomene und das menschliche Verhalten.	Sinngebung: Stellt für den Menschen Werte, Ziele und Sinn dar.
Partikulares Vorgehen: Beschäftigt sich vornehmlich mit einzelnen Fragestellungen.	Universalistische Orientierung: Erfasst den Menschen und seinen Kosmos in seiner Einheit und Ganzheit.

Wissenschaftler	Religionsstifter
Verstand: Seine Mittel zur Entdeckung der Wirklichkeit sind die Mittel der Sinne und des Verstandes (Wissenschaft) (»Ich glaube, was ich sehe und was ich verstehe«).	Tradition und Intuition: Die Religion stellt neben die Mittel der Sinne und des Verstandes die Mittel der Tradition und Intuition.
Objektivität: Ziel von wissenschaftlichen Erkenntnissen ist die Nachprüfbarkeit (jeder kann im Gravitationsfeld der Erde die Erfahrung machen, dass der Apfel nach unten fällt).	Glaubensgewissheit: An Stelle der Überprüfbarkeit findet sich hier die Glaubenserfahrung, die eher subjektiv ist.
Womit darf sich der Wissenschaftler beschäftigen? Mit dem, was der Beobachtung und der Logik zugänglich ist. Was diese Kriterien nicht erfüllt, gilt als unwissenschaftlich (Leben nach dem Tode als unwissenschaftliches Thema).	Womit beschäftigt sich die Religion? Auch mit den Bereichen, die dem Verstand nicht unmittelbar zugänglich sind und die tieferen Bedürfnisse des Menschen betreffen (Sinn des Lebens, Leben nach dem Tod, Gott).
Ausbildung: Ziel ist es, Einzelwissen zu vermitteln (Haben).	Bildung: Ziel ist es, auf die Lebenssituation, das Weltbild und den Charakter bildend einzuwirken (Sein).
Zweifel: Der Fortschritt der Wissenschaft erfolgt über die Erkenntnisinteressen sowie über Versuch und Irrtum.	Gewissheit: Die Erkenntnisse der Religionsstifter sind für ihre Zeit unveränderlich gültig. Im Laufe der Menschheitsentwicklung ändert sich nicht der zentrale Gehalt der Offenbarungen, sondern das geschichtlich bedingte Bewusstsein der Menschen.

Wissenschaftler	Religionsstifter
Funktionelle Autorität: Der Wissenschaftler begründet seine Autorität durch Sachkompetenz (er lernt Fertigkeiten und kann selbstständig wissenschaftliche Fragestellungen weiterentwickeln).	Übergeordnete Macht: Der Religionsstifter beruft sich auf eine übergeordnete Macht (Gott).
Erworbenes Wissen: Der Wissenschaftler ist als solcher ausgebildet und hat sich die Grundkenntnisse seiner Wissenschaft durch Studium erworben.	Vorgegebenes Wissen: Das Wissen des Religionsstifters kann nicht auf bloße Ausbildung/Studium zurückgeführt werden. Der Religionsstifter ist gewissermaßen Mittler für eine übergeordnete Instanz (Gott).
Theorie: Der Wissenschaftler muss nicht unbedingt Vorbild sein.	Praxis: Der Religionsstifter muss seine Offenbarungen mit aller Konsequenz nachleben.
Zusammenarbeit: Der Wissenschaftler geht von Erkenntnisinteressen aus, die durch Weltanschauung und Religion geprägt sind. Seine Ziele sind ebenfalls nicht bloß wissenschaftlich, sondern greifen in die Wirklichkeit der Menschen ein. Insofern ist lediglich seine Methode im strengeren Sinn wissenschaftlich.	Zusammenarbeit: Die Aussage des Religionsstifters ist gebunden an das Bewusstsein und das Verständnis seiner Zeit. Er muss daher Gedankenmodelle und Entwicklungstendenzen berücksichtigen, die sich aus der Situation seiner Zeit heraus ergeben und bis in eine fernere Zukunft reichen. Wie ein Religionsstifter verstanden werden kann, hängt unter anderem davon ab, welche Bedeutung seine Aussagen in einer bestimmten Situation erhalten.

Einheit:
Wissenschaft und Religion können sich entsprechend den Anforderungen der Zeit ergänzen und eine Einheit bilden.

Konsequenzen

Wir nehmen heute in verstärktem Maße wahr, dass unsere individuelle Entwicklung nicht mehr von der weltweiten Entwicklung zu trennen ist, und Wachstumskrisen mobilisieren uns für tief verwurzelte Fragen wie nach dem Sinn des Lebens, einer friedlichen Koexistenz und die Einheit der Menschheit.

Die Suche nach Einheit ist die Forderung nach einer gleich gewichteten Zusammenarbeit von Religion und Wissenschaft. War früher die Wissenschaft Gegner der Religion, hat sich das Bild heute weitgehend gewandelt. Denn ebenso wie die Fotografie die Malerei befreit hat, hat der wissenschaftliche Fortschritt – zumindest der Möglichkeit nach – den Geist befreit. Religion und Wissenschaft sind keine unüberbrückbaren Gegensätze mehr. Religion kann ohne Wissenschaft nicht überzeugen, Wissenschaft ohne Religion auf die Dauer nicht überleben.

Man kann in der Tat feststellen, dass heute viele Wissenschaftler eine aufgeschlossene Haltung gegenüber der Religion zeigen. Es gibt eine Vielzahl von Überlegungen, von denen einige wesentliche im Folgenden zusammengefasst werden sollen.

Isaac Newton (1643–1727), englischer Mathematiker, Physiker und Astronom, Begründer der klassischen theoretischen Physik, Entdecker der Gravitationsgesetze: »Die wunderbare Einrichtung und Harmonie des Weltalls kann nur nach dem Plane eines allwissenden und allmächtigen Wesens zustande gekommen sein. Das ist und bleibt meine letzte und höchste Erkenntnis.«

Friedrich Wilhelm Herschel (1738–1822), deutscher Astronom, Entdecker des Planeten Uranus: »Je mehr das Feld der Wissenschaft sich erweitert, desto zahlreicher und unver-

werflicher werden die Beweise für die ewige Existenz einer schöpferischen und allmächtigen Weisheit.«

Robert Andrews Millikan (1868–1953), amerikanischer Physiker, Nobelpreisträger 1923: *»Leute, die wenig von Wissenschaft wissen, und Leute, die wenig von Religion verstehen, mögen sich einmal streiten, und die Zuschauer mögen denken, da streiten sich nun die Wissenschaft und der Glaube, während es sich in der Tat um einen Zusammenstoß zwischen zwei Arten von Unwissenheit handelt.«*

Albert Einstein (1879–1955), deutscher Physiker, Begründer der Relativitätstheorie, Nobelpreisträger 1921: *»Jedem tiefen Naturforscher muss eine Art religiösen Gefühls naheliegen, weil er sich nicht vorzustellen vermag, dass die ungemein feinen Zusammenhänge, die er erschaut, von ihm zum ersten Mal gedacht werden. Im unbegreiflichen Weltall offenbart sich eine grenzenlos überlegene Vernunft. – Die gängige Vorstellung, ich sei ein Atheist, beruht auf einem großen Irrtum. Wer sie aus meinen wissenschaftlichen Theorien herausliest, hat diese kaum begriffen (...).«*

Wernher von Braun (1912–1977), deutsch-amerikanischer Physiker und Raketenforscher: *»Über alles stehe die Ehre Gottes, der das große Universum schuf, das der Mensch und seine Wissenschaft in tiefer Ehrfurcht von Tag zu Tag weiter durchdringe und erforsche.«*

»Die gelegentlich gehörte Meinung, dass wir im Zeitalter der Weltraumfahrt so viel über die Natur wissen, dass wir es nicht mehr nötig haben, an Gott zu glauben, ist durch nichts zu rechtfertigen. Bis zum heutigen Tag hat die Naturwissenschaft mit jeder neuen Antwort mindestens drei neue Fragen entdeckt.«[67]

Achim Denner[68] führt zum Thema Atheismus Folgendes an: »Das zunehmende Wissen um die Grenzen der Naturwissenschaften hat jedoch seit einigen Jahren wieder zu einer Renaissance des Göttlichen geführt. Der berühmte amerikanische Kosmologe Allan Sandage – als junger Mann ein überzeugter Atheist – beschäftigte sich ein halbes Jahrhundert lang mit dem Alter der Sterne und gelangte dadurch zu folgender Erkenntnis:

»Die Erforschung des Universums hat mir gezeigt, dass die Existenz von Materie ein Wunder ist, das sich nur übernatürlich erklären lässt.«[69]

Tatsächlich scheint vieles im Kosmos exakt auf das menschliche Dasein ausgerichtet zu sein. Die Welt ist für den Menschen geschaffen. Für den Astronomen William Stoeger hat die Erkenntnis vom Urknall das Bild Gottes veredelt.

»Ich halte es für vernünftig, an Gott zu glauben. Wenn alle das tun würden, würde die Gesellschaft dem Irrationalen nicht so hinterherrennen.«[70]

Der Physiker und Philosoph Carl Friedrich von Weizsäcker hat hierzu gesagt: »Es ist wie in der Forschung. Irgendwann muss das Experiment gewagt werden. Nur so kann man herausfinden, dass die Wahrheit gilt. Erst im Experiment kann sich zeigen, ob das Vertrauen auf den Schöpfer von einer tiefen Wahrheit getragen ist.«

9 *Der Wert von Menschen und Diamanten lässt sich erst schätzen, wenn man sie aus der Fassung bringt.*

Viele Fragen – viele Antworten zu Religion und Freiheit

Geschichte: Das passende Wort

Ein Herrscher aus alten Zeiten grübelte über die Fragen des Lebens nach. Weil ihn das Wesen von Gut und Böse beschäftigte, befahl er seinem Diener, die Organe zu bringen, die am besten, schönsten und wertvollsten seien. Der Diener brachte das Herz und die Zunge eines Tieres. Der Herrscher schaute sich die Organe an, dachte über den Sinn nach, den sie bedeuteten, und schickte den Diener nun, die hässlichsten und schlechtesten Organe zu holen. Der ging und brachte wiederum ein Herz und eine Zunge. Erstaunt fragte der Herrscher seinen Diener: »Du bringst Herz und Zunge als die besten Organe, aber auch gleichzeitig als die schlechtesten, wie kommt das?« Der Diener antwortete bescheiden: »Wenn das, was ein Mensch fühlt und denkt, offen von Herzen kommt und die Zunge nur Wahres ehrlich sagt, sind Herz und Zunge die wertvollsten Organe. Der Mensch, dem sie gehören, fühlt sich gesund und glücklich. Wenn aber das Herz zu einer Mördergrube wurde, die Wünsche verleugnet, und die Zunge Unwahrheit und Falsches sagt, sind beide Organe die reine Strafe für den Menschen, dem sie gehören. Die Zwietracht, die er nach außen sät, erfüllt auch sein Inneres, und das Glück hat sich von ihm gewandt.«

Gerade auch im Hinblick auf die Religion werden immer wieder Fragen an mich gerichtet, hinter denen ein echtes Bedürfnis steht. Ich habe versucht, auf einige dieser Fragen im Rahmen des vorliegenden Buches einzugehen und Antworten auf sie zu finden, weil sie sehr eng mit der Frage nach dem Sinn des Lebens und Handelns verknüpft sind.

Frage: Warum kann man das Wesen von Gott nicht erkennen?

Antwort: Die Erscheinungen der Welt lassen sich in vier Seinsstufen unterteilen: die Stufe der Mineralien, die Stufe der Pflanzen, die Stufe der Tiere, die Stufe der Menschen. Jede Stufe ist durch bestimmte Eigenschaften gekennzeichnet: die Stufe der Mineralien durch Anziehung und Absetzung, die Stufe der Pflanzen durch Stoffwechsel und Wachstum, die Stufe der Tiere durch Verhalten und Gefühle, die Stufe der Menschen durch Bewusstsein. Jede Stufe verfügt außer den typischen Eigenschaften über die vorhergehenden Stufen. Umgekehrt aber kann keine Stufe Eigenschaften der ihr übergeordneten Stufe erreichen und erfassen. Gott ist seinem Wesen nach allen übrigen Stufen übergeordnet und entzieht sich daher dem Verstand des Menschen. Der Mensch kann wohl sich selbst, Tiere, Pflanzen und Mineralien bewusst wahrnehmen und ihre Strukturen erkennen. Das Wesen Gottes bleibt dieser Art des Erkennens verschlossen.

Frage: Welche Erklärung gibt es für das Vorhandensein eines Schöpfers?

Antwort: Wir müssen uns bewusst sein, dass kein Mensch – auch kein Prophet – imstande ist, Gott zu beweisen. Die Wirklichkeit des Seins, in die auch unsere eigene Existenz eingeschlossen ist, stellt uns vor die Notwendigkeit, nach dem Schöpfer zu fragen, weil die materielle Wirklichkeit nicht ausreicht, sich selbst, ihren Ursprung, ihr Vorhandensein und ihr Ziel zu erklären.

Es gibt eine Vielzahl von Überlegungen zum Thema Wissenschaft und Religion, von denen ich einige wesentliche im Folgenden zusammenfasse:

1. Der Mensch ist ein Teil der Natur: In dieser Eigenschaft besitzt er zugleich die Fähigkeit, die Strukturen der Natur zu erkennen, zu unterscheiden und zu integrieren. Er verfügt somit über eine Fähigkeit, die keinem anderen Bereich der Natur zukommt. Es ist aber nicht denkbar, dass ein Teil der Natur, der Mensch, etwas besitzt, was in der Natur nicht vorhanden ist. Diese Fähigkeiten des Menschen sind daher nicht aus der Natur entstanden und bedürfen einer anderen Quelle der Erklärung.

2. Das Prinzip der Ordnung: Der Stoffwechsel einer Pflanze beispielsweise funktioniert mit einer faszinierenden Genauigkeit und spiegelt eine große Ordnung wider.

3. Das Prinzip der Bewegung: Die Materie, die uns noch so fest erscheinen mag, besteht aus einer Unzahl sich bewegender Elemente und Atomen. Bewegung findet sich in allen Dingen der Natur. Wer hat aber den Anstoß für die erste Bewegung gegeben? Das Naturgesetz, welches für jede Bewegung einen Anstoß fordert, kann hier zur Erklärung nicht dienen.

4. Das Prinzip der Zielsetzung (Finalität): Jede Pflanze enthält schon in ihrem Samenkorn einen bestimmten Plan ihrer Entwicklung, vom ersten Keimling bis zum Abwerfen einer Frucht. Dieser Plan scheint die gesamte Natur, die Welt und die Entwicklung des Menschen sowie des Menschengeschlechts zu durchziehen. Ein Plan ohne Planer ist unmöglich.

5. Die Formgebung in der Natur geschieht auf dreierlei Art: zufällig, notwendigerweise und beabsichtigt. Nach den Grundsätzen der Wahrscheinlichkeit kann die Vereinigung von aufbauenden Elementen der Dinge und

Lebewesen unserer Welt nicht zufällig sein, denn jede Wirkung setzt eine Ursache voraus.

6. Unser Platz im Universum: Der Begriff »Universum« bezeichnet im Allgemeinen die Gesamtheit aller Dinge. Dieses Ganze in all seinen Zusammenhängen und in seiner Größe geht weit über das hinaus, was für uns als Mensch begreiflich, also »fassbar« ist.

Die verschiedensten Hilfsmittel, insbesondere die immer stärkeren Teleskope, haben es uns aber zumindest ermöglicht, einen Blick in den Kosmos zu werfen. Und die Naturwissenschaften sind heute auf einem Stand, der uns konkrete Zahlen zur Struktur des Weltalls und unserer Position darin liefern kann.

Das Alter des Universums wird auf etwa 13,7 Milliarden Jahre geschätzt. Als zeitlichen Beginn betrachtet man den Urknall. Der Anteil der uns bekannten Materie beträgt nur etwa 4 Prozent, von der wiederum etwa 10 Prozent Licht aussendet und damit für uns überhaupt sichtbar ist. Den größten Anteil haben die indirekt nachgewiesene »dunkle Materie« (23 Prozent) und »dunkle Energie« (73 Prozent; verantwortlich für die immer schneller stattfindende Expansion des Universums).

Die Struktur des Kosmos wird von den kleinsten Teilchen (Molekülen, Atomen, Elementarteilchen) bis hin zu den größten Systemen (Galaxienhaufen) gebildet. Innerhalb dieser Struktur nimmt unser Sonnensystem keinen herausragenden Platz ein. Unsere Sonne ist ein gewöhnlicher Fixstern, von dem es innerhalb unserer Galaxie, der Milchstraße, etwa 300 Milliarden weitere gibt. Unsere Milchstraße wiederum, mit ihrem Durchmesser von etwa 100 000 Lichtjahren, ist eine durchschnittliche Galaxie. Man schätzt derzeit, dass es im Universum in verschiedenen Anordnungen (einzelne Galaxien bis hin zu Galaxienhaufen) etwa 50 Milliarden (beobachtbare) Galaxien gibt. Diese Daten sind Realitäten und geben uns die Möglichkeit, über die großen Zusammenhänge des Lebens nachzudenken.

Geplante Zukunft – Unvorhersehbare Zukunft

Das Verhältnis zur Zukunft, das einen wesentlichen Teil der Bewusstseinserweiterung ausmacht, bereitet vielen Menschen Schwierigkeiten. Die Konzepte der Zukunft reichen von: »Was nutzt es, wenn ich plane, es kommt ja doch anders« (19-jähriger Student) bis hin zu: »Ich werde alles, was auf mich zukommen kann, einkalkulieren. Ich muss einfach die Situation beherrschen, oder ich fühle mich unbehaglich« (43-jähriger Geschäftsmann). »Wenn ich noch nicht einmal die Zeit bis zum Abend richtig einteilen kann und mir immer was dazwischenkommt, kann ich ja meine Planerei gleich aufgeben.« Der Patient problematisiert dabei nicht nur sein hochstrukturiertes Verhältnis zur Pünktlichkeit, sondern folgert gleich auf sein Verhältnis zur Zukunft: »Was soll denn das Leben für einen Sinn haben, wenn alles anders läuft, als man es sich vorgestellt hat?«

Während einer Behandlung wurde nach dem Verhältnis zwischen einer kontrollierbaren und einer unkontrollierbaren Zukunft gefragt, und zwar vor dem Hintergrund der perfektionistischen Angstabwehr eines Patienten. Es entwickelte sich folgender Dialog:

Therapeut: »Was Sie früher erlebt haben, ist für Sie eine lebensgeschichtliche Tatsache (Vergangenheit). Was Sie jetzt tun und erleben, haben Sie unmittelbar vor sich und können es auch gut kontrollieren (Gegenwart). Nur mit der Zukunft, dem, was im nächsten Augenblick oder in den nächsten 20 Jahren geschieht, ist es anders.«

Patient: »Ja, ich glaube, das trifft es, was ich meine.«

Therapeut: »Versuchen wir uns das einmal an einem einfachen Beispiel klar zu machen. Nehmen wir einmal an, Sie wollen mit Ihrem Auto von Wiesbaden nach Frankfurt fahren. In Frankfurt wollen Sie einen Vortrag besuchen. Sie wissen, was Sie erwartet und was Sie brauchen. Sie nehmen Ihre Wagenpapiere mit, Schreibzeug für den Vortrag, weil Ihnen Ihre Erfahrung sagt, dass es sich lohnt, manches aufzuschreiben. Sie kontrollieren, wie viel Benzin im Tank ist, und überlegen, ob dieses Benzin in Anbetracht dessen, was das Auto an Benzin braucht, für die Hin- und Rückfahrt ausreicht. Für alle Fälle nehmen Sie sich auch etwas Geld mit. Natürlich werden Sie auch rechtzeitig losfahren. Obwohl Sie alles Menschenmögliche getan haben, kann es dennoch passieren, dass etwas dazwischenkommt, womit Sie nicht gerechnet haben.«

Patient: »Ein Reifen kann platzen, ich kann in einen Stau kommen. Es kann auch ein Unfall passieren. Wenn bis dahin alles gut gegangen ist, kann vor dem Vortragssaal ein Schild stehen: Wegen Erkrankung des Referenten fällt der Vortrag aus. Und gerade das hasse ich so.«

Therapeut: »Obwohl das alles eintreten kann und alle Ihre Vorkehrungen zunichte gemacht werden können, würden Sie dann aber darauf verzichten, Ihren Tank aufzufüllen oder Ihre Papiere mitzunehmen?«

Patient: »Eigentlich nicht. Dann würde mein Plan noch viel störanfälliger werden.«

Therapeut: »So ähnlich verhält es sich auch mit der Zukunft. Einen Teil davon können Sie aufgrund Ihrer früheren Erfahrungen und Ihrer augenblicklichen Situation recht gut planen. Und das ist auch wichtig. Nur so können Sie die Gefahr und vermeidbare Störungen so klein wie möglich halten. Dann gibt es aber auch einen Teil der Zukunft, den können Sie nicht von der Gegenwart aus bewältigen. Den müssen Sie erst auf sich zukommen lassen. Sie können nicht planen, was der Vortragende sagen wird. Das müssen Sie ihm überlassen. Sie wissen auch nicht, ob Sie vielleicht von anderen Teilnehmern angesprochen werden und wie Sie deren Fragen beantworten. Das können Sie erst dann erfahren, wenn die Situation auf Sie zugekommen ist. Welche Erfahrungen Sie dann damit machen, ist nicht mehr Zukunft, sondern bereits Vergangenheit, die Sie wieder für neue Situationen heranziehen können.«

Patient: »Wissen Sie, ich habe mir immer gedacht, wenn ich etwas ganz genau plane, dann muss auch alles klappen. Wenn etwas dazwischenkam und ich z. B. lange warten musste, war das für mich schrecklich. Wenn ich mir das aber so richtig überlege, ist doch gerade die ungeplante Zukunft das eigentlich Interessante …«

Die Beziehungen zwischen Menschen sind geprägt von einer ganzen Anzahl solcher Momente ungeplanter Zukunft. Wir wissen nicht, wie unser Partner reagiert, und haben dennoch bestimmte, in der Vergangenheit geformte Erwartungen. Je weniger wir einen Menschen kennen, desto größer ist das Wagnis der ungeplanten Zukunft, ein Grund für viele, auf den Kontakt mit anderen Menschen außer den vertrauten Partnern zu verzichten. Die subjektive Vorstellung von der Zukunft ist nicht abstrakt, sondern macht sich an konkreten Inhalten fest. Bei dem Patienten war dies vor allem Pünktlichkeit, mit der die Hoffnung auf eine gute Zukunft stand und fiel.

Zukunft nach Maß?

Wir müssen, so hat es den Anschein, mit dem Widerspruch leben, dass wir Zukunft planen können und planen müssen, dass wir aber die Zukunft nicht notwendigerweise unseren Plänen gemäß vollständig gestalten können. Dies gilt für unsere persönliche Zukunft genauso wie für die Zukunft der Menschheit. Dieser Mangel an Kontrollierbarkeit lässt viele Menschen und Institutionen resignieren. Verantwortungsvolle Planung der Zukunft gehört zu unseren wichtigsten Aufgaben. Wir wissen aber auch, dass jede noch so perfekte Planung allen Bemühungen zum Trotz einen Rest an Unsicherheit übrig lässt, zu dem wir uns bekennen müssen und für den wir ebenfalls verantwortlich sind.

Diese Überraschungen erfordern von uns andere Fähigkeiten als einen technokratischen Perfektionismus. Dieser ist für sie einfach nicht das richtige Instrument, so wie ein Messer nicht das richtige Instrument ist, Erbsen zu essen. Die Fähigkeit, die hier gefordert wird, hat mit Fantasie und Intuition zu tun, die besondere menschliche Fähigkeiten sind. Intuition und Fantasie reichen über die unmittelbare Wirklichkeit hinaus und können all das umfassen, was wir als Sinn einer Tätigkeit, Sinn des Lebens, Wunsch, Zukunftsmalerei oder Utopie bezeichnen. Fantasie ist somit im Sinne der Sinngebung und Sinnfindung eine im höchsten Maße moralische Fähigkeit, die auf die Entwicklung des Einzelnen ebenso wie auf die Entwicklung der Menschheit Einfluss nimmt. Sie ist der Bereich, in dem Ziele und Wünsche entwickelt, in dem Ziel-Projektionen durchgespielt und in dem aus dem individuellen und kollektiven Unbewussten schöpferische und zerstörerische Kräfte frei werden. Gerade dieser Kräfte wegen dürfen wir nicht so tun, als wären Fantasie und Intuition etwas Kindisches, Minderwertiges, sondern wir müssen positiv in allen vier Lebensbereichen zu ihnen Beziehung aufnehmen.

Wie kann ich Gott erkennen?

Frage: Mit meinen Augen sehe ich die Ordnung der Dinge, womit sehe ich aber, dass diese Ordnung ein Attribut Gottes ist? Welche Mittel stehen uns zur Verfügung, Gott zu erkennen?

Antwort: Der Mensch verfügt über eine ganze Anzahl von Medien, durch die er erkennen kann. Diese Medien lassen sich in vier Gruppen unterteilen: a) die Sinne – der Körper; b) der Verstand; c) die Tradition; d) die Intuition. Die Funktion aller vier Medien wird – mehr oder weniger – vom »Unbewussten« mitgesteuert.

Die Wahrheit Gottes ist in einem Bild vergleichbar mit dem Glanz der Sonne, den wir mit unseren Augen nicht unmittelbar schauen können. Obwohl wir ohne die Sonne nicht leben können, erhalten wir von ihr nur die Strahlen des Lichts und der Wärme. Einen Religionsstifter kann man sich vorstellen als einen reinen, fleckenlosen Spiegel, der die Kräfte der Sonne widerspiegelt und sie unseren Augen erst fassbar macht. Da der Mensch nicht direkt mit dem Schöpfer in Verbindung treten kann, benötigt er für diese Beziehung den Spiegel eines Offenbarers. Dieser vermittelt ihm, für seine Sinne fassbar, die religiösen Wahrheiten, entsprechend den Bedürfnissen seiner Zeit. Die Religionsstifter nehmen teil an der religiösen Wahrheit und vermitteln sie den Menschen in der ihrer Zeit gemäßen Sprache.

Man kann in der Tat sagen, dass viele Wissenschaften eine aufgeschlossene Haltung gegenüber der Religion zeigen. Die zeitgemäße Bedeutung des Glaubens, auch hinsichtlich des Lebens nach dem Leben, soll durch eine Äußerung des Wissenschaftlers Wernher von Braun auf der Tagung der Nobelpreisträger in Lindau 1971 angedeutet werden: »In unserer modernen Welt scheinen viele Menschen zu glauben, die Wissenschaft habe ›religiöse Gedanken‹ unzeitgemäß gemacht und man müsse sie daher als überholt betrachten. Die Wissenschaft hält jedoch gerade für den religiösen Skeptiker eine große Überraschung bereit: Sie sagt eindeutig, dass in unserer Welt nichts – nicht einmal das kleinste Partikelchen – verschwinden kann, ohne eine diskrete Spur zu hinterlassen. Denken Sie einmal einen Augenblick darüber nach, und Ihre Gedanken über Sterblichkeit und Unsterblichkeit werden nie mehr die gleichen sein. Die moderne Wissenschaft sagt, dass nichts wirklich spurlos verschwinden kann. Die Wissenschaft kennt keine totale Auflösung oder Vertilgung. Alles was sie kennt, ist Verwandlung. Wenn Gott dieses fundamentale Grundprinzip auch auf das unbedeutendste Teilchen seines grenzenlosen Universums anwendet, ist es dann nicht nur vernünftig, zu vermuten, dass dieser göttliche Grundsatz auch für sein Meisterstück, die menschliche Seele, Anwendung findet? Alles was mich die Wissenschaft lehrt – und nicht aufhört mich zu lehren –, bestärkt mich in meinem Glauben an die Fortsetzung unserer geistigen Existenz im Leben nach dem Tode. Denn nichts verschwindet, ohne eine Spur zu hinterlassen, und Vergehen ist nur Verwandlung.«

Fazit: Die vier Mittel der Erkenntnis stellen, für sich genommen, zwar wertvolle Aspekte dar, haben aber alle ihre Grenzen. Für die Frage nach Gott, auch für die Frage nach dem Unbekannten und Unerkennbaren, kann daher nicht nur eines der Erkenntnismittel hinreichen. Uns stehen zu einer angemessenen Prüfung der Wahrheit alle Mittel der Erkenntnis zur Verfügung. Eine Einseitigkeit im Gebrauch der Mittel der Erkenntnis kann zur Einseitigkeit in der Erkenntnis führen. Dies bedeutet nichts anderes, als dass wir gerade im Bereich der Religion mit unseren Augen sehen, mit unseren Ohren hören, mit unserem eigenen Verstand prüfen, mit den Erfahrungen unserer Traditionen messen und mit unserer Intuition – dem Gefühl unseres Herzens – versöhnen.

10 *Luftschlösser lassen sich leicht aufbauen, aber schwer wieder abreißen.*

Psychopathologie und Religion – vier Reaktionstypen

Geschichte: Nicht alles auf einmal

Ein Prediger im alten Orient kam in einen Saal, um eine Rede zu halten. Der Saal war leer bis auf einen jungen Stallmeister, der in der ersten Reihe saß. Der Mullah fragte den Stallmeister: »Es ist niemand außer dir da. Soll ich deiner Meinung nach sprechen oder nicht?« Dieser antwortete: »Herr, ich bin ein einfacher Mann, davon verstehe ich nichts. Aber wenn ich in einen Stall komme und sehe, dass alle Pferde weggelaufen sind und nur ein einziges dageblieben ist, werde ich es trotzdem füttern.« Der Mullah nahm sich das zu Herzen und begann seine Predigt. Er sprach über zwei Stunden lang. Danach fühlte er sich sehr erleichtert und glücklich und wollte durch den Zuhörer bestätigt wissen, wie gut seine Rede war. Er fragte: »Wie hat dir meine Predigt gefallen?« Der Stallmeister antwortete: »Ich habe bereits gesagt, dass ich ein einfacher Mann bin und von so etwas nicht viel verstehe. Aber wenn ich in einen Stall komme und sehe, dass alle Pferde außer einem weggelaufen sind, werde ich es trotzdem füttern. Ich würde ihm aber nicht das ganze Futter geben.«

Ein interessantes Phänomen unserer Zeit scheint zu sein, dass viele Menschen in nichts mehr einen Sinn sehen können. In der psychotherapeutischen Praxis spiegelt sich dieses Problem in der Frage nach dem Sinn oder auch Unsinn der Religion.

Das Wort »Religion« scheint vielen Missverständnissen zu unterliegen. Die Begriffe »Religion« und »Glaube« führen, gerade in der Therapie, zu emotionalem Widerstand und intellektueller Abwehr. Patienten wagen kaum, von Religion zu sprechen, es sei denn im abwertenden Sinn.

Was in der Psychotherapie als Grundkonflikt (frühere Erfahrungen) von seelischen Konflikten in Erscheinung tritt, äußert sich, bezogen auf das Thema Religion, in vier Haltungen:

1. *Der naiv-primäre Typ*
2. *Der revoltierende Typ*
3. *Der Doppelbindungstyp*
4. *Der integrale Typ*

1. Der naiv-primäre Typ: Liebe dominiert vor Gerechtigkeit

Liebe ist wie ein Glas, das zerbricht,
wenn man es zu fest oder zu locker anfasst.

Unter der Bezeichnung »naiv-primitiver Typ« verstehen wir eine einseitige, undifferenzierte (naive) Überbetonung der gefühlsmäßigen Normen (primäre Fähigkeiten) wie Geduld, Liebe, Vertrauen, und eine Unterbewertung der sozialen Normen (sekundärer Bereich) wie Pünktlichkeit, Ordnung, Verlässlichkeit etc. Im Vordergrund stehen Sinneserleben, sensorische Befriedigung, Intuition, auf sensorische Qualitäten gerichtete Fantasie und Tradition, vor allem die Familientradition, die als Garant von Verbundenheit und Geborgenheit erlebt wird. Die emotionalen Beziehungen sind vor allem auf das Ich, das Du (den Partner), die Familie, das Wir (andere Menschen) und das Ur-Wir (andere Religionen, Kulturen und Nationen) gerichtet. Die Bedürfnisstruktur des naiv-primären Typs ist durch Verbundenheit gekennzeichnet, die als Spiegel jener Verbundenheit erscheint, die in seiner Erziehungssituation vorherrschte und von seinen Bezugspersonen an ihn herangetragen wurde. Mittel, diese Verbundenheit zu bewahren, ist oft übergroße Höflichkeit, die auf andere vertrauenerweckend, mitunter aber schmeichlerisch und unangenehm wirkt.

Auf der Seite der Bezugspersonen findet sich häufig folgendes Bild: Der Schutz, den sie dem Partner bieten möchten, hat einen bestimmten Zweck. Außer der Tatsache, dass sich hinter der überbeschützenden Haltung zumeist Aggressionen verbergen, die in Angst umschlagen, weil sie nicht sein dürfen, ist der Schutz inhaltlich auf ganz bestimmte Verhaltensweisen bezogen: »Ich räume dem Kind alle Gefahren aus dem Weg, damit es sich dankbar erweist.« »Ich umgebe es mit Vorsichtsmaßregeln, damit es gehorsam unter meiner Kontrolle bleibt.« Durch diesen Erziehungsstil wird eine bestimmte Erwartungshaltung aufgebaut. Das Kind wird abhängig und optimistisch; es lernt: Ich werde geliebt und gehöre in die Welt. Dieses Vertrauen kann aber auch selbstgefällige und egozentrische Züge erzeugen: »Wer mich nicht so nimmt, wie ich bin, den kann ich nicht brauchen.« Das Vollbringen von besonderen Leistungen erscheint mithin als überflüssig. Das Kind erwartet, dass seine Umwelt ähnlich reagiert wie seine engere Familie. Ist das nicht der Fall, sieht es sich in seinem Optimismus getäuscht und entwickelt über einen erlebten Vertrauensbruch und das Gefühl, ungerecht behandelt worden zu sein, einen ›sekundären‹ Pessimismus.

Naiv-religiöse Beziehung: Die Beziehung zum Ur-Wir, das sind Religion und Weltanschauung, ist bei diesen Menschen gestört. Mit großer Regelmäßigkeit überträgt der naiv-primäre Typ die ambivalente Abhängigkeitssituation auf die Religion. Es bestehen zum Teil naive religiöse Vorstellun-

gen, die denen eines Kindes gleichen und mit starken An-
klammerungstendenzen verbunden sind. Man kann eine
starke unreflektierte Identifikation mit der Religion – das
heißt in diesem Fall: mit der kirchlichen Institution und den
religiösen Bräuchen – erkennen. Diese naive Vorstellung
fordert einen Gott, der – ohne Zutun des Menschen – wie
einstmals der Vater gegenüber dem Kind die Gebete erhört
und Wünsche erfüllt. Gehen die Wünsche nicht in Erfüllung, dann schlägt das blinde Vertrauen oft in unbedingte
Ablehnung um. Diese Menschen wollen später von Religion
nichts wissen.

Fallbeispiel: »Mein Gott ist ungerecht«

»Als Kind hatte ich großes Vertrauen in Gott und glaubte,
dass er allmächtig ist und dass er Wunder vollbringen
kann. Darum flehte ich ihn jeden Abend in meinem Gebet
an, mir zu helfen. Da ich rothaarig bin – meine Schwester
ebenfalls –, waren wir oft dem Gespött der Schulkinder
und auch der Erwachsenen ausgesetzt. Ich kam mir vor
wie ein Verbrecher und hatte doch keinem Menschen etwas Böses getan – im Gegenteil, ich war immer hilfsbe-
reit, freundlich, höflich. Ich betete also, Gott möge mir
und meiner Schwester eine andere Haarfarbe schenken.
Ich verstand nicht, warum die Menschen mich verspotte-
ten und warum sie mich nicht mochten. Als mir Gott in
meiner großen kindlichen Not nicht half, musste ich glauben, dass auch er mich nicht liebt. Ich zog mich allmählich von ihm zurück und wollte ihm nicht weiter zur Last
fallen« (56-jährige Sekretärin).

Beziehung zum Ur-Wir (Bezug der Eltern und Bezugspersonen zur Religion/Weltanschauung): Die Beziehung eines
Menschen zum Ur-Wir hängt zunächst von dem Verhältnis
ab, das seine Eltern gegenüber Religion und Weltanschauung haben. Vor dem Hintergrund eines religiös-weltan-

schaulichen Bezugssystems erhält die Sinnfrage ihre Antwort. Damit bezieht sich das Ur-Wir nicht nur auf das Formale, Äußere einer religiösen oder weltanschaulichen Gruppierung, sondern ist Fundament für die Sinnfrage des Lebens. Selbst wenn die Religion abgelehnt wird, bleibt das Ur-Wir Basis für andere Orientierungssysteme, die Sinngehalte liefern sollen. Als solche Systeme haben wir die Gesellschaft, häufiger noch eine bestimmte Gesellschaftsform, eine bestimmte Lebensweise, die Familie, ein gewähltes Vorbild oder das Leistungs- oder Lustprinzip. Diese Vorstellungsinhalte können zum Idol oder zur Ersatzreligion werden. Mehr noch als die überlieferten Inhalte scheinen Überzeugung und Konsequenz zu bewirken, mit denen die Eltern diese Inhalte vertreten. Kinder entwickeln ein recht erstaunliches Gefühl dafür, wie ernst es die Eltern mit der Religion oder Weltanschauung meinen und ob die damit verbundenen Aufgaben mit vollem Einsatz der Persönlichkeit oder nur pro forma erfüllt werden. Von Bedeutung ist auch, ob die Eltern hinsichtlich Religion und Weltanschauung untereinander einig sind oder mit ihrer Uneinigkeit das Kind auf Zweifel hin programmieren. Nicht nur das Verhältnis der Eltern zur Religion ist in diesem Zusammenhang bedeutsam, sondern auch die Erlebniszusammenhänge, welche die Eltern hinsichtlich der Religion herstellen. Ein Vater, der von seinen Kindern strikte Einhaltung äußerer Normen der Religion fordert, wie Kirchgang, Gebet, Fasten, der sich aber selbst zugleich ungerecht und unehrlich verhält, wirkt auf die Kinder unglaubwürdig, und die Einstellung zur Religion kann zum Konfliktherd werden.

Mumifiziertes Festhalten an religiösen Normen, revoltierende Ablehnung aller religiösen Inhalte – mit Neigung zur Ersatzreligion – oder das ambivalente, unsichere Annäherungs-Vermeidungsverhalten dessen, der sich nicht mit religiös-weltanschaulichen Inhalten identifizieren kann, haben im Elternhaus ihre Grundlage. Da die Eltern für das Kind, zumindest in den ersten Lebensjahren, gottähnliche Funktionen annehmen, also allmächtig, allwissend und unangreifbar sind, wird nicht selten die Art und Weise, wie man als Kind Vater oder Mutter erlebt hat, auf die Erwartungen übertragen, die man gegenüber Gott oder gegenüber der unbekannten Zukunft hegt. So kann ein ungerechter Vater den Grundstein zur Vorstellung von einem ungerechten Gott oder einer ungerechten Welt legen oder auch die Zukunft als verbaut, unsinnig und hoffnungslos erscheinen lassen.

Fallbeispiel: »Wer glaubt, wird selig«

»Meine Eltern sind beide evangelisch. Aber zur Kirche sind beide nicht gegangen. Höchstens einmal zu Weihnachten oder zu Ostern und zu meiner Konfirmation. Aber Mutter betete jeden Abend mit uns und auch für sich. Allerdings waren sie entsetzt als ich meinen Mann kennenlernte, der freireligiös war. Eine Ehe ohne Kirche oder eine Hochzeit ohne Trauung gab es für sie nicht. Auch meine Tante schätzte die Menschen nach ihrem Glauben ein. Hatte jemand einen guten Glauben, war er anerkannt, hatte er keinen oder war er Katholik, war er falsch und unberechenbar. Jede andere Religion lehnte sie strikt ab.«

Fazit: Nach den bisherigen Erfahrungen neigen alle Spielarten des naiv-primären Reaktionstypus zu depressiven Reaktionen. Bei diesen Menschen ist die Geduld als Zeichen der Liebesfähigkeit zu stark (im Sinne einer Aggressionshemmung) oder zu gering (im Sinne einer impulsiven Aggressivität) entwickelt. Die vorwiegende Reaktion ist die Flucht in die Einsamkeit und in Gruppen, welche Solidarität und Geborgenheit bieten. Man möchte Anforderungen und Spannungen dadurch ausweichen, dass man sich in sein »Schneckenhäuschen« oder in einen Lebensbereich, den man beherrscht, zurückzieht und eine eigene Welt als Gegengewicht zur Wirklichkeit aufbaut:

Die passive Selbstmanipulation, die ihre auffälligste Aus-
prägungsform in Aberglaube, naiver Religiosität, einseitiger
Ideologie oder der Drogenabhängigkeit findet – im Sinne der
Fluchtreaktion mit fundamentalistischen Zügen –, kann als
typisch für eine solche Reaktion gelten. In ihr finden Ängste
und Hemmungen ihren Ausdruck. Im psychischen Bereich
zeigen sich vorwiegend folgende Störungen: Ängste, Depressionen, Hemmungen, Angstträume, Antriebslosigkeit,
Lustlosigkeit, grundloses Weinen, Traurigkeit, nichts anfangen können, innere Unruhe, Tagesschwankungen der Stimmung, Lärmempfindlichkeit, Reizbarkeit.

Im psychosomatischen Bereich, also bei körperlichen
Störungen, die auf seelische Bedingungen zurückgehen,
zeigt der naiv-primäre Typ eine Tendenz zum Somatisieren.
Vorwiegend durch seine Sinne und den Körper lebend,
verarbeitet er Konflikte mit Vorliebe in diesem Bereich.
Auseinandersetzungen schlagen sich sofort körperlich nieder. So kommt es zu Beschwerden wie Abgeschlagenheit,
Dickdarmentzündung, Asthma, Kopfschmerzen, sexuellen
Störungen, Allergien, erhöhter Ermüdbarkeit, Beklem-
mungsgefühlen, Schweißausbrüchen, Appetitlosigkeit, Erschöpfungsgefühl, Schwindelgefühl, Erbrechen, Übelkeit
und Schlafsucht.

Formen des naiv-primären Reaktionstypus (im Sinne eines naiven Optimismus):

1. Der naiv-primäre Reaktionstypus und seine naiv-religiöse Beziehung
   Die Beziehung zum Ur-Wir ist gestört. Mit großer Regelmäßigkeit überträgt er seine zwiespältigen Gefühle auf
   die Religion. Er lässt eine starke, nicht überlegte Identifikation mit der Religion erkennen. Diese Haltung fordert
   einen Gott, der die Gebete und Wünsche erhört. Gehen
   die Wünsche nicht in Erfüllung, schlägt das blinde Ver-

trauen oft in unbedingte Ablehnung um. Er will von Religion nichts mehr wissen.

2. Der wehleidige Typ
Jede Schwierigkeit, mit der er es zu tun hat, jede Krise, Krankheit, jeden Konflikt betrachtet er als Katastrophe. Er lebt im Leid und kennt – wie es den Anschein hat – nicht den Unterschied zwischen Leid und der Anstrengung, deren es bedarf, mit dem Leid fertig zu werden.

3. Der anspruchsvolle Typ
Er erwartet, dass seine Partner sich so verhalten, wie er es sich vorgestellt hat. Dabei formuliert er keineswegs immer seine Wünsche, reagiert aber »sauer«, wenn sie ihm nicht gleich von den Augen abgelesen werden.

4. Der bescheidene Typ
Er neigt dazu, seine Forderungen gegenüber der Umwelt für sich zu behalten. Er »gewöhnt« sich seine Wünsche ab, um in der Abhängigkeitssituation, welche ihm Geborgenheit gibt, bleiben zu können. Wenn Forderungen an ihn gestellt werden, kann er nicht nein sagen. Zugrunde liegt hier die Angst, die Sympathie und Zuneigung der anderen zu verlieren.

5. Der Typ des Störenfrieds
Er legt ein kindliches Verhalten an den Tag und versucht, seinen Willen gegenüber der übermächtigen Erwachsenenwelt mit Hilfe von Trotz durchzusetzen, und dabei kommt es oft zu heftigen Machtkämpfen. Problematisch wird dieses Verhalten bei Erwachsenen. Manche Menschen wollen wie in der Kindheit alle Wünsche erfüllt sehen und versuchen daher, das Gewünschte zu erzwingen.

6. Der sexuelle Erwartungstyp
Die wohl charakteristischste Karikatur der Liebe ist die »Liebe als Wunschtraum«. Wo die Wirklichkeit die Er-

wartung enttäuscht, wo Angst vor Erfüllung des Wunsches nach Liebe entsteht, wird häufig Fantasie zum Liebesersatz.

Spezielle Fragen
Akzeptieren Sie sich selbst (Ihren eigenen Körper)?

Wer in einer Partnerschaft ist mehr geneigt, den anderen zu akzeptieren?

Wollen Sie Ihren Partner am liebsten nur für sich allein haben?

Fühlen Sie sich in einer größeren Gruppe geborgen oder bedrängt?

Was bewegt Sie dazu, anderen Menschen etwas Gutes zu tun?

Wurden Sie als Kind und später als Jugendlicher von Ihren Eltern akzeptiert?

Waren Ihre Eltern großzügig oder sparsam mit Zärtlichkeiten, Zuwendungen, Liebesbeweisen?

Wurden einseitige Auffassungen gegenüber anderen Weltanschauungen und religiösen Gruppierungen entwickelt?

Wer von Ihren Eltern hat sich mit religiösen Fragen beschäftigt?

Welche Bedeutung haben diese Fragen für Sie?

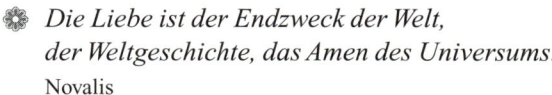

*Die Liebe ist der Endzweck der Welt,
der Weltgeschichte, das Amen des Universums.*
Novalis

*Zur Liebe gehört immer,
dass man einen Menschen dort aufsucht,
wo er ist, und nicht dort, wo man ihn haben
möchte.*
Adolf Köberle

2. Der revoltierende Typ:
Wenn Gerechtigkeit im Vordergrund steht

Vertrauen ist gut, Kontrolle ist besser.

Beim »revoltierenden Typ« stehen die sozialen Normen wie Pünktlichkeit, Ehrlichkeit, Ordnung, Höflichkeit (= sekundäre Fähigkeiten = sekundärer Typ) im Vordergrund. Die Mittel, die Wirklichkeit zu erfahren, reduzieren sich auf den Verstand, dem sogar die Sinne und die Intuition untergeordnet werden. Dafür gewinnt die Tradition an Gewicht, selbst wenn sie nur als Leitlinie oder Maßstab dient. Entsprechend der Leistungsorientierung des sekundären Typs werden alle jene sozialen Bezüge bevorzugt, die eine Bestätigung der Leistungsfähigkeit ermöglichen. Es scheint, als würde der sekundäre Typ ständig im Interaktionsstadium der Unterscheidung, Differenzierung und Warnung festhalten. Er vertritt »Ehrlichkeit«, auch wenn sie anderen weh tut. Als Kind kann er sich nur durch besondere Leistungen Zuwendung, Aufmerksamkeit und Liebe der Eltern und der Umwelt erwerben. Er lernt, dass alles von solchen Leistungen abhängt. Seine Grundbedürfnisse werden von den Eltern als Erziehungsmittel eingesetzt. Die Bezugspersonen versuchen, das Kind so früh wie möglich mit sozialen Anforderungen wie Pünktlichkeit, Sauberkeit, Gehorsam, Ordnung, Sparsamkeit vertraut zu machen. Der Erziehungsstil ist zeitlich durchorganisiert und zielt auf den Gehorsam des Kindes ab. »Wenn du nicht machst, was ich dir sage, wird aus dir nichts. Nimm dir ein Beispiel daran, zu was ich es gebracht habe.«

Um das Kind, wie die Eltern sagen, nicht zu verwöhnen, gehen sie recht sparsam mit Zärtlichkeiten und emotionalen Zuwendungen um. Positive Erlebnisse sind nahezu immer mit Leistungen verbunden. »Solange ich Erfolg habe, bin ich etwas wert. Man kann sich auf nichts verlassen, nur auf die eigene Leistung.« An die Stelle des Vertrauens zu sich selbst tritt häufig das isolierte Zutrauen zu einzelnen, bisher immer wieder bestätigten und immer wieder zu bestätigenden sozialen Normen.

In einer solchen Erziehungssituation steht Gerechtigkeit und nicht Liebe im Vordergrund. Als Erziehungsmittel dienen Mahnungen, Drohungen, Liebesentzug und körperliche Bestrafung.

Der Religion und dem Glauben bringt der sekundär Orientierte zwei ihm eigentümliche Einstellungen entgegen:

Der intellektuelle Zweifler

Sind die sekundären Fähigkeiten in der Erziehungssituation überbetont und stark entwickelt worden, kommen für den Fall, dass die Eltern selber aufgrund ihrer eigenen Erfahrungen enttäuscht waren und in religiösen Dingen ein Klima der Ablehnung, Gleichgültigkeit oder Ambivalenz erzeugten, die religiösen Fähigkeiten nicht zur Entfaltung. Solche Menschen überbewerten die Macht ihrer eigenen Vernunft und ihrer eigenen Leistungen. Ihr Antrieb ist ihr Wille – ihr Gott sind sie selbst. Auch wenn sie dies nicht offen ausdrücken, steht dieser Gedanke hinter ihren Haltungen, Einstellungen und Handlungen. Der Kritik an der Religion liegt die mangelnde Unterscheidung zwischen Glaube, Religion und Institution zugrunde. Sie lasten die Fehler der Institution – z. B. der Kirche – dem Glauben und der Religion an.

Der bigotte Abergläubische

Er war in der Jugend autoritärem Druck ausgesetzt. Er lebte in einem Elternhaus, in dem eine strenge, religiös-dogmatische Einstellung herrschte, identifiziert sich mit den ihm angebotenen religiösen Verhaltensmustern und entwickelte ihnen gegenüber ein ambivalentes Abhängigkeitsverhältnis. In ungünstigen Fällen kam es dabei zu einem Festhalten an

Glaubensformalitäten. Man kann von einer unreflektierten Fixierung sprechen, verbunden mit einem Hang zur Unbedingtheit. Vor diesem Hintergrund hat sich ein großer Teil der kirchlichen Streitigkeiten um den »Bart des Propheten« abgespielt, welche die Ursache für religiöse Auseinandersetzungen im kollektiven Rahmen waren. Um sich vor tatsächlichen oder gedachten Angriffen zu schützen, werden Rationalisierungen gebildet, die zumeist formalen Charakter haben, aber von den »Gläubigen« als wahrer Glaubensinhalt fanatisch verteidigt werden. Rationalisierungen in diesem Sinne sind ein starres Festhalten an Dogmen wie dem folgenden: »Moses hat auf dem Berg Sinai direkt mit Gott gesprochen«; »Jesus hat Wasser in Wein verwandelt«; »Brot und Wein bedeuten Fleisch und Blut«; »Mohammed hat den Mond geteilt« oder »Mohammed ist der Letzte der Propheten«. Solche Beispiele für eine Verwechslung zwischen Symbol und Wesen, Aussageform und gemeintem Inhalt finden sich genauso bei Buddhisten, Hindus, Zarathustra-Anhängern und vielen anderen. Auch hier liegt eine Unterscheidungsschwäche vor, deren Bedeutung unter dem Aspekt der Geschichtlichkeit, der »Zeit«, verständlich wird.

Fallbeispiel: »Das Beten im Bett«

»Während meiner ganzen Kindheit bis zu meiner Heirat litt ich unter entsetzlicher Gespensterangst. Abend für Abend lag ich vor Angst bebend und schweißgebadet im Bett, weil in unserer Kirche viele Erlebnisse vom Erscheinen Verstorbener erzählt werden. Ich hatte Heulkrämpfe vor Angst, wenn ich ins Bett musste. Während der Pubertät litt ich unter entsetzlichen Zweifeln und Zwängen. Dies alles war verbunden mit fürchterlichen Schuldgefühlen. Ich kam aus dem Beten nicht heraus« (43-jährige Hausfrau).

Im Verlauf der Entwicklung mit ihren umweltbedingten Krisen kann sich ein grundsätzlicher Wandel der Einstellung gegenüber der Religion vollziehen. Dieser Wandel kann abrupt eintreten und teilweise mit verstärkten sozialen Auseinandersetzungen in der Familie einhergehen: Das Kind befindet sich in einer Situation, in der es – gemäß seiner Entwicklungsstufe – die ihm vorgegebenen religiösen Inhalte vorbehaltlos übernimmt. In aller Regel werden die religiösen Inhalte und Werte von außen her aufgezwungen und mit dem Druck elterlicher Autorität versehen. In der Zeit um die Pubertät setzt eine Phase der Kritik und des Zweifels ein, die mit der Herausbildung der eigenen Persönlichkeit und der Loslösung von der Familie einhergeht, zu der das Kind in einem stark affektbesetzten Abhängigkeitsverhältnis stand. Das Elternhaus bietet in solchen Fällen zumeist keinen ausreichenden Rückhalt, um den auftretenden Problemen und Schwierigkeiten entgegenzuwirken.

Aber diese Krise ist nicht als negativ zu bewerten. Sie bietet dem jungen Menschen die Chance, sich aus der abergläubischen Fixierung zu lösen und sich in selbstständiger Suche, vor allem wenn die Umwelt günstige Identifikationsmöglichkeiten bietet, mit religiösen und weltanschaulichen Werten zu befassen. Andererseits läuft gerade ein solcher Mensch Gefahr, den bigotten Aberglauben seiner Eltern gegen einen neuen aus dem Angebot seiner Umwelt einzutauschen. Er sucht Zuflucht in Ersatzreligionen wie Vereinen, Ideologien, Idolen, demonstrativem Atheismus, falsch verstandenem Yoga und Dogmen.

Fazit: Der Revolte-Typ neigt zu folgenden psychischen Beschwerden: Zwangsimpulse, Zwangsgedanken, Zwangshandlungen, Versagensfurcht, Konzentrationsstörungen, rasch versiegende bis fehlende Aufmerksamkeit, Gefühl des Angespanntseins: Er findet alles unerträglich, kann sich selbst nicht ausstehen, langweilt sich, stört sich an seiner eigenen Pedanterie, verhält sich ungerecht, unhöflich und aggressiv, hat ständige Zweifel, demonstriert Atheismus, hat

Entfremdungsgefühle mit Neigung zur Intellektualisierung, Kontaktstörungen, innere Unruhe, neigt zum Grübeln, zur Energielosigkeit, hat entweder Antriebsüberschuss oder Antriebshemmung, beginnt unsinnige Vorhaben, wirkt wie aufgezogen, und seelische Elemente bleiben haften. Vegetative und somatische Störungen sind: Herzklopfen, Herzschmerzen, Erschöpfungsgefühl, Appetitlosigkeit, Mundtrockenheit, Magenbeschwerden, Einschlafstörungen, Kopfschmerzen, Bluthochdruck, sexuelle Störungen (z.B. vorzeitiger Samenerguss und Orgasmusschwäche).

Formen des revoltierenden Typs:

1. Intellektueller Zweifler
   (siehe oben)

2. Bigotter, abergläubischer Typ
   (siehe oben)

3. Erfolgstyp
   Die einseitige Betonung der sekundären Fähigkeiten (Pünktlichkeit, Ordnung, Ehrlichkeit, Offenherzigkeit etc.) löst eine überstarke Bereitschaft zur Übernahme sozialer Rollen aus. Insbesondere sein Erfolg gilt als einziger Maßstab des persönlichen Wertes; kein anderer Wert als nur Erfolg und Prestige scheint akzeptabel.

4. Objekttyp
   Er verwechselt Objekt und Subjekt. Er verhält sich gegenüber anderen so, als hätte er es mit Dingen zu tun, die man benutzen kann. Für ihn gilt der Wert eines Menschen wenig; was zählt, ist der Gegenwert.

5. Perfektionist
   Extreme Überbetonung von Zuverlässigkeit, Ordnung, Pünktlichkeit, Gewissenhaftigkeit und Fehlerlosigkeit führt zum Perfektionismus. Er beruht im Grunde auf der

bewussten und unbewussten Angst, nur ja nichts falsch zu machen und Frustration zu vermeiden. Dieses Verhalten resultiert aus dem frühkindlichen Erleben, den Niederlagen und dem damit verbundenen Liebesentzug nicht gewachsen zu sein.

6. Sexueller Leistungstyp

Für ihn wird die sexuelle Erfahrung zum Maßstab des Selbstwertes. Es gilt nur der, der möglichst viel sexuelle Erfahrungen sammelt, ohne Rücksicht auf die Qualität der sexuellen Erfahrungen (Liebe). Zu diesem Typ gehören meist Menschen, die mit den Normen der Tradition gebrochen haben.

Spezielle Fragen

Legen Sie Wert auf Gerechtigkeit (in welchen Situationen und wem gegenüber)?

Halten Sie Ihren Partner für gerecht (gegenüber den Kindern, den Schwiegereltern, den Mitmenschen, Ihnen selbst)?

Wie reagieren Sie, wenn Sie ungerecht behandelt werden (im Beruf, in der Familie)?

Haben oder hatten Sie Probleme mit Ungerechtigkeiten (wurde bei Ihnen jemand bevorzugt)?

Wer von Ihren Eltern achtete bei Ihnen oder Ihren Geschwistern mehr auf Gerechtigkeit (Situation)?

Wer von Ihren Eltern oder Bezugspersonen hat sich mit religiösen und weltanschaulichen Fragen beschäftigt?

Haben Sie den Eindruck, dass man in Ihrer Familie und Ihrer Kultur gerecht mit anderen religiösen Richtungen umging?

Wie war Ihre Reaktion?

Wurde in Ihrer Familie mehr Wert auf Leistung, Erfolg, Geld gelegt oder auf Weltanschauung, Religion und Kommunikation?

❀ *Es kommt oft anders, als man denkt.*

❀ *Absicht ist die Seele der Tat.*

3. Der Doppelbindungstyp: Die Fähigkeit, sich nicht festzulegen

❀ *Du kannst nicht die eine Hälfte eines Huhns zum Kochen und die andere zum Eierlegen haben.*
Orientalische Weisheit

Der ewige Sucher: Pendeln zwischen Liebe und Gerechtigkeit

Primäre und sekundäre Fähigkeiten (wie in den vorigen Abschnitten schon erklärt) werden unterschiedlich betont. Die Art, wie dieser ewige Sucher Beziehungen zu seiner Wirklichkeit aufnimmt, ist ungleichmäßig. Festgefahrene Einstellungen sind weniger dauerhaft und wechseln mit anderen. Dieser Dynamik entspricht ein Zustand innerer Spannung, der für manche unerträglich wird. Sie fluktuieren zwischen Verbundenheit und Ablösung. Infantile Erwartungshaltung und der Wunsch nach Freiheit lösen einander ab und lösen zunehmend Schuldgefühle aus. Dem entspricht ein stetes Wechselspiel von Bedürfnissen wie nach Ehrlichkeit als Durchsetzung eigener Interessen und Höflichkeit als Aggressionshemmung.

Die Bezugspersonen sind sich meistens ihrer Aufgabe nicht sicher oder untereinander nicht einig. Die Mutter sagt: »Ich hoffe, du weißt, was zu tun ist. Ich sage dir nicht, wie du das machen sollst, sonst könnte es sein, dass du mir später Vorwürfe machst.« Die Haltung der Eltern ist durch Ambivalenz gekennzeichnet: Einerseits versuchen sie, dem Kind zu helfen, im Sinne des naiven Typs, zugleich ziehen sie sich zurück, wie wir es an dem sekundär orientierten Typ gesehen haben.

Die Bedürfnisse einem anderen Menschen gegenüber werden nicht konsequent behandelt. Es bestehen unterschiedliche Meinungen und Haltungen seitens der Bezugspersonen. So ist beispielsweise der Vater anderer Ansicht als die Mutter, die Eltern anderer Ansicht als die Großeltern, oder eine Bezugsperson ist in sich selbst unsicher. Das Kind lernt, diese doppelsinnige Situation auszunutzen. Es orientiert sich an der Person, die ihm momentane Vorteile verschafft, und versteht es, die Bezugspersonen gegeneinander auszuspielen. Daraus entwickelt sich eine unsichere Haltung, bei der ein Mensch je nach den sozialen Umständen einmal zu dieser, einmal zu jener Gruppe oder Meinung neigt. Ihm fällt es schwer, eindeutig Stellung zu nehmen oder sich zu entscheiden. Diese Entscheidungsschwäche macht sich in emotionaler Überbelastung bemerkbar, die seelische oder körperliche Folgen haben kann.

Die Erziehung pendelt zwischen Gerechtigkeit und Liebe. Die Erziehungsmittel wechseln sich ab, oft unbeschadet der Tatsache, dass sie einander im Erleben des Kindes widersprechen. Am häufigsten lässt sich eine Doppelbindung bezüglich der primären und sekundären Fähigkeiten beobachten.

Der indifferente Typ

Dieser Typ zeigt gegenüber Religion und religiösen Inhalten häufig eine ambivalente Abneigung. Einerseits steht er der Religion kritisch gegenüber, kann sie aber andererseits nicht aufgeben. Erlebniseinbrüche wie Verlust eines nahestehenden Verwandten oder Unfälle können den bis dahin verborgenen Konflikt aktivieren und zu typischen Rationalisierungen führen. Aussagen wie »Warum lässt Gott überhaupt das Böse zu?« oder »Warum kommt es, wenn es einen Gott gibt, in der Welt zu Kriegen?« sind kennzeichnend für diese Haltung. Einerseits besteht der Wunsch, überkommene oder verbesserungsbedürftige religiöse und weltanschauliche Inhalte zu ändern, und man setzt sich dafür auch ein, kann sich aber andererseits nicht von den gelernten Traditionen trennen.

Zu diesem Typ gehören im Wesentlichen die unverbindlichen Interessenten, die gegenüber Neuerungen in der Religion zwar aufgeschlossen sind, aber es mangelt ihnen an Konsequenz: Haben sie sich für eine bestimmte Richtung entschieden, so sind sie trotzdem weiterhin labil. Sie ändern ihre Einstellung weniger aufgrund sachlicher Notwendigkeiten als vielmehr aufgrund der Autorität ihrer sozialen Umgebung. So braucht nur ein anderer zu sagen: »Wie konnten Sie es ihren Eltern antun, Ihre ursprüngliche Religion zu verlassen?«, und ihre Meinung gerät ins Wanken.

Der Indifferenztyp zeigt Schwächen in der Unterscheidung zwischen dem Wesentlichen und dem Unwesentlichen einer Religion oder der Gemeinde oder der Gemeindemitglieder. Um sich vor Zweifeln, besser: vor dem Zustand der Verzweiflung zu schützen, flüchtet er sich in Starrheit, die er dann noch für Charakterfestigkeit und Treue hält. Um das Verhalten nicht ändern zu müssen, nimmt er Informationen, die den Zweifel verstärken könnten, einfach nicht zur Kenntnis. Er setzt sich erst gar nicht mit den Dingen auseinander, damit seine eigene Position nicht gefährdet wird.

So können sich unbewusst folgende Gedanken entwickeln: »Wenn Schwierigkeiten auf mich zukommen, Probleme von mir nicht gelöst werden können, unangenehme Dinge bevorstehen, dann werde ich krank (wie die Mutter) und kann damit rechnen, dass ich Zuwendung von außen erhalte.« Im Laufe der Entwicklung verselbstständigt sich dieses Reaktionsmuster, so dass man schließlich keinen Zugang zu den Ursachen und Mechanismen mehr hat. Der Patient geht von Arzt zu Arzt, wird mit Medikamenten behandelt, zur Kur geschickt, ohne dass eine wesentliche Besserungen eintritt. Der Erwachsene kultiviert weiterhin die Erfahrungen, die er zum Zweck des Krankheitsgewinns einsetzen kann. Nicht nur der Patient, auch seine Mitmenschen verhalten sich mit Vorliebe nach dem Muster der Doppelbindung.

Im gleichen Maß, wie das Vertrauen in die Kirche, die Institution, in Parteien und Gewerkschaften verschwindet, muss der Einzelne seine Identität neu bestimmen. Also nimmt er ein bisschen Religion, ein bisschen Esoterik, ein bisschen Natur, ein bisschen Sportsgeist und ein bisschen Psychologie und stellt sie irgendwie neu zusammen. Somit muss er sich nicht mit der »Einheit« der Religionen und ihrer wahren Bedeutung im Sinne des Zeitgeistes auseinandersetzen und ist somit auch frei von jedweder Verantwortung (= Patchworkreligion).

Fazit: Der Doppelbindungstyp nimmt den gesamten Raum zwischen den Extremen des naiv-primären und des sekundären Typs ein. Seine Symptomatik erscheint sehr komplex und schillernd: Psychische und psychosomatische Störungen überlagern sich gegenseitig, so dass man sogar von einer ›doppelten Buchführung‹ der Symptomatik sprechen könnte. Psychische Beschwerden sind: Unentschlossenheit; Selbsthass; ungerechtes Verhalten; Reizbarkeit; mit sich nicht zurechtkommen; Hochstimmung im Wechsel mit Depressionen; Gehemmtheit; Tagesschwankungen in der Stimmung; fehlende bis wechselnde Aufmerksamkeit; Tausende Dinge auf einmal tun; Dinge sagen oder tun, die man später bereut; ziellos hin und her fahren, bis sie von bestimmten Menschen manipuliert werden (der Aufschiebe-Typ). Vegetative und psychosomatische Beschwerden sind: Beklemmungsgefühle, Atemnot; Gefühl, der Herzschlag setzt aus; verstärktes Herzklopfen; Kribbeln in Armen und Beinen; Erschöpfung im Wechsel mit Überaktivität; auffällige Affektschwankungen; Verdauungsstörungen; Schwindelgefühle; unregelmäßige Periode; rheumatische Beschwerden.

Formen des Doppelbindungstyps:

1. Der indifferente Typ
   Ein Mensch dieses Typs hegt gegenüber religiösen Inhalten häufig eine ambivalente Abneigung. Er zeigt Schwächen in der Unterscheidung zwischen dem Wesentlichen und dem Unwesentlichen einer Religion oder zwischen der Gemeinde und den Gemeindemitgliedern.

2. Hamlet-Typ (unsicherer Typ)
   Er gelangt vor lauter Reflexion nicht zur Aktion, denn seine Entscheidungsfähigkeit ist stark reduziert. Seine Stimmung ist großen Schwankungen unterworfen.

3. Entlastungstyp
   Das ist ein Mensch, der mit großer Anstrengung ein Ziel anstrebt, und wenn er es endlich erreicht hat, fällt er in eine emotionale »Leere« und Unzufriedenheit zurück. Da er die unbewusste Motivation nicht erkennt, flüchtet er in immer neue Aufgaben. Seine berufliche Karriere weist dauernde Wechsel und Umorientierungen auf, auch dann, wenn offene Unzufriedenheit gegenüber der Arbeit fehlt.

4. Fähnchentyp
   Was wir unter dem Doppelbindungstyp (der ewige Sucher) verstehen, umschreibt der Volksmund als »Fähnchen im Wind«. Dieser Typ imponiert häufig als zielstrebiger Pragmatiker, wobei sich dahinter oft ein Gefühl der Unsicherheit verbirgt. Ändern sich äußere Machtverhältnisse, dann ändert sich der Fähnchentyp mit ihnen. Aber er hat genug innere Reserven, um bei einem erneuten Machtwechsel wiederum seine Meinung zu ändern und dies plausibel zu begründen.

5. Sexueller Entlastungstyp
   Er zeigt nicht selten eine Einstellung, die wir als Doppelmoral bezeichnen. Wir haben es hier mit zwei Gruppen zu

tun: dem Typ des Schweigers und dem des Offenen. Der Schweiger stellt sich gesellschaftlich als strenger Moralist dar, aber sobald er sich dieser Rolle nicht mehr verpflichtet fühlt, lebt er seine sexuellen Bedürfnisse in aller Heimlichkeit frei aus. Für den Offenen gibt es »angeblich« keine Tabus. Er kann über alle sexuellen Bereiche frei reden; in Wirklichkeit aber ist er stark von Hemmungen und Schuldgefühlen belastet.

Spezielle Fragen
Worauf richtet sich Ihr Ziel?
Zweifeln Sie an Ihren eigenen Fähigkeiten?
Haben Sie manchmal das Gefühl, nicht die richtige Frau (den richtigen Mann) zu haben?
Haben Sie den Eindruck, nicht den richtigen Beruf ergriffen zu haben?
Wäre es Ihnen lieber, in eine andere Zeit, eine andere Umwelt und Gesellschaft hineingeboren zu sein?
Kommt es vor, dass Sie an Ihrer Religion und Weltanschauung zweifeln?
Wer von Ihren Eltern war der größere Zweifler?
Zweifel ist nicht bloß als Schwäche zu werten, sondern ist eine wesentliche Funktion einer zeitgemäßen Realitätskontrolle. Zweifeln Sie an sich, dem Partner, an der Welt oder an einzelnen Eigenschaften, die mit Ihrem Anspruch nicht mehr verträglich sind?

✿ *Reif sein ist alles.*

✿ *Aus ungelegten Eiern schlüpfen keine Hühner.*

4. Der integrale Typ: Integration von Liebe und Gerechtigkeit – die Fähigkeit, Glaube, Religion und Institution (Kirche) zu unterscheiden

❁ *Seit ich gläubig bin,*
   bin ich aus der Kirche ausgetreten.

Geschichte: Einigkeit macht stark

Ein einfacher Mann begab sich zusammen mit 99 anderen auf eine Reise. Unterwegs wurden er und seine Mitreisenden von drei Dieben ausgeraubt. Als er nach Hause kam und das Abenteuer erzählte, wurde er gefragt, wie es kommen konnte, dass 100 Männer von drei Dieben besiegt werden konnten. Er antwortete: »Wir waren 100 Einzelne, und sie waren drei Verbündete.«

Glaube, Religion und Weltanschauung, die als allgemeines Bezugssystem (Grundkonzept) für Einstellungen und Handlungsweisen gelten können, nehmen Einfluss auf die Ausprägung der Fähigkeit, die Welt und den Sinn des Lebens zu erfassen.

Von Einheit bis Einheitsverlust

Einheit bezieht sich auf die Fähigkeit, die Aktualfähigkeiten, die Grundfähigkeiten und Wertsysteme in die Erlebnisse zu integrieren und die eigenen Bedürfnisse mit denen der Umwelt in Einklang zu bringen. Übergeordnet ist dem die »universelle Einheit«, also die Fähigkeit, mit anderen Menschen, Gruppen, Lebewesen (Tieren und Pflanzen), Dingen und Kräften Beziehungen aufzunehmen und bestehende Zusammenhänge zu begreifen. Die Einheit der Persönlichkeit, das Selbstverständnis des Menschen als Individuum, das auch die Selbstwahrnehmung umfasst, hängt von der Entwicklung der Aktual- und Grundfähigkeiten und den Erlebnissen mit ihnen ab. Ein Mensch, der Einsicht über die Ursache seiner Pedanterie erhält, wird vermutlich auch gegenüber seiner Sparsamkeit eine andere Einstellung entwickeln können. Man neigt allgemein dazu, erst dem Erwachsenen die Einheit der Persönlichkeit zuzusprechen. Dabei wird Einheit in Zusammenhang mit Reife und Weisheit gebracht.

Andererseits scheint der Mensch, wie schon ausgeführt, in jeder Entwicklungsstufe eine Einheit darstellen zu können: der Säugling, das Kleinkind, das Kind, der Pubertierende, der Heranwachsende und der Erwachsene. Jeder kann auf seiner Entwicklungsstufe seine Identität, seine unverwechselbare Einheit finden. Aber in den verschiedenen Abschnitten seiner Entwicklung ist der Mensch für bestimmte Formen von Einheitsverlust und damit für bestimmte Störungen besonders anfällig.

Eine labile Identität ist jedoch kein Grund, diese einem Menschen in einem bestimmten Entwicklungsabschnitt abzusprechen. Wenn wir die primären Fähigkeiten, die wir als Bedingungen der gefühlsmäßigen Beziehungen begreifen, nicht als Einzelfähigkeiten verstehen, sondern in den Ablauf der engeren zwischenmenschlichen Kommunikation integrieren, können wir eine idealtypische Entwicklungskette darstellen: unbekannte Fähigkeiten, Angst, Aggression, Nachahmung, Glaube, Zweifel, Hoffnung, Zutrauen und Vertrauen, Geduld, Gewissheit, Liebe und Einheit.

Auch in einer Partnerschaft wird diese Entwicklungskette durchlaufen. Aber die Partner stehen zumeist nicht zur gleichen Zeit am gleichen Punkt, sondern sind unterschiedlichen Phasen und Entwicklungen unterworfen.

Anregung zum Perspektivenwechsel

Jeder Mensch, ohne Ausnahme, hat die Fähigkeit zu glauben. Es ist wichtig, zwischen Glaube, Religion und Kirche unterscheiden zu lernen. Er kann an sich selbst glauben, seine Fähigkeiten, einen Partner, eine Gruppe, ein Idol, eine Idee, eine Theorie, eine Weltanschauung, einen Gott, aber er lerne zu unterscheiden zwischen Glaube, Religion und Institution.

❋ *Der Herr liebt Gerechtigkeit und auf ihr*
  hat er seinen Thron errichtet.
  Der Mensch, der seinen Mitmenschen
  immer gerecht behandelt, er soll wahrhaft leben.
  Judentum

❋ *Glaube ist der Pfad zur Weisheit.*
  Der Glaube wird kommen,
  wenn du dich wirklich von Herzen danach sehnst.
  Was Gott am meisten schätzt,
  ist der Mensch mit Glauben.
  Hinduismus

❋ *Ein ehrenhafter Mensch will Gerechtigkeit*
  und wird sich in allen seinen Taten darum
  bemühen.
  Nur der Tor ist ungerecht.
  Konfuzianismus

❋ *Wer glaubt, wird höheres Bewusstsein und*
  innere Erkenntnis in allen Bereichen erlangen.
  Zoroastrismus

❋ *Glaube ist erforderlich für ein tugendhaftes Leben.*
  Jemandes Glaube wird nicht unbelohnt bleiben.
  Gedeihen ist eine Folge des Glaubens.
  Buddhismus

❋ *Zu wenig glauben ist wie nicht glauben.*
  Gott vergilt Glaube mit Glaube
  und Unglaube mit Unglaube.
  Daoismus

Wahrlich, ich sage euch:
Wer zu dem Berge da spricht:
hebe dich weg und wirf dich ins Meer,
und in seinem Herzen nicht zweifelt,
sondern glaubt, dass das, was er ausspricht,
geschieht,
dem wird es zuteil werden.
Darum sage ich euch:
Alles, um was ihr betet und bittet –
glaubt, dass ihr es empfangen habt,
und es wird euch zuteil werden.
Christentum

Lebe ein gerechtes und ehrliches Leben.
Gott ist gerecht und erwartet dasselbe von seinen
Gläubigen.
Handle gerecht, immer und unter allen
Umständen.
Islam

So ist dir klar und deutlich, dass alle Propheten
Tempel der Sache Gottes sind,
die in verschiedener Tracht erscheinen.
Wenn du mit scharfem Auge beobachtest,
wirst du sehen, dass sie alle im selben Heiligtum
wohnen,
sich zum selben Himmel aufschwingen,
auf demselben Throne sitzen, dieselbe Sprache
sprechen
und denselben Glauben haben.
Bahá'í

11 *Urteile kann man revidieren, Vorurteile nicht.*
Goethe

Urteil und religiöses Vorurteil

Parabel: Von der Krähe und dem Pfau

Im Park des Palastes ließ sich eine schwarze Krähe auf den Ästen eines Orangenbaumes nieder. Auf dem gepflegten Rasen stolzierte ein Pfau. Die Krähe krächzte: »Wie kann man überhaupt einem solch merkwürdigen Vogel gestatten, diesen Park zu betreten. Er schreitet so arrogant, als wäre er der Sultan persönlich, und dabei hat er doch ausgesprochen hässliche Füße. Und sein Gefieder, in was für einem hässlichen Blau! Eine solche Farbe würde ich nie tragen. Seinen Schweif zieht er hinter sich her, als wäre er ein Fuchs.« Die Krähe hielt inne und schwieg abwartend. Der Pfau sagte eine Zeit lang gar nichts, dann begann er wehmütig lächelnd: »Ich glaube, deine Aussagen entsprechen nicht der Wirklichkeit. Was du an Schlechtem über mich sagst, beruht auf Missverständnissen. Du sagst, ich bin arrogant, weil ich meinen Kopf aufrecht trage, so dass meine Schulterfedern sich sträuben und ein Doppelkinn meinen Hals verunziert. In Wirklichkeit bin ich alles andere als arrogant. Ich kenne meine Hässlichkeiten, und ich weiß, dass meine Füße ledern und faltig sind. Gerade dies macht mir so viel Kummer, dass ich meinen Kopf hoch trage, um meine hässlichen Füße nicht zu sehen. Du siehst nur meine Hässlichkeiten. Vor meinen Vorzügen und meiner Schönheit verschließt du die Augen. Ist dir das nicht schon aufgefallen? Was du hässlich nennst, bewundern die Menschen an mir.«[71]

Fallbeispiel: Diese Geschichte konnte einer Patientin vorsichtige Orientierung geben. Sie merkte: In ähnlicher Weise, wie die Krähe die positiven Züge des Pfauen verleugnet hatte, hatte sie die Fehler, Konfliktbereiche und neuralgischen Punkte mit ihrem verstorbenen Mann verleugnet. In einem Brief, den sie mir in dieser Phase der Behandlung schickte, schrieb sie: »Tatsächlich habe ich meine negativen Seiten den positiven vorgezogen. Es ist ein Verhängnis, dass ich ein so gutes Gedächtnis habe, was die Vergangenheit anbetrifft. Die Schattenseiten meines Mannes zu sehen, bereitet mir immer noch Schwierigkeiten. So schlimm war ich auch wieder nicht.« Diese Überlegungen waren der Ausgangspunkt, von dem aus es gelang, den Teufelskreis, in dem sich die Patientin befand, aufzubrechen. Von den zwanghaften Wiederholungen längst vergangener Konflikte und Selbstbeschuldigungen gelangten wir zu einem neuen Abschnitt der Behandlung.

Die Patientin sprach über ihre eigene Vergangenheit, ihr Verhältnis zu den Eltern und die Erwartungen, die sie ihrem Mann gegenüber gehegt hatte. Es war zu einer Interessengemeinschaft Mutter-Tochter gekommen, in der die Patientin sich gegenüber ihrer Mutter weiterhin, trotz ihrer beruflichen Erfolge, als das kleine, hilflose Kind darstellte. Die Rolle des Ehemannes wurde von der engen Mutter-Tochter-Beziehung eindeutig definiert. Er war ein Eindringling, und beide forderten von ihm, sich ihren Konzepten von Sparsamkeit, Ordnung, Sexualität, Religiosität und Kontakt unterzuordnen. Zu offenen Auseinandersetzungen kam es jedoch selten. Häufig spielte die Patientin die Rolle der Anklägerin. Ihr Mann, dem sie allem Anschein nach große Widerstandskraft zumutete, sei eher weich und nachgiebig gewesen (…). Konflikte wurden unterschwellig durch Appelle an die Schuldbereitschaft beantwortet, ein Stil, der den Konfliktverarbeitungsmechanismen der Patientin sehr entgegenkam.

Es gibt viele Definitionen des Vorurteils. Die kürzeste stammt von Gordon W. Allport und lautet: *»Von anderen ohne ausreichende Begründung schlecht denken.«*

Achte nicht bloß auf das, was andere tun, sondern auch auf das, was sie unterlassen

Das Vorurteil ist das wohl gängigste Missverständnis in den sozialen Beziehungen. Eine Einstellung, die aufgrund bestimmter Erfahrungen gewonnen wurde, wird durch Generalisierung, Identifikation und Projektion auf andere Situationen ausgeweitet. Selbst wenn diese Einstellung zu einem früheren Zeitpunkt ihre Gültigkeit besaß, besteht keine Notwendigkeit, dass sie ungeprüft auch jetzt Gültigkeit besitzen muss. Das Vorurteil ist somit ein Urteil, das vor der Überprüfung der Tatbestände gefällt wird und mit Affekten besetzt ist.

Es gibt aber auch die so genannten *positiven Vorurteile*, zum Beispiel wenn man frisch verliebt ist und den Partner hochstilisiert (»Liebe macht blind«) oder aus positiver Erfahrung von vornherein gewisse Länder, Orte oder Menschen immer gut findet und jegliche Änderung einfach ignoriert.

Weniges auf dieser Welt verbindet so stark wie gemeinsame Abneigung

Missverständnis: »Ich kann Rothaarige nicht ausstehen.«

In einer therapeutischen Gruppe von 9- bis 12-jährigen Kindern sollte ein Mädchen eingeführt werden. Die Gruppe wurde gefragt, ob sie mit der Aufnahme dieses neuen Mitglieds einverstanden sei. Von sieben Teilnehmern verneinten drei. Die Analyse der ablehnenden Haltungen zeigte: Ein Junge hatte schlechte Erfahrungen mit Mädchen gemacht, wie er selbst sagte. Ein Mädchen hatte ihm ungerechtfertigt eine Ohrfeige gegeben, als er sie auf dem Schulhof unbeabsichtigt anrempelte und den Milchbeutel, den sie in der Hand hielt, herunterwarf.

Die Zweite störte sich an den roten Haaren des Mädchens. Ihre Großmutter hatte früher ein rothaariges Dienstmädchen, auf das sie eifersüchtig war, und sie wiederholte vor dem Mädchen ihre Abneigung gegen Rothaarige (affektbesetzte Ähnlichkeitsassoziation).

Der Dritte hatte eine Schwester, die die Mutter ihm vorzog.

Unsere Urteile, Vorurteile und Einstellungen gehen nicht nur auf bewusste, persönliche Entscheidungen zurück, sie basieren vielmehr auf Impulsen, Anregungen und unbewussten Motivationen, die uns überwiegend in einer Phase einprogrammiert wurden, zu der wir jetzt als Erwachsene zumeist keinen direkten Zugang mehr haben.

Anderer Fehler sind gute Lehrer

Vorurteile, die sich auf das zwischenmenschliche Verhalten beziehen, betreffen die sozialen Normen. Sie werden gegenüber einzelnen sozialen Normen wie Pünktlichkeit, Gerechtigkeit, Ordnung etc. als Erwartungshaltung aufgebaut. Das Vorurteil braucht sich nicht unbedingt nur auf negative Eigenschaften zu beziehen. Es können mit ebensolcher Bestimmtheit positive Verhaltensweisen erwartet werden, ohne dass man sich die Mühe macht zu überprüfen, ob die Erwartung berechtigt ist. Die Folgen sind Überforderung oder Unterforderung. Der bisherige Erfolg eines Kindes war für den Vater Anlass, die Möglichkeit eines Misserfolges auszuschließen. Als die Schulleistungen nachließen, fühlte sich der Vater maßlos enttäuscht und wendete seine Meinung ins Gegenteil:

»Dass nichts dabei herauskommt, wenn sich jemand auf seinen Lorbeeren ausruht, habe ich längst gewusst. Außerdem muss ich mir überlegen, ob ich das Kind von der Schule nehme. Es hat gezeigt, dass es dumm ist.«

Generalisierung

Vorurteile beruhen, gleichgültig, ob sie positiv oder negativ sind, hauptsächlich auf dem generalisierend eingeschränkten Wertegesichtsfeld. Eine soziale Norm wird einseitig hervorgehoben und aus der Persönlichkeit des Partners herausgelöst. Mit dieser Fähigkeit werden Erwartungen, Haltungen und Einstellungen verknüpft.

Beispiele:

- »Du bist und bleibst immer unordentlich.«
- »Wer einmal lügt, dem glaubt man nicht.«
- »Du hast mich immer enttäuscht, du brauchst mir nichts vorzumachen.«
- »Ich habe es selbst gelesen, und das stimmt auch.«
- »Ich weiß selbst, was richtig und was falsch ist.«
- »Die Reichen sind Ausbeuter, die Armen sind Versager.«
- »Die Schweizer sind besonders sauber; die Bayern saufen.«
- »Die Schotten sind geizig.«
- »Die Politiker sind charakterlich defekt.«
- »Die Ärzte wollen nur viel Geld verdienen.«
- »Die Männer wollen nur das eine.«
- »Alle Frauen sind Schlangen.«
- »Die Anhänger anderer Religionen sind Lügner.«
- »Das hat unser Imam/Priester/Pfarrer etc. erzählt.«

Am eindrücklichsten zeigt sich der Mechanismus der Generalisierung, wenn er als Urteil über alle Menschen geäußert wird. Und dies kann dann sehr tragisch klingen, wie in den Worten eines 8-jährigen Mädchens: »Ich bin gegen jeden misstrauisch. Weil sich meine Eltern geschieden haben, traue ich keinem Menschen mehr.«

Einzelne Erlebnisse können derart verallgemeinert werden, dass sie auf die gesamte Erlebnisweise und sogar auf die Gottesbeziehung abfärben. Ein scheinbar gutes Verhältnis zu Gott oder dessen totale Ablehnung gründen hier: »Wenn es einen Gott gibt, wie kann so viel Ungerechtigkeit in der Welt sein?«

Typisch für die Verallgemeinerung ist, dass man einen bestimmten Bereich besonders hervorhebt und für andere Bereiche blind wird. Verallgemeinerung bedingt eine Verengung des Wertegesichtsfeldes.

Vorurteile haben nicht etwa die Neigung, sich selbst zu korrigieren, sondern in andere Vorurteile überzugehen oder ins Gegenteil umzuschlagen. Man ändert lieber die Welt als sein Vorurteil. Warum können wir Vorurteile so schlecht abbauen? Oft merken die Menschen gar nicht, dass sie ein Vorurteil haben. Um das Vorurteil nicht einer Prüfung aussetzen zu müssen und es nicht infrage zu stellen, versucht man unwillkürlich, Auseinandersetzungen zu meiden, die es ins Wanken bringen könnten. Wie kann aber ein Mensch jemals wissen, ob er etwa einem Irrtum (in Form eines Vorurteils) verfallen ist, wenn er sich nie der Erfahrung aussetzt, die dies an den Tag bringen könnte? Wie können wir feststellen, ob wir Vorurteile haben oder nicht, wenn wir nicht bereit sind, anderen, die gänzlich unterschiedliche Ansichten und Eigenschaften haben als wir selbst, zu begegnen und uns mit ihnen auseinanderzusetzen?

Die vier klassischen Vorurteilsbereiche

1. Körper/Sinne:	Bereich für rassistische Vorurteile
2. Leistung:	Bereich für Klassenvorurteile
3. Kontakt:	Bereich für nationale Vorurteile
4. Fantasie/Zukunft:	Bereich für Weltanschauungs- und religiöse Vorurteile

Gerade in Bezug auf unsere Kindererziehung heißt das, dass sich ein gewaltiger Bewusstseinsumschwung vollziehen muss. Denn Kinder bekommen von klein auf die – je nach Land und Umgebung – Vorurteile über die indirekte Erfahrung, die Vorbilder wie Eltern, Erzieher und Medien vermitteln.

Nur durch Beseitigen sozialer Missstände und religiösen Glaubenszwangs – dieser beiden Machtinstrumente, die in vielen Teilen der Erde die Menschen immer noch absichtlich dumm und begrenzt halten – und die Möglichkeit der freien Glaubenswahl sowie der weltweiten Gewährleistung der natürlichen Grundbedürfnisse kann der Mensch zu einem idealen, vorurteilsfreien Erzieher und Vorbild werden. Und das kann auch heißen: Schließe nicht von dir auf andere, sondern frage nach den Motiven.

Dazu:
»Sag mal, warum übst du denn neuerdings jeden Tag fünf Stunden auf dem Klavier?« »Man muss nur wissen, was man will.« »Und was willst du?« »Die Wohnung nebenan.«

Störungen und Konflikte

Auf der Basis von Vorurteilen können sich folgende Verhaltensweisen entwickeln:

Ungerechtigkeit, Ausgrenzung anderer, Intoleranz, Aggressivität, Schuldgefühle, einseitige Betrachtungsweise, fanatische Verirrungen, Rassismus, Hass gegen sich selbst, soziales Versagen, Urteilsschwäche, Wahrheitsangst.

Ein Vorurteil, auch ein religiöses, ist ein unzeitgemäßes Urteil, das zumeist stark mit Gefühlen besetzt ist. Auf Vorurteilen basieren viele zwischenmenschliche Konflikte (z. B. die seit Jahrtausenden währenden Religionskriege). Erziehungsprobleme, partnerschaftliche Konflikte, zwischenmenschliche Auseinandersetzungen und der Griff zu Alkohol oder Drogen sind oft nicht unausweichliches Schicksal oder das Produkt eines bösen Willens, sondern die Folge des Teufelskreises der Vorurteile.

»Lerne zu unterscheiden zwischen Urteil und Vorurteil.«

❀ *Gewöhnlich freilich wird alles als Barbarei bezeichnet, was ungewohnt ist. Eigentlich lassen wir ja als richtig und vernünftig nur das gelten, was in dem Lande, wo wir sind, vorkommt und was zu den hier üblichen Anschauungen und Gebräuchen passt.*
Michel de Montaigne

❀ *Wenn unser Verstand nicht zwischen Dogmen, Aberglauben und Vorurteilen auf der einen und der Wahrheit auf der anderen Seite unterscheidet, so können wir nicht zum Ziel gelangen.*
Aus den Bahá'í-Schriften

❀ *Meier zum Kollegen nach einem Unfall: »Im Krankenhaus hat man mein Gehirn geröntgt, aber nichts gefunden.« Kollege: »Was hatten Sie denn erwartet?«*

12 *Es ist nicht schlimm wenn man hinfällt, sondern wenn man liegen bleibt.*

Einseitigkeit: Ursache für die großen Krisen unserer Zeit

Geschichte: Die Schaulustigen und der Elefant

Man hatte einen Elefanten zur Ausstellung bei Nacht in einen dunklen Raum gebracht. Die Menschen strömten in Scharen herbei. Da es dunkel war, konnten die Besucher den Elefanten nicht sehen, und so versuchten sie, seine Gestalt durch Betasten zu erfassen. Da der Elefant groß war, konnte jeder Besucher nur einen Teil des Tieres greifen und es nach seinem Tastbefund beschreiben. Einer der Besucher, der ein Bein des Elefanten erwischt hatte, erklärte, dass der Elefant wie eine starke Säule sei; ein zweiter, der die Stoßzähne berührte, beschrieb den Elefanten als spitzen Gegenstand; ein dritter, der das Ohr des Tieres ergriff, meinte, er sei einem Fächer nicht unähnlich; der vierte, der über den Rücken des Elefanten strich, behauptete, dass der Elefant so gerade und flach sei wie eine Liege. (Nach Mowlana, persischer Dichter)

Einseitigkeit in der Erziehung, Partnerschaft und sozialer Umgebung im Alltagsleben

Die heutige Situation in der Psychotherapie, Erziehung und Psychohygiene ähnelt in vieler Hinsicht dieser Szene: Jeder sieht richtig, doch sieht nicht jeder alles. So wünschen sich manche Eltern ein braves, andere ein fleißiges und aufgewecktes, wieder andere ein anlehnungsbedürftiges Kind.

192

Die Vorliebe für ausgewählte Einzelheiten setzt sich in der Partnerschaft fort. Die eine Frau wählt ihren Partner danach aus, ob er erfolgreich ist; eine andere wünscht sich einen zärtlichen, höflichen Mann. Der eine Mann erträumt sich eine ordentliche, hausmütterliche Frau, ein anderer eine geschäftstüchtige, selbstständige Partnerin. Sie alle versuchen, sich ihren Partner vorzustellen und ihn zu begreifen, doch tun sie es nur von einzelnen Aspekten her. Man begreift häufig einen Menschen nur als Träger weniger Eigenschaften, statt ihn als eine Gesamtpersönlichkeit zu sehen.

Sinn- und Einheitsverlust

Die oben erwähnte orientalische Geschichte beinhaltet ein Grundproblem jeder Sinnerfüllung, sei es der Versuch, gesellschaftliche Verhältnisse zu ändern und konkrete Lebensbedingungen zu bessern, das zwischenmenschliche Zusammenleben zu gestalten, auf Partnerschaft und Familie einzuwirken oder die Gesundheit einzelner Menschen zu fördern: Je nachdem, was als primär angesehen wird, richtet sich das Augenmerk auf politische Entwicklungen, die Veränderungen der Gesellschaft, die Wandlung der zwischenmenschlichen Beziehungen, die Familie, den einzelnen Menschen. Jede dieser Zielrichtungen setzt eine ideologische, weltanschaulich begründete Entscheidung voraus und geht von konkreten Konzepten aus, die geschichtlich, kulturell und von spezifischen Interessen geprägt sind. Obwohl kaum ein Unterschied im Wunsch besteht, Störungen, Schwierigkeiten, Missverständnisse und Sinnlosigkeiten zu lösen, geraten die Vertreter der verschiedenen Lösungswege miteinander in Widerspruch. Wir sind uns angesichts dieser Situation bewusst, dass es so nicht weitergehen kann und dass in der heutigen Lebenssituation Entscheidendes geschehen muss. Das Ziel scheint bekannt, die Wege dahin sind unterschiedlich. So sehr sich diese Einstellungs- und

Reaktionstypen unterscheiden mögen, so sehr ähneln sie sich in einem Punkt: in der Einseitigkeit.

Einseitigkeit in der Therapie und Selbsthilfe

Auf die Psychotherapie übertragen, heißt das: Die eine Richtung sieht den Menschen als Triebwesen, eine andere als Reflexbündel, die nächste begreift ihn als Zentrum sozialer Interaktionen, wiederum andere sehen ihn als Produkt seiner genetischen Ausstattung, seiner Tradition, seiner Intuition, seiner Vernunft und seines Willens oder seines Unbewussten. Das Ergebnis dieser verschiedenen Aspekte ist ein Nebeneinander von psychotherapeutischen und psychohygienischen Theorien.

Dieser Pluralismus findet sich auch in der Behandlung. Der eine Therapeut behandelt vorwiegend medikamentös, der andere geht verhaltenstherapeutisch vor. Wieder ein anderer legt die psychoanalytische Theorie zugrunde, der nächste ist tiefenpsychologisch orientiert, sieht Träume als zentrales therapeutisches Medium oder bedient sich der Techniken der Hypnotherapie.

Psychotherapie wird hier zu einem Privileg, das denjenigen zuteil wird, die als geeignete Patienten gerade die Störungen aufweisen, für welche sich ein Psychotherapeut zuständig hält. Zwischen den verschiedenen Ansätzen und theoretischen Systemen bestehen oft hohe Barrieren mangelnden gegenseitigen Verständnisses und weitreichender Vorurteile, die eine Übertragung der einen Theorie in eine andere und damit eine koordinierte Aufgabenverteilung auszuschließen scheinen.

In diesem Zusammenhang möchte ich auf das Buch *Hundert Jahre Psychotherapie, und der Welt geht's immer schlechter* von James Hillman und Michael Ventura hinweisen. Hier heißt es: »Die Psychotherapie hat geglaubt, indem sie die Menschen therapiere, würden diese immer besser und dadurch auch die Welt. Doch die ausschließliche Hinwendung nach innen zieht die Energie von der Außenwelt ab. Die Aggressionen etwa, die sehr zu Recht aus der heutigen Umweltsituation entstehen, werden auf traumatische Geschehen in der Kindheit zurückgeführt und dadurch individualisiert. Die Energie geht damit für das Engagement in der Welt: in der Nachbarschaft, im Quartier, im größeren politischen Rahmen, verloren.«

Selbsthilfe: Folgende Aussagen sind Beispiele für Einseitigkeit:

- »Ich treibe Sport. In meinem gesunden Körper kann kein kranker Geist sein. Die ganze Psychologie ist Quatsch.«
- »Ich bin beruflich erfolgreich, wozu brauche ich eine Religion, wozu Meditation?«
- »Ich bin religiös und fromm, wozu brauche ich Medikamente, wenn Gott mir hilft?«
- »Ich war bei einem Internisten, wozu brauche ich einen Psychotherapeuten?«
- »Ich interessiere mich für Psychologie und gesellschaftliche Zusammenhänge, was können mir noch Propheten sagen?«

Einseitigkeit in der Politik

Politische Krisen, die zu Gruppenhass und einem Weltkrieg führen könnten, versuchen die Staatsmächte mit den ihnen zur Verfügung stehenden Machtmitteln zu beheben. Spitzt sich eine wirtschaftliche Krise zu, dann versucht man, ihrer mit ökonomischen Mitteln Herr zu werden. Es wäre genauso logisch, die Krise »religiös« zu nennen und eine Lösung vom Einfluss der Religion zu erhoffen. In Wirklichkeit hat eine Krise viele Aspekte gleichzeitig: politische, wirtschaftliche, psychologische, wissenschaftliche und religiöse; aber die Menschheit hat kein verantwortliches maßgebendes Machtmittel, das alle Faktoren aufeinander abstimmen und einen weltweiten Plan dazu ins Leben rufen könnte. Es verwundert nicht, dass viele Menschen dieser mangelnden Fähigkeit im Umgang mit Vielfalt ratlos gegenüberstehen. Meiner Ansicht nach haben Politiker, religiöse Führer, Wissenschaftler und jeder einzelne Mensch die Aufgabe und die Verantwortung, diese Einseitigkeit zu erkennen.

❋ *Was man besonders gerne tut,*
ist selten ganz besonders gut.
Wilhelm Busch

❋ *Die Gelehrten sind die, welche in den Büchern*
gelesen haben. Die Denker, die Genies, die
Welterleuchter und Förderer des Menschen-
geschlechts sind aber die, welche unmittelbar
in dem Buch der Welt gelesen haben.
Arthur Schopenhauer

13 Die Gabe, sich widersprechen zu lassen, ist wohl überhaupt eine Gabe, die unter den Gelehrten nur die Toten haben. (Lessing)

Die vier Jahreszeiten der Religionen

Dostojewskis Erzählung

Das Dilemma, welches sich in der Religionsgeschichte immer wieder findet, wird in erschütternder Weise von Fjodor M. Dostojewski in seinem großen Roman »Die Brüder Karamasow« durch die Gestalt des Großinquisitors dargestellt:

»Die Szene der Erzählung ist in das Spanien der Inquisition verlegt. Christus kehrt in seiner ursprünglichen menschlichen Gestalt wieder, und das Volk erkennt ihn. Er gibt einem Blinden das Augenlicht wieder. Die Menge weint und küsst die Erde unter seinen Füßen. Eine Trauergemeinde kommt mit einem kleinen, offenen Sarg; die Mutter des toten Kindes wirft sich ihm zu Füßen. ›Bist du es, so erwecke mein Kind!‹ ER spricht sanft: ›Stehe auf, Mägdelein!‹, und das Mädchen erhebt sich.

Weiter vollbringt er Wunder, wie er es bei seinem ersten Kommen tat. Der Großinquisitor geht an der Kathedrale vorüber und sieht alles, auch wie sich das tote Kind erhebt. Er befiehlt der Wache, Christus festzunehmen. Die Wache führt ihn ab, in das Gefängnis unter dem Palast des Heiligen Tribunals.

Im Dunkel der Mitternacht kommt der Großinquisitor selbst ins Gefängnis und spricht ihn wie folgt an: ›Bist du es, du?‹ Und da er keine Antwort erhält, fügt er schnell hinzu:

›Antworte nicht, schweige. Was könntest du auch sagen? Ich weiß nur zu gut, was du sagen würdest. Aber du hast nicht einmal das Recht, zu dem noch etwas hinzuzufügen, was von dir schon früher gesagt worden ist. Warum also bist du gekommen, uns zu stören? Denn du bist gekommen, uns zu stören! Das weißt du selbst. Aber weißt du auch, was morgen sein wird? Ich weiß nicht, wer du bist, und will es auch nicht wissen. Bist du ER, oder bist du nur sein Ebenbild? Doch morgen noch werde ich dich richten und dich als den ärgsten aller Ketzer auf dem Scheiterhaufen verbrennen, und dasselbe Volk, das heute noch deine Füße geküsst hat, wird morgen auf einen einzigen Wink meiner Hand zu deinem Scheiterhaufen hinstürzen, um gierig die glühenden Kohlen zu schüren – weißt du das? Ja, vielleicht weißt du es‹, fügte er in Nachdenken versunken hinzu, ohne aber auch nur für eine Sekunde den durchdringenden Blick von seinem Gefangenen abzuwenden.«

Dostojewski beschließt die Geschichte mit folgenden Worten:

»Nachdem der Inquisitor verstummt ist, wartet er noch eine Zeit lang auf das, was der Gefangene ihm antworten wird. Sein Schweigen lastet schwer auf ihm. Er hatte gesehen, wie der Gefangene ihn anhörte und wie tief und still er ihm in die Augen blickte, offenbar ohne etwas entgegnen zu wollen. Der Greis aber will, dass er ihm etwas sage, und wäre es auch etwas Bitteres, Furchtbares. Doch siehe, er nähert sich schweigend dem Greise und küsst ihn leise auf seine blutleeren neunzigjährigen Lippen. Das ist seine ganze Antwort, die Antwort, die den Alten zusammenfahren macht. Und da zuckt etwas an den Mundwinkeln des großen, greisen Inquisitors: Er geht zur Tür des gewölbten Verlieses, öffnet sie und sagt zu ihm: ›Geh' und komme nie wieder … komme überhaupt nicht mehr … niemals, niemals!‹ Und er lässt ihn hinaus auf die dunklen schweigenden Plätze der Stadt. Und der Gefangene

geht hinaus. Und der Alte? Der Kuss brennt in seinem Her-
zen, doch er bleibt bei seiner früheren Idee ...«[72]

Die Bedeutung der Religion in unserer Zeit

Die Geschichte beweist, dass mit dem Auftreten eines jeden
großen Propheten und Offenbarers geistiger Aufschwung,
aber auch materielle Entwicklung verknüpft ist. Wissenschaft und Künste blühen auf, es geht allenthalben vorwärts.
Bis eines Tages die materiellen Gedanken überhandnehmen
und das geistige Leben zurückgedrängt wird. Dieser Nie-
dergang vollzieht sich nur schrittweise.

Wenn die Kraft, die den Menschen zur Fortentwicklung
befähigt, in einer Religion abgeschwächt ist, wird es Zeit,
dass diese *Religion erneuert wird*; denn ohne jene Kraft ist
eine Religion wenig mehr als leeres Ritual, inhaltloses
Dogma und gesellschaftliche Konvention, die die Ausprägung menschlichen Geistes blockiert und den gesellschaftlichen Fortschritt aufhält. Die Geschichte zeigt uns diese negative Entwicklung. Es kommt zur Spaltung innerhalb der
Kirchen und Institutionen. Sie treten in Konkurrenz zueinander, wobei jeder Teil versucht, seine »Ware« so günstig
wie möglich zu »verkaufen«. Dieser innere Konflikt des
Menschen ist es, der letztlich all unsere Nöte und Kriege
verursacht.

Zahlreiche Bücher und wissenschaftliche Artikel haben
sich mit der Wirkung von Religionen auf die Seele befasst.
Schon C. G. Jung sagte vor 80 Jahren in Bezug auf die reli-
giös-spirituelle Ausrichtung des Menschen in der Gesellschaft: »..., dass soundsoviel Neurosen in aller erster Linie
darauf beruhen, dass zum Beispiel die religiösen Ansprüche
der Seele infolge des kindischen Aufklärungswahns nicht
mehr wahrgenommen werden. Der Psychologe heute sollte
endlich einmal wissen, dass es sich längst nicht mehr um

Dogmen und Glaubensbekenntnisse handelt, sondern vielmehr um eine religiöse Einstellung, die eine psychische Funktion von kaum absehbarer Wichtigkeit ist.«[73]

Gesundheitsfaktor Religion

Knapp 50 Jahre nach C. G. Jung kann ich ihm aus meiner langjährigen Erfahrung nur zustimmen.

- Der amerikanische Wissenschaftler Harold Koenig hat im Jahr 2003 850 Patienten zu diesem Thema untersucht, und er bestätigt ganz erstaunlich günstige Auswirkungen des Glaubens auf die Gesundheit.
- Der Schweizer Forscher M. Hummer hat über 20 Jahre lang 35 000 Menschen beobachtet und unter verschiedenen Parametern wie Veranlagung, Familie, religiöse und soziale Faktoren ausgewertet. Sein Resultat: Fast 90 Prozent der ausgeprägt religiösen Menschen sind mit 75 Jahren noch gesund. Nur 7 Prozent der Atheisten sind mit 75 Jahren noch gesund.

Das wohl größte Problem des heutigen Menschen in der Gesellschaft liegt in seiner »angelernten« Betrachtungsweise von Religion. Wie bereits erwähnt, hat er nicht gelernt, zwischen *Glaube, Religion* und *Institution* zu unterscheiden. Dadurch stellt sich bei den meisten Menschen mit zunehmendem Alter eine individuelle und gesellschaftliche Frustration ein. Was in der Kirche und in den Institutionen gelehrt wird, stimmt nicht mit der eigenen Gefühlswelt, dem Gebaren der Führungskräfte, der Not und dem Elend in der äußeren Welt, wie wir sie tagtäglich wahrnehmen, überein.

Die religiöse Einstellung ist nach C. G. Jung geradezu das Grundproblem bei Neurotikern in der zweiten Lebenshälfte. Zu folgendem Ergebnis kommt er nach 30-jähriger Praxiserfahrung: »Unter allen meinen Patienten jenseits der Lebensmitte, das heißt jenseits 35, ist nicht ein einziger, dessen endgültiges Problem nicht das der religiösen Einstellung wäre. Ja, jeder krankt in letzter Linie daran, dass er das verloren hat, was lebendige Religionen ihren Gläubigen zu allen Zeiten gegeben haben, und keiner ist wirklich geheilt, der seine religiöse Einstellung nicht wieder erreicht, was mit Konfession oder Zugehörigkeit zu einer Kirche natürlich nichts zu tun hat.«[74]

Religion und Wissenschaft

War früher die Wissenschaft Feind und Gegner der Religion, so hat sich das Bild heute weitgehend gewandelt. Religion und Wissenschaft sind keine unüberbrückbaren Gegensätze mehr. Die heutige Situation macht – angesichts der Gefahr der unmenschlichen Verselbstständigung der Technologie – ihr Zusammenwirken notwendig. Dieses Bewusstsein spiegelt sich inzwischen in der westlichen Gesellschaft wider. Die jüngeren Generationen suchen ganz klar nach neuen Wegen, die Religionen anders wahrzunehmen und zu ihren Ursprüngen zurückzufinden. Die Tendenz ist ganz deutlich: Der Weg führt zur Einheit der Religionen, zurück zur Wahrheit der Einheit aller Menschen; von der untrennbaren Verbindung von allem, was lebendig ist. Man könnte fast sagen: »Back to the roots.« Denn was haben denn die Urvölker, die Ureinwohner anderes gelehrt?

Viele Menschen haben Sehnsucht nach einem Sinn in ihrem Leben. Bücher über Religion und deren Führer, Engelbücher, Zauberbücher wie Harry Potter haben Konjunktur. Sie zeugen von einem neuen Bewusstsein. Wir erleben unbestreitbar einen neuen Zeitgeist. Der Mensch ist bereit für innere Veränderungen, neue Betrachtungsweisen und ein größeres Bewusstsein seiner Selbst.

Warum sich die traditionellen Religionen in der »Winterzeit« befinden

1. Das Christentum

Karlheinz Deschner prangert in seinem Buch *Kriminalgeschichte des Christentums* das Elend ganzer Epochen durch das Christentum an: Zerstörungen, Verheerungen, Morde, Unterdrückung, Erpressung und vieles andere. Die Jahrhunderte lang tolerierte und verfügte Brutalität und Grausamkeit im Namen des Christentums, die Wandlung der Christenheit »von der Kirche des Pazifisten zur Kirche der Feldpfaffen« ist heute kaum zu begreifen.

Die heute praktizierte christliche Lehre ist nicht mehr die Ursprüngliche, sondern sie wurde bewusst manipuliert, um Machtansprüche zu etablieren, wie zahlreiche Veröffentlichungen belegen.

Wie das Christentum verfälscht wurde

Das Christentum wurde von Kaiser Konstantin auf dem Konzil zu Nicäa (325 n. Chr.), das nur unter seinem Druck zustande kam, weil er eine neue Gottheit für sein auseinanderfallendes Imperium brauchte, neu strukturiert: Er gab Jesus Christus neben seiner menschlichen noch eine göttliche Natur und änderte die Lehre des Christentums nach seinen eigenen Machtbedürfnissen ab. Um sicherzugehen, dass seine Macht uneingeschränkt blieb, erhob er sich zum obersten Herrn der Kirche. *»Dienstbeflissen wie immer gegenüber den Mächtigen dieser Welt, erfüllten die Bischöfe die Forderung des Imperators.«*[75]

Neueste Forschungsergebnisse der Religionswissenschaft belegen außerdem, dass Jesus der Maria Magdalena die Aufgabe übertrug, seine Lehre weiterzuführen. Doch die Jünger wollten sich nicht von einer Frau führen lassen. Die weitere Entwicklung ist bekannt. Vielleicht kann man daraus schlussfolgern, dass die spätere römisch-katholische Kirche ihre explizite Frauenunterdrückung und Verachtung aus diesem Wissen (Schuldgefühl) heraus aufgebaut hat, wie manche Studien belegen.

2. Islam

> *Das Gespräch der meisten Gelehrten untereinander ist weiter nichts als ein gegenseitiges heimliches, höfliches Examen.*[76]

In der letzten Zeit wurden sehr viele kritische Betrachtungen von verschiedenen Wissenschaftlern veröffentlicht, die insbesondere die Person Mohammeds infrage stellen[77]. Bei genauerer Betrachtung sieht man, dass auch hier eine mangelnde Unterscheidung von *Glaube – Religion – Institution* besteht.

Dazu lassen sich folgende Fragen stellen:

Frage: Der Westen erlebt den Orient zunehmend als bedrohlich. Welche Rolle spielt der Islam dabei?

Antwort: Fanatismus ist kein speziell muslimisches Problem. Jede Religion, die vorgibt, den einzig wahren Propheten zu verehren, kann zerstörerisch werden. Das Eigene wird idealisiert, das Andere herabgesetzt.

Frage: Wir erleben derzeit sehr viel Aggression auf dem Boden religiöser Überzeugungen.

Antwort: Das ist richtig. Wir haben es in der muslimischen Welt mit Menschen zu tun, die sich im Zustand ständigen Gekränktseins befinden …[78]

Kleiner Exkurs: Der Islam in Europa

Zur Zeit Karls des Großen, der in diplomatischen Beziehungen mit dem berühmten Kalifen Harun al-Raschid stand (beide Herrscher sicherten Glaubensfreiheit für die Angehörigen der jeweils anderen Religion in ihrem Reich zu), war die Iberische Halbinsel bereits größtenteils in der Hand der Mauren. Sie sollten sie knapp 800 Jahre lang bis zum Abschluss der Reconquista, der Rückeroberung, im Jahr 1492 beherrschen. Bis ins 17. Jahrhundert hinein bestimmte die Angst vor den Türkenkriegen das Verhältnis zu den Muslimen. Dies änderte sich mit den diplomatischen Beziehungen Friedrichs I., König von Preußen, und Sultan Mustafa II. Friedrich plädierte für die Religionsfreiheit und Friedrich II. (der Große, 1712–1786) unterstützte dies ebenso.

Während Deutschland weitgehendst unberührt von muslimischem Einfluss blieb, profitierte Spanien kulturell von der maurischen Führung. Das Zusammenwirken des islamischen, christlichen und jüdischen Wissens befruchtete und prägte das gesamte Abendland. Schätze der Antike, wie die Werke von Platon, Euklid oder Galen wären verloren ohne die einstigen arabischen Übersetzungen, und insbesondere die kommentierte Übersetzung der Schriften des Aristoteles durch Ibn Ruschd hatte erhebliche Auswirkungen auf die mittelalterliche Scholastik.

Um »den Koran der Türken« besser verstehen zu können, setzte sich Martin Luther für den Druck der vollständigen lateinischen Koran-Übersetzung in Basel ein. In seinem Traktat *Vom Kriege wider die Türken* resümierte er in seiner kernigen Ausdrucksweise, *dass der Türke,* obwohl er ihm auch einige gute Eigenschaften zuerkannte, doch – *nicht anders als der Papst* – ein »Diener des Teufels« sei. Lange noch hielt man in Europa den Islam für eine christliche Sekte, den Koran für eine türkische Bibel und Mohammed für einen Epileptiker, Betrüger und Scharlatan.

Endgültig und dauerhaft heimisch wurde der Islam in Deutschland seit den 1950er Jahren mit den Gastarbeitern. Gleichzeitig mit der Auflösung festgefügter Identitätsmuster, wie sie durch die Globalisierung geschehen ist und weiter geschieht, entwickelt sich eine Gegentendenz, sich an etwas festhalten zu wollen, was als Eigenes, als Unterscheidungsmerkmal von anderen zu reklamieren wäre. Man kehrt zurück zu dem, was man früher zu sein glaubte – im eigenen Leben aber nie war, und im Endeffekt kommt es zu einer Idealisierung.

Integration

Knapp 50 Jahre nach dieser Einwanderungswelle reagieren die deutschen Institutionen auf allen Ebenen immer noch recht hilflos auf die definitiv eingetretene Veränderung in der deutschen Gesellschaft. Wenn man sich verdeutlicht, dass die konservativen Parteien bis zum Ende der Kohl-Ära die Einwanderung schlicht geleugnet haben, verwundert das nicht. Die Deutschen und die Muslime haben dennoch und ohne die Hilfe der Politiker eine beachtliche Integrationsleistung vollbracht. Die Zusammensetzung der Bevölkerung hat sich innerhalb weniger Jahrzehnte radikal verändert, ohne dass es zu sozialen Spannungen größeren Ausmaßes gekommen wäre, wie das in vielen anderen Ländern geschah. Das ist in Anbetracht der großen Unterschiede der beiden Kulturen, ihrer religiösen Bräuche und Wertmaßstäbe eine außerordentliche Leistung. Insbesondere wenn man rückblickend auf die geschichtlichen Entwicklungen schaut und sich bewusst macht, dass die »Türkennot« (Ausdruck aus dem 16. Jahrhundert, durch die ständige Bedrohung der Türkenkriege ausgelöste Not) und die Angst vor der Besetzung durch die Türken bis ins 17. Jahrhundert in Europa grassierte und diese Angst immer noch in vielen unbewusst vorhanden ist. Kein Wunder also, dass wir immer noch von »wir« und »sie« sprechen, selbst wenn wir damit nur zum Ausdruck bringen, dass wir Deutsche nichts gegen die Muslime, insbesondere die Türken, haben.

Andererseits ist die Religion nur ein Element der Identität von vielen – und keineswegs das wichtigste; als wären Einwanderer nichts anderes als nur Muslime!

Umfragen erbrachten ein erstaunliches Resultat: Besonders junge, türkische Einwanderer bis zu den Mittdreißigern unter ihnen lieben ihr »Heimatland« Deutschland. Sie sehen sich nicht mehr als »Ausländer« und sind oft erstaunt, wenn es noch um die Integrationsfrage geht, die sie als völlig überholt empfinden. Die allgemeine Auffassung geht dahin, dass die Religionsangehörigkeit eine Privatsache ist und jedem das Recht zur freien Entscheidung zusteht. Interessanterweise berichten die meisten, dass sie von zu Hause aus nicht sehr religiös erzogen wurden, dass kein großer Zwang herrschte und dass sie die Freiheit und die Bildungsmöglichkeiten, die sie in Deutschland haben, sehr lieben. Die neue Generation von Muslimen will heute als muslimische Europäer wahrgenommen werden. Vielleicht werden einige Probleme durch die Politiker künstlich aufgebauscht? Sicherlich gibt es auch das Problem der Parallelgesellschaft, zunehmende Aggressivität unter den Jugendlichen aus Frustration und Resignation – aber hier handelt es sich nicht ausschließlich um muslimische Jugendliche, und es ist insgesamt wohl eher das Resultat einer einseitigen wirtschaftlichen Entwicklung und nicht einer Religionsfrage.

Deutsche wie muslimische Einwanderer haben viel erreicht und viele unter ihnen arbeiten heute Hand in Hand an einer kontinuierlichen Verbesserung der Beziehungen, wie universitäre Ausbildung von Religionslehrern und Imamen, deutschsprachiger Islamunterricht für muslimische Schüler, deutsch/türkische Bürgerschaften, die untereinander vermitteln, um sich Kultur und Bräuche zum allgemeinen Verständnis näherzubringen. Denn nur dort, wo Unklarheit herrscht, ist ein Nährboden für Angst und Radikalismus.

Ein Umdenken und Umfühlen ist unumgänglich, wenn wir Menschen vor der Herausforderung der Globalisierung bestehen wollen, denn diese wirkt wie ein Trichter, der sich nach unten verjüngt, und wer sich weigert, offen für Neues und integrationsfähig in allen Bereichen zu sein, der wird auf der Strecke bleiben. Der Weg ist unbestreitbar die Einheit in der Vielfalt – auch wenn sich einige noch nicht darüber im Klaren sind.

Die Chance der Globalisierung für die Religionen

Anhand der Thematik Globalisierung und Islam lässt sich anschaulich diskutieren, was man mit Vielfalt meint. Einem Europa, dem der Islam zumindest potenziell angehört, liegt ein anderes Konzept zugrunde, als einem Europa, das sich durch seine christlichen oder jüdischen Wurzeln definiert und damit sich vom Islam abgrenzt. Der Islam hat maßgebend zu unserem heutigen Europa beigetragen, und es erhebt sich die Frage, ob es im Endeffekt nicht nur um einen »Glaubenskrieg« geht. Betrachten wir unsere aktuellen, traditionellen Religionen, können wir erkennen, dass alle in ihrem Kern eine gemeinsame Botschaft haben: die bedingungslose Liebe unter den Menschen. Leider fehlt es heute den meisten Religionsführern, diese Botschaft zu verbreiten. Im Gegenteil, viele kämpfen mit allen Mitteln gegeneinander und geben dieses Verhalten ebenso an ihre Mitglieder weiter.

Religionen werden noch immer, wie schon vor 2000 Jahren, oft als reines politisches Machtinstrument missbraucht. Das Übel dabei ist, dass weiterhin zu viele Menschen sich darüber nicht bewusst sind und in unserer Zeit der schwindenden Sicherheiten vermehrt nach Schutz, Geborgenheit und Führung suchen. Dadurch glauben sie oftmals blindlings ihren jeweiligen Religionsführern, geraten in religiöse Abhängigkeit, die bis hin zu Fundamentalismus und Radikalismus führen kann. Aus dem Gefühl der Unsicherheit, des Verletztseins und des nicht Angenommenseins entsteht Wut, Verzweiflung bis hin zum Hass.

Es ist an der Zeit, den Mensch als Menschen anzuerkennen, gleichgültig, welcher Religion er angehört, und zu erkennen, dass alle Religionen einen gemeinsamen Kern haben. Kümmerten wir uns um die Einheit, von der in allen ungedeuteten, ursprünglichen Religionen die Rede ist, dann gäbe es nicht länger unwürdige Machtkämpfe und juristische Auseinandersetzungen um Themen wie z. B. das Tragen von Kopftüchern.

Wir leben im Zeitalter der Globalisierung und wenn wir die Veröffentlichungen über christliche, muslimische und andere Religionen kritisch betrachten, die in den letzten Jahren in Frankreich, den USA und den islamischen Ländern erschienen sind, so haben alle eines gemeinsam: Keiner hat den Zeitgeist berücksichtigt (siehe Thesen am Ende des Kapitels)!

Atheismus

Jedem unterscheidenden und erleuchteten Herzen ist klar, dass Gott, das unfassbare und himmlische Wesen, unermesslich hoch über alle menschlichen Zeichen, wie Körperlichkeit, Aufstieg und Abstieg, Ausgang und Rückkehr, erhaben ist. Fern sei von Pracht, dass Menschenzungen angemessen Seinen Ruhm zu künden oder Menschenherzen Sein unergründliches Geheimnis zu fassen vermöchten. Immer ist und war Er in der uralten Ewigkeit Seines Wesens verborgen und wird Seine Wirklichkeit den Blicken der Menschen entzogen bleiben. »Kein Blick dringt in Ihn, doch Er blickt in alles! Er ist der alles Sehende, der alles Erkennende ...«[79]

Als *Theismus* bezeichnet man den Glauben an Gott. Als *Atheismus* demgegenüber einen Nichtglauben an Gott (A = Silbe der Verneinung). Ein Atheist ist jemand, der nicht an Gott glaubt. Er ist nicht unbedingt jemand, der glaubt, es gäbe keinen Gott. Mehr steckt nicht dahinter. Beim

Atheismus (*átheos*, griechisch = ungöttlich, gottlos) handelte es sich um eine abwertende Wortschöpfung, die von den sich als recht gläubig Bezeichnenden gegen angeblich oder wirklich Ungläubige benutzt wurde. Atheismus wurde im Sinne von »gottlos« auf Anschauungen angewendet, die im Konflikt mit den etablierten Religionen standen. Vielfach wurden religiöse Strömungen mit eigenen neuen Gottesvorstellungen als atheistisch bezeichnet. Beispielsweise wurden auch die ersten Vertreter des Christentums von ihren polytheistischen Gegnern als Atheisten beschimpft.

Heute wird die Bezeichnung »Atheismus« tendenziell weniger abwertend verwendet[80].

Atheismus als Weltanschauung ist vielfach mit der Auffassung verbunden, dass die natürliche Welt alles ist, was es gibt (starker Naturalismus), oder dass die natürliche Welt alles ist, was wir erfahren können (schwacher Naturalismus). Ein Atheist glaubt nur – bei Tausenden Göttern – an einen einzigen Gott weniger als der Theist, was bedeutet, dass der Theist ebenso ein »Gottesleugner« ist wie der Atheist, jedenfalls bei nahezu allen Göttern mit einer Ausnahme. Wenn der Theist dem Atheisten das Recht bestreitet, an einen (seinen) Gott nicht zu glauben, dann bestreitet er automatisch sich selbst das Recht, an die anderen Götter nicht zu glauben. Man frage zehn Gläubige nach ihrem Gott, und man wird ein Dutzend verschiedener Antworten bekommen; kaum einer glaubt an des anderen Menschen Gott. Beziehen wir die Gläubigen aller Kulturen mit ein, dann werden die Unterschiede noch dramatischer. An welchen von diesen Göttern soll man denn nun glauben? Es gibt wohl einen »Gott des kleinsten gemeinsamen Nenners«. Das bedeutet natürlich, dass auch die Gläubigen selbst nicht so furchtbar viel über ihren Gott wissen können, sonst wäre ihr Glauben einheitlicher[81].

In letzter Zeit werden immer häufiger kritische Meinungen hinsichtlich des Atheismus laut. Der Franzose Michel

Onfray hat mit seinem Buch *Wir brauchen keinen Gott. Warum man jetzt Atheist sein muss* (2007) in ganz Frankreich heißeste Diskussionen ausgelöst. *Der Gotteswahn* (2006) von Richard Dawkins stand wochenlang auf den Bestsellerlisten. Auch Hans Küng, der durch viele Veröffentlichungen, wie zuletzt *Existiert Gott? Antwort auf die Gottesfrage der Neuzeit* (2001), bekannte katholische Theologe, erschütterte die Grundfesten der Kirchen und Institutionen in Deutschland. Auch im Internet wird mittlerweile eine rege Diskussionen über den Atheismus geführt.

Warum wir glauben: Viele Fragen – viele Antworten

Frage: Ist nicht die existentielle Angst des Menschen die Ursache der Vorstellung eines Gottes und der Entstehung der Religionen?

Antwort: Materialistische Philosophen und Wissenschaftler vertreten in der Tat die Auffassung, dass die Ursachen von Religiosität und Religion sowie die Gottesvorstellungen in der Unwissenheit und Furcht der Menschen begründet seien. Als Beweis nennen sie die Kulturformen der primitiven Menschheit, die versucht, durch Gebete und magische Riten feindliche Naturkräfte zu beschwichtigen. Da diesen Menschen die Naturgesetze noch unbekannt waren und sie deshalb viele Dinge nicht erklären konnten, schufen sie sich Götter, die sie für Naturerscheinungen wie Donner, Blitz, Feuer, die Gestirne verantwortlich machten.

Im Gegensatz zu dieser materialistischen Auffassung von Religion steht die Überzeugung, dass der Glaube an einen Gott einem grundlegenden Bedürfnis des Menschen entspricht: Furcht, Angst und Ungewissheit waren sicherlich zu bestimmten Zeiten, aber auch in unserer Zeit, Bedingungen für das Entstehen gewisser Religionsformen. Ursache für die Vorstellung eines Gottes ist jedoch eine andere.

Folgende Beispiele sollen dies belegen: Sonneneinstrahlung, Regen und ein fruchtbarer Boden sind Bedingungen für das Wachstum einer Pflanze. Wir können aber nicht einfach sagen, die Pflanze sei durch die Sonneneinstrahlung, den Regen und den fruchtbaren Boden entstanden. Ein Kind lernt durch Lob, Nachahmung, Einsicht, aber auch durch Tadel, Bestrafung und Angst. Diese Faktoren stellen eine Bedingung für seine Entwicklung dar, aber nicht ihre Ursache. Die Ursache findet sich vielmehr im Menschen selbst, in seiner ihm innewohnenden geistigen Fähigkeit, zu lernen und auf den Bereich des Glaubens zu übertragen.

Fazit: Der Mensch besitzt die Fähigkeit, eine Beziehung zu etwas ihm Unbekannten und Unerkennbaren aufzunehmen. Dies ist die Ursache des Glaubens und der Vorstellung eines Gottes. Durch die Erziehung und die Umwelteinflüsse wird diese Fähigkeit in ihrer Ausprägung bestimmt oder sogar in ihrer Entwicklung verhindert. Persönliche und zwischenmenschliche Probleme wie Erziehungsprobleme mit den Kindern, Kontaktstörungen, Ehekonflikte, berufliche Misserfolge werden dann zum wesentlichen Teil als Schicksal erlebt und auf das Konto Gottes, der Religionen oder der gesellschaftlichen Mächte geschoben, obwohl diese Probleme durch persönlichen Einsatz hätten gelöst werden können. Die beiden fundamentalen Fragen nach dem Wesen des Schöpfers und dem Sinn des Todes betreffen alle Menschen.

Auf die inneren Zusammenhänge und die Einheit von Religion und Wissenschaft hatten, wie schon erwähnt, eine Reihe von Wissenschaftlern hingewiesen. Dazu noch einmal Max Planck:

»Meine Herren, als Physiker, also als Mann, der sein ganzes Leben der nüchternsten Wissenschaft, der Erforschung der Materie, diente, bin ich sicher von dem Verdacht frei, für einen Schwarmgeist gehalten zu werden. Und so sage ich Ihnen nach meinen Erforschungen des Atoms dieses: Es gibt keine Materie an sich! Alle Materie entsteht und besteht nur durch eine Kraft, welche die Atomteilchen in Schwingung bringt und sie zum winzigsten Sonnensystem des Atoms zusammenhält ... so müssen wir hinter dieser Kraft einen bewussten intelligenten Geist annehmen. Dieser Geist ist der Urgrund aller Materie. Nicht die sichtbare, aber vergängliche Materie ist das Reale, Wahre, Wirkliche, sondern der unsichtbare, unsterbliche Geist ist das Wahre! ... scheue ich mich nicht, diesen geheimnisvollen Schöpfer ebenso zu benennen, wie ihn alle alten Kulturvölker der Erde früherer Jahrhunderte genannt haben: Gott!«[82]

14

Es kommt vielmehr darauf an,
das Alte in einem neuen Licht zu sehen.
(Balint)

Religiöse Freiheit und der positive Umgang mit religiösen Radikalismen

Geschichte: Der Schatz des Wissens

Der Traktor eines Bauern lief nicht mehr. Alle Versuche des Bauern und seiner Freunde, das Fahrzeug zu reparieren, misslangen. Schließlich rang sich der Bauer durch, einen Fachmann herbeiholen zu lassen. Dieser schaute sich den Traktor an, betätigte den Anlasser, hob die Motorhaube an und beobachtete alles ganz genau. Schließlich nahm er einen Hammer. Mit einem einzigen Hammerschlag an einer bestimmten Stelle des Motors machte er ihn wieder funktionsfähig. Der Motor tuckerte, als wäre er nie kaputt gewesen. Als der Fachmann dem Bauern die Rechnung gab, war dieser erstaunt und ärgerlich: »Was, du willst 50 Tuman, wo du nur einen Hammerschlag getan hast!« »Lieber Freund«, sagte da der Fachmann, »für den Hammerschlag berechnete ich nur einen Tuman. Neunundvierzig Tuman aber muss ich für mein Wissen verlangen, wo dieser Schlag zu erfolgen hatte.«

Frage: Welche Gründe gibt es, dass Menschen eine starke Ablehnung gegen neue Religionen und ihre Begründer haben?

Antwort: Wie wir bereits gesehen haben, ist ein wesentlicher Grund für die Ablehnung neuer oder anderer religiöser

Offenbarungen die Tendenz des Menschen, für das, was er einmal als richtig erachtet, einen Absolutheitsanspruch zu stellen. Wir haben diese Haltung als Fixierung und Neigung zur Verabsolutierung beschrieben (vgl. 11. Kapitel: »Vier Reaktionstypen«).

Die Idealisierung der eigenen Religion und der eigenen religiösen Gruppe geht zumeist Hand in Hand mit einer kritischen Abwertung anderer Religionen und ihrer Anhänger. Die Idealisierung findet sich auch im Hinblick auf die Religionsgründer und die Handlungsweisen der jeweiligen Religionsvertreter (Propheten, Priester, Mullahs usw.). Wunder werden oft als Beleg und Beweis für die Gültigkeit einer Religion gehalten. Es finden sich oft kuriose Beispiele: »Mein Prophet hat die Toten lebendig gemacht, einen Stab in eine Schlange verwandelt, aus einem Felsen Wasser geschlagen. Die Wundertaten deines Propheten dagegen sind Scharlatanerie: Er hat es bestimmt mit einem Scheintoten zu tun gehabt, die Sache mit eurer Schlange ist nur eine Suggestion. Wenn euer Prophet auf Wasser gestoßen ist, war er bestimmt nur ein besserer Wünschelrutengänger.« Die Verkündigungen werden wörtlich genommen: »Der Erlöser kommt mit der Krone Davids auf dem Kopf, er wird von Engeln geleitet. Wenn er kommt, schwimmen die Straßen im Blut.« Wer die wortwörtliche Erfüllung dieser Prophezeiungen erwartet, wird jedoch an ihrer Verwirklichung vorbeigehen. Nach unserer Beobachtung und Forschung haben rund 95 Prozent aller Dogmen der traditionellen Religionen ihren Ursprung nicht bei den Religionsstiftern, sondern wurden erst viel später von den Institutionen eingeführt oder sind durch einseitige Interpretationen entstanden.

Frage: Aus unserer heutigen Sicht können wir die Problematik der Glaubens- und Religionsfreiheit nicht mehr als zweitklassige Sorge der Menschenrechte abtun. Hemmen wir unseren Entwicklungsprozess, indem wir uns in unserer Glaubensfreiheit beschränken?

Antwort: Es ist tatsächlich so, dass dieses Thema heute aktueller ist denn jemals zuvor und im Zentrum vieler dringlicher globaler Herausforderungen steht. Wir müssen uns bewusst machen, dass durch die verschiedenen Glaubensrichtungen erfolgreiche soziale und wirtschaftliche Entwicklungen stark beeinflusst werden. Glaubensrichtungen wirken extrem auf die Schlüsselfaktoren im Entwicklungsprozess ein sowie auf die Motivation des Einzelnen, den Zusammenhalt in der Gemeinde und die Beteiligung der Frauen. Als kleines Beispiel: der Zwang zur Kinderehe; das Verbot der freien Glaubenswahl; das Verbot, unter Androhung von Strafe und Ausschluss der Gemeinschaft, mit Menschen anderer Religionen zu verkehren, zu handeln oder gar zu heiraten; die Herabsetzung der Frau als Mensch zweiter Klasse; das Verbot der Verhütung; die absolute Missbilligung (gerade von unserem derzeitigen Papst stark propagiert), sich eigene Gedanken über seine Religion zu machen oder sogar Themen infrage zu stellen. Folglich ist das Recht auf Religions- und Glaubensfreiheit von zentraler Bedeutung für den Entwicklungsprozess des Einzelnen.

Frage: Das heißt, mehr Religions- und Glaubensfreiheit würde uns zu mehr Freiheit, Frieden und Sicherheit führen?

Antwort: Ja, es ist so, dass heute nicht länger daran gezweifelt werden kann, dass Frieden und Sicherheit oft mit Religions- und Glaubensfreiheit direkt in Verbindung stehen. Experten stellen zunehmend Verbindungen zwischen der religiösen Freiheit und anderen Grundrechten her. Dazu gehören die Rede- und Versammlungsfreiheit, der gleiche Schutz im Rechtsbereich und die Rechte, die mit der Familie, der Ehe und den Kindern zusammenhängen. Die Rechte der Frauen sind häufig sehr vom religiösen

Glauben abhängig. Gleiches gilt für den Status der Kinder.

Frage: Wenn wir weltweit mit mehr Freiheit und Gleichberechtigung leben würden, würde das gleichzeitig bedeuten, wir minimierten den Extremismus?

Antwort: Ja, mit Sicherheit. Bei Konfliktursachen, die auch im neuen Jahrtausend zutage traten, handelte es sich hauptsächlich um Auseinandersetzungen über religiöse Ideologien, die die Zunahme des Terrorismus mit einem verstärktem religiösen Extremismus in Verbindung gebracht haben.

Frage: Am 25. November 2006 beging die Welt den 25. Jahrestag der Erklärung zur Ächtung aller Formen von religiöser oder glaubensmäßiger Intoleranz oder Diskriminierung. Worin liegt die besondere Bedeutung der Erklärung?

Antwort: Die Erklärung beschreibt die religiöse Freiheit und zeigt, dass die Freiheit der Religion oder des Glaubens, das Recht, Andachtstätten »zu errichten oder zu unterhalten« und religiöse Veröffentlichungen »zu verfassen, herauszugeben oder zu verteilen« einschließt.

Frage: In Anbetracht dieses Artikels fragt man sich unweigerlich, wie es denn noch zu Extremismus in unserer Welt kommen kann?

Antwort: Wir sollten uns vergegenwärtigen, dass alle großen Religionen der Welt, wie Buddhismus, Christentum, Islam, Sikhismus, Judentum und Bahá'í-Religion, Harmonie, Mäßigung, Gewaltlosigkeit und Menschenliebe lehren, die jeder Art von Extremismus entgegengesetzt sind. Auffällig ist, dass der Extremismus dazu neigt, gerade dort zu blühen, wo weniger Freiheit besteht, die Religion seiner Wahl anzunehmen und auszuüben.

Frage: Was ist die Wurzel des Extremismus?

Antwort: Es reicht nicht, die religiöse Glaubensfreiheit allgemein zu praktizieren. Um das Problem des religiösen Extremismus wirklich anzupacken, muss man seine zugrunde liegenden Ursachen verstehen und ansprechen. Viele Gläubige haben ein großes Problem mit der Akzeptanz anderer Glaubensrichtungen. Es ist verführerisch, darauf zu bestehen, dass man selbst die einzig richtige Wahrheit erkannt hat, und die Menschen, die anderen Glaubensrichtungen anhängen, auf den Status von Abtrünnigen oder Ungläubigen zu degradieren, was leicht zu Verfolgung und Unterdrückung führt. Dies ist für die Geschichte der Menschheit nichts Neues, denn Menschen wurden schon seit Jahrtausenden in jedem Teil der Welt Opfer dieses engstirnigen Denkens.

Frage: Dann sollten wir sozusagen *globale* Aufklärungsarbeit leisten und jedem ermöglichen, einen Blick hinter die »Religionskulissen« zu werfen?

Antwort: In der Tat sind solche beengenden, angstvollen Geisteshaltungen teilweise das Ergebnis der Unwissenheit. Wenn andere Religionen in Geheimnisse gehüllt werden, dann werden sie zu einem leeren Gefäß. Der Einzelne versucht, sie mit Furcht und Fantasievorstellungen zu füllen. Die Erfahrung zeigt, dass Unwissenheit Aberglauben ausbrütet und religiöse Vorurteile und Ablehnung immer weitertreibt. Ein Teil der Antwort auf religiösen Extremismus liegt somit in der Vermittlung von Wissen über andere Religionen.

Frage: Das würde bedeuten, indem das Unwissen über andere Religionen beseitigt und dadurch Verständnis gefördert wird, könnte die Erziehung die latenten Ursachen der Intoleranz behandeln?

Antwort: Ganz genau. An diesem Punkt wird das Recht auf

Religionswechsel überaus wichtig, insbesondere wenn diejenigen betroffen sind, die Gewalt unter dem Deckmantel religiöser Lehren fördern, was sowohl die schärfste Form der Religionsverzerrung als auch die höchste Stufe des Extremismus darstellt.

In einigen Ländern wird z. B. der Versuch des Religionswechsels mit einer Anklage auf Abtrünnigkeit quittiert, worauf nach einigen Interpretationen des Religionsrechtes die Todesstrafe steht. Wenn die Regierungen dauerhaft klar machen würden, dass solche Darlegungen unakzeptabel sind, dann könnte man dieser Form des Extremismus einen schweren Schlag versetzen. Dazu muss jedoch das Recht auf Religionswechsel uneingeschränkt aufrechterhalten werden.

Frage: Um also langfristigen und einheitlichen Frieden zu erreichen, müssen sowohl Regierungen als auch führende religiöse Repräsentanten an einem Strang ziehen?

Antwort: Wir müssen alle an einem Strang ziehen! Die praktische Realität der Religions- und Glaubensfreiheit wird durch die Einheit der Religionen weiter erhellt. Nach diesem Verständnis gibt es, trotz unterschiedlicher Namen für ihn, nur einen Gott, und alle größeren Weltreligionen sind fortschreitende Ausprägungen der Offenbarung Gottes für die Menschheit.

Eine unparteiische Prüfung der Lehren anderer Religionen kann nur kommen, wenn es keine Barrieren mehr für das Recht gibt, seine Religion in »Lehre, Ausübung, Gottesdienst und der Beachtung von Vorschriften« zum Ausdruck zu bringen – und für das Recht zum Religionswechsel. Das Recht der Freiheit der Religion und des Glaubens und alles, was dies einschließt, zu fördern ist heute nicht mehr nur eine Frage des moralischen Imperativs.

Frage: Demzufolge ist es eine praktische Notwendigkeit?

Antwort: Absolut. Gegen Extremismus und Fanatismus bietet es das beste Heilmittel und stellt einen wesentlichen Schutz für unsere kollektive Sicherheit dar. Unsere Zuversicht an dieser Stelle leitet sich vom Glauben an das grundsätzlich Gute im menschlichen Geist ab, und von der Überzeugung, dass bei uneingeschränktem Austausch religiöser Ideen letztlich diejenigen Lehren triumphieren werden, die Frieden und Harmonie unterstützen.

Ergebnisse und Thesen, auf die wir uns im Kapitel berufen

1. Dem Ansatz der Positiven Psychotherapie zufolge sollte man die atheistischen Betrachtungen der Wissenschaftler und Schriftsteller nicht nur negativ sehen. Glaube kann erst durch Zweifel, der zu genauem Hinterfragen führt, zur Gewissheit werden.

2. Viele Religionsvertreter und Institutionen haben fraglos sehr viel bei der Unterstützung und Hilfe für Menschen in Not geleistet. Gleichzeitig schufen sie aber auch durch einseitige Dogmen Vorurteile und förderten Abspaltungsbewegungen, die der Nährboden für Radikalisten, Fundamentalisten und Atheisten sind.

3. Die Religionsrepräsentanten vertreten die Ansicht, dass nur durch ihre Institutionen Religionsanhänger Zugang zu Gott finden können. Das heißt, sie haben sich zwischen Gott und die »Gläubigen« gestellt und auf diesem Wege – ziemlich erfolgreich – Kontrolle über die Menschen erlangt.

4. Religiöse Fanatiker, Radikalisten, Fundamentalisten, einseitige Wissenschaftler und Atheisten haben in ihren Vorstellungen und Arbeiten eines ständig übersehen: die Unterscheidung zwischen Glaube, Religion und Institution.

5. Ein ganz wichtiger Aspekt ist der sich wandelnde Zeitgeist. Was vor 50, 100, 500 oder 1000 Jahren noch gültig und passend war, stimmt für die heutigen Menschen nicht mehr. Das Menschenbild von heute entspricht schon dem Menschen vor 100 Jahren nicht mehr, schon gar nicht mehr dem vor 2000 Jahren, als die großen Religionen die Macht übernahmen.

6. Religionen unterliegen – wie alles, was ist – dem ewigen Kreislauf der Natur (Frühling, Sommer, Herbst und Winter). Wir befinden uns gerade in der Winterzeit, und es wird offenbar, dass die früheren und gängigen Religionen ratlos und hoffnungslos sind. Das neue Zeitalter der Globalisierung verschafft uns fast zwangsläufig ein Bewusstsein der »Einheit in Vielfalt« und dies birgt eine gewaltige Chance – nicht nur für den einzelnen Menschen, sondern auch für die Religionen und die Politik. In Europa etwa arbeiten heute 27 Länder zusammen – so etwas gab es noch nie zuvor in der Menschheitsgeschichte. Zwangsläufig müssen und werden sich die Menschen mehr und mehr vereinen.

7. Es gibt zum ersten Mal in der Menschheitsgeschichte so etwas wie ein globales Netzwerk. Alle Menschen können sich ein Bild von ihren Mitmenschen, deren Kulturen, Religionen, Künsten etc. rund um den Erdball machen.

8. Die individuelle Lebensgeschichte jedes einzelnen spielt in der Entwicklung der Weltgeschichte eine sehr wichtige Rolle. Denn jeder einzelne kann nur aufgrund seiner Erfahrungswerte und gemäß seiner Bereitschaft zur Bewusstseinsentwicklung sein Umfeld erleben und beeinflussen.

9. Die gängigen Religionen lehren ihre Schüler Dogmen und Rituale, gleichgültig ob es sich um Priester (Christen), Mullahs (Moslems), Mönche (Buddhisten) oder Hakhams und Rabbis (Juden) handelt. Diese geben

dann diesen Druck an die »Gläubigen« in Form von Bestrafungen, Angstgefühlen und/oder Schuldgefühlen weiter.

10. Der Glaube und die Lehre der Religionen wirken sich eindeutig auf unser Alltagsleben und unsere Gesundheit aus.

11. Alle Religionen – ohne Ausnahme – weisen in ihren Schriften auf das Kommen eines neuen göttlichen Offenbarers (fortschreitende Gottesoffenbarungen) und beständige göttliche Selbstentwicklung (im Sinne natürlicher geistiger Evolution, geistiger Bewusstwerdung) des Menschen hin. Diese Wahrheit wird jedoch von den meisten Kirchen- und Religionsvertretern unterschlagen, und aus diesem »Nichtwissen« entstehen und entwickeln sich zunehmend radikale, fundamentale und atheistische Einstellungen mit entsprechendem Verhalten und Abwehrmechanismen.

12. Alle großen Religionsstifter, wie Moses, Buddha, Christus, Mohammed etc. weisen auf eine schmerzhafte nahe und auf eine ferne großartige Zukunft hin, in der Religion und Wissenschaft Hand in Hand gehen!

✿ *Wo befreundete Wege zusammenlaufen, da sieht die ganze Welt für eine Stunde wie Heimat aus.*

✿ *Gehe Wege, die noch niemand ging, damit du Spuren hinterlässt.*

15 *Träume nicht dein Leben, lebe deinen Traum.*

Einheit in der Vielfalt – unsere Hoffnung auf die Zukunft

Geschichte: Nur den Samen

Ein junger Mann betrat im Traum einen Laden. Hinter der Theke stand ein älterer Mann. Hastig fragte er ihn: »Was verkaufen Sie, mein Herr?« Der Weise antwortete freundlich: »Alles was Sie wollen.« Der junge Mann begann aufzuzählen: »Dann hätte ich gerne die Welteinheit und den Weltfrieden, die Abschaffung von Vorurteilen, Beseitigung der Armut, mehr Einheit und Liebe zwischen den Religionen, gleiche Rechte für Mann und Frau und … und …« Da fiel ihm der Weise ins Wort: »Entschuldigen Sie, junger Mann, Sie haben mich falsch verstanden. Wir verkaufen keine Früchte, wir verkaufen nur den Samen.«

Anregungen und Überlegungen zum Weltfrieden

Der Beitrag des Einzelnen

Wenn wir fragen, woher ein Mensch seine Eigenarten, Ansichten und Werturteile hat, kommen wir mit großer Wahrscheinlichkeit auf die Umgebung zu sprechen, in der er aufgewachsen ist, nämlich seine Familie. Die Kontinuität der Gesellschaft erhält sich über die Spielregeln, die ein Mensch in seiner Familie erworben hat, und über die gemeinsame Werteinschätzung, die als Gruppenziele eine Gesellschaft zusammenhalten.

In diesem Spannungsfeld kulturspezifischer, weltanschaulich-religiöser und wissenschaftlicher Sinnangebote steht der einzelne Mensch. Er kann zwischen den Mühlsteinen miteinander konkurrierender Systeme zermahlen werden, wenn keines der Angebote eine hinreichende Möglichkeit bietet, sich mit ihm zu identifizieren. Dazu einige Fragen und Antworten:

Frage: Dieses Spannungsfeld, ist das nicht eine überkritische Wahrnehmung und stimmt es nicht nur für einige extremistische Länder?

Antwort: Nein, dieses aktuelle Problem spiegelt sich heute in allen Gesellschaftsschichten rund um den Globus wider. Die alten politisch-wirtschaftlich-sozialen Strukturen haben ausgedient. Sie konnten nicht erfüllen, was sie versprachen, und besonders die Jugend reflektiert die Frustration eines rein nach materiellen Dingen strebenden Systems. Nicht ohne Grund nehmen die Gewalt und die Aggressionsbereitschaft ständig zu. Sie dienen als Ventil nicht wahrgenommener essentieller Bedürfnisse des Menschen, einen tieferen Sinn in seinem Leben zu sehen, zu fühlen und auch ausdrücken zu können. Die älteren Generationen waren noch daran gewöhnt, sich widerstandslos der Obrigkeit anzupassen und eigene Bedürfnisse erst gar nicht wahrzunehmen. Wir dürfen aber nicht übersehen, dass sich die gesamte Menschheit in einem permanenten Evolutionsprozess befindet, und was für die »Alten« noch gut war, hat für die »Jungen« keine Bedeutung mehr. Wir lernen am Wachsen und wachsen mit dem Lernen. Im Zeitalter des Internets wächst der Informationsfluss zunehmend wie auch die daraus resultierende Wissbegierigkeit nach Neuem.

Der Schrei nach dem Sinn des Lebens und damit das evolutionäre Bestreben des Menschen, ein erfülltes und sinnvolles Leben zu führen, wird immer stärker und lässt sich nicht mehr mit Schönreden, neu aufpolierten alten politischen, sozialen und wirtschaftlichen Strukturen befriedigen.

Frage: Woher kommt die Suche nach dem »Sinn des Lebens«, wenn doch heute fast jeder per Internet Zugriff auf ein schier grenzenloses Angebot an Informationen hat?

Antwort: Das Problem der Sinnlosigkeit hat seine Ursache kaum darin, dass es an Angeboten dafür fehlt, was für den Einzelnen Sinn sein könnte. Hier ist, ähnlich wie auf dem Markt der Konsumgüter, die Auswahl groß und unübersichtlich. Dennoch bleibt das Bedürfnis nach dem Sinn unbefriedigt, auch dort, wo kulturelle, weltanschauliche, philosophische und religiöse Systeme genug Antworten bereitstellen. Was wirklich fehlt, ist eine sinnvolle Führung des Einzelnen und somit des Ganzen und dies beginnt bei der Erziehung. Die Erziehung war noch nie eine rein familiäre Angelegenheit. Sie wird im Kindergarten, in der Schule und in unserem gesamten gesellschaftlichen Umfeld weitergeführt. Hier muss eine grundlegende geistige Wandlung eintreten, um die wahren Bedürfnisse des Menschen erfüllen zu können. Das heißt in erster Linie, die Erkenntnis, dass wir Menschen nicht nur Individuen sind, sondern auch eine Einheit bilden, die permanent im bewussten und unbewussten Austausch miteinander steht.

Frage: Was bedeutet das für den Einzelnen?

Antwort: Können wir diesen Einheitsgedanken verinnerlichen und an unsere Kinder weitergeben, dann wird automatisch der selbstzerstörerische Macht- und Konkurrenzkampf aufhören. Wir werden als Einzelne dem großen Ganzen dienen, dem, was das Menschsein in Wirklichkeit ausmacht. Das erlaubt jedem, sein Bestes in seinem Rahmen zu geben und einen Sinn in seinem Dasein und Erleben zu empfinden und auszudrücken.

Frage: Das würde auch bedeuten, dass sich die aktuell ständig zunehmende Gewaltbereitschaft reduzieren würde?

Antwort: Unbedingt. Terroranschläge, Amokläufe und Irritationen von Schülern, Familienvätern und Müttern sind ein absolutes Warnsignal dafür, dass mehr und mehr Menschen ihre innere Orientierung verloren haben und unser derzeitiges politisches sowie religiöses Gesellschaftssystem in keiner Weise ein Garant für innere Stabilität und Selbstverwirklichung ist.

Frage: Das heißt, dass wir dringendst einer vollkommene Neuorientierung unserer gesamten gesellschaftlichen Struktur bedürfen?

Antwort: Wenn wir mit offenen Augen, vollkommen ehrlich und uneigennützig unsere gegenwärtige Situation betrachten, können wir zu keinem anderen Resultat kommen. Noch nie waren so viele Menschen krank, depressiv und drogenabhängig, obwohl wir gleichzeitig technologisch und wissenschaftlich in der Medizin noch nie so weit entwickelt waren. Allein diese Fakten sprechen Bände.

Der Mensch ist ein Geschöpf der Evolution; er ist die Evolution selbst. Das bedeutet ein permanentes Voranschreiten auf geistiger, wissenschaftlicher, sozialer und religiöser Ebene. Wir sind nun in einer Epoche der menschlichen Zeitgeschichte angelangt, in der der Mensch seinen Kinderschuhen entwachsen ist und ein neues, passendes Umfeld für seine geistige Reife benötigt. Betrachten wir unsere Weltgeschichte, können wir klar erkennen, dass dieser Evolutionsprozess schon immer stattgefunden hat und ein Zusammenbrechen des Alten notwendig ist, um eine neue Plattform für die fortgeschrittene geistige Wahrnehmung und die menschliche Entwicklung zu bieten.

Frage: Wenn die Menschen gar nicht so passiv sind, wie die meisten glauben, dann müsste doch der Einzelne auch mehr Verantwortung tragen?

Antwort: Das ist der Kernpunkt, den sich jeder verinnerlichen muss. Wir sind keine passiven Wesen, die sich irgendeiner Obrigkeitsform fraglos unterwerfen müssen und ihr ansonsten machtlos dienen. Der reife, geistig erwachte Mensch ist sich seiner Fähigkeit der Unterscheidung, seines Willens und damit der Eigenverantwortung bewusst, die sich daraus ergibt, dass er nicht passiv der Natur untergeordnet ist, sondern aktiv innerhalb der Bandbreite der gegebenen Möglichkeiten sein Schicksal selbst bestimmt.

Frage: Solange man denken kann, haben sogar verantwortlich denkende Menschen mit gutem Gewissen die Herausforderung extremer Armut als ein unlösbares Problem beiseite geschoben. Die unterschiedlichsten Ansätze zur Entwicklungshilfe sind wohl hauptsächlich daran gescheitert, dass zum einen die finanziellen Versprechungen der reichen Nationen nicht erfüllt wurden und zum andern, dass die Entwicklungshelfer sich – oft unbewusst – über die wahren Bedürfnisse der Einheimischen stellen, im Glauben, zu wissen, was das Beste für sie sei. Nun soll endlich, laut dem im Januar 2008 erschienenen UN-Bericht zum Millennium-Projekt, eine Lösung für die extremste Armut gefunden worden sein.

Antwort: Ja, man spricht in diesem Bericht davon, dass innerhalb der nächsten 20 Jahre die extreme Armut besiegt ist, wenn die reichen Nationen ihre zugesagten finanziellen Unterstützungen einhalten und gleichzeitig die erforderlichen, vorhandenen Methoden und Technologien eingesetzt würden.

Frage: Wie kann man den Einzelnen zum Umdenken hinführen? Reicht es denn aus, die gesetzlichen, politischen und wirtschaftlichen Strukturen der Gesellschaft zu ändern?

Antwort: Umdenken geschieht immer im Rahmen der eigenen Selbsterkenntnis und der Werterkennung des Individuums. Der Wert einer Frau in der Gesellschaft muss wieder seinen rechtmäßigen Platz einnehmen und somit ihre Stellung als gleichberechtigtes Mitglied anerkannt werden. Wie bereits erwiesen, können neue Gesetze nicht zu einem globalen Umdenken führen.

Die transkulturelle Begegnung: Der Beitrag der Politiker zum Weltfrieden

Frage: Was bedeutet »transkulturelle Begegnung«?

Antwort: Der transkulturelle Ansatz setzt eine Antwort auf die beiden Grundfragen voraus: Was haben alle Menschen gemeinsam? Wodurch unterscheiden sie sich?

Die Grundfähigkeiten bilden das Fähigkeitspotenzial, das jeder Mensch unabhängig von seiner körperlichen und seelischen Gesundheit und seiner sozialen Situation hat. Sie sind die Basis der menschlichen Beziehungen und die Bereiche, in denen die Menschen trotz aller individueller und kultureller Unterschiede Gemeinsamkeiten finden können.

Da die Positive Psychotherapie sich mit elementaren menschlichen Fähigkeiten beschäftigt, ist sie in der Lage, Menschen aus unterschiedlichen sozialen Schichten anzusprechen und transkulturelle Probleme zu erhellen.

Frage: Würde z. B. bei diesen transkulturellen Fragen auch die Stellung der Frau in der heutigen Gesellschaftsform beleuchtet werden?

Antwort: Die Stellung der Frau sowie ihre Rechte sind ein globales Problem, was unbedingt zur transkulturellen Begegnung gehört. Nur durch die absolute Integration der Frau in allen Gesellschaftsformen nähern wir uns einem notwendigen Gruppenbewusstsein (z. B. gleiche Chancen auf dem Arbeitsmarkt für alleinerziehende Frauen, gleiche Gehälter für Frauen und Männer, Frauen durch Religionsanhänger nicht mehr als Menschen zweiter Klasse behandeln, weltweit gleiche politische Rechte für Frauen etc.). Sie fördert die gesellschaftliche Zusammenarbeit als eine der möglichen Ausdrucksformen des Gruppenbewusstseins und kann planmäßig eingesetzt werden, indem man versucht, gemeinsam die künftigen Prinzipien einer vereinten Menschheit zu schaffen. Hier gilt – wesentlich – das Prinzip der Entwicklung, das verhindert, dass die Organisation sich mumifiziert und ihren eigentlichen Sinn verliert.

Die religiös-weltanschaulichen Konzepte: Der Beitrag der religiösen Führer zum Weltfrieden

Frage: Dabei spielt aber die Stellung der Religion, sowohl politisch als auch gesellschaftlich, immer noch eine wichtige Rolle?

Antwort: Es ist unbedingt notwendig, die Religionen hinsichtlich ihrer Gesamtheit, nicht aber im Hinblick ihrer Unterschiede zu betrachten. Religiöser Hass und Religionskriege legen davon blutiges Zeugnis ab. Uns interessiert weniger die theologische Begründung und Rationalisierung der religiösen Differenzen, uns interessiert in diesem Zusammenhang die Religion einerseits als die Institution, die den Glauben, der eine menschliche Fähigkeit darstellt, organisiert, andererseits die psychologischen Zusammenhänge, die mit der gesellschaftlichen Institution (wie Religion und Kirche) für das Individuum bestehen.

Frage: Wir können aber doch beobachten, dass die Kirche zunehmend an Bedeutung verliert. Es gab noch nie so wenige Kirchgänger, noch nie zuvor sind so viele Menschen aus der Kirche ausgetreten. Es ist doch eindeutig so, dass sie zunehmend ihren Einfluss verliert?

Antwort: Die funktionelle Theorie der Soziologie und Psychologie lehrt, dass eine institutionelle Struktur im Hinblick auf Religionen gebildet worden ist, um eine bestimmte Funktion zu erfüllen. Die Institution muss ein praktisches Bedürfnis der Gesellschaft (Schutz und Geborgenheit) und des Einzelmenschen erfüllen, was sie mittlerweile größtenteils nicht mehr tut, weil sie sich nicht der geistigen Weiterentwicklung des Menschen anpasst. Wenn sie nun keinen Sinn und keine Aufgabe mehr hat, wird sie aufhören zu existieren, was wir gerade beobachten können oder, wie es auch der Fall ist, sie wird versuchen, sich durch Fixierungen und Dogmatisierung über die Zeit zu retten.

Obwohl die Tendenz zunehmend besteht, Religion zu ignorieren, lässt sich nicht bestreiten, dass Religion im Sinne von Moraltradition, aber auch im Sinne eines aktiven Glaubensbekenntnisses das Leben des Einzelnen bis in die privatesten und intimsten Bereiche beeinflusst. Ohne auf eine inhaltliche Analyse der Religion genauer einzugehen, können wir sagen, dass ihre Grundanliegen trotz aller Unterschiede gleich sind. Die Institution der Kirche z. B. und ihr machtübergreifender Einfluss auf die Gesellschaft in allen Lebensbereichen ist veraltet, und das drückt sich in immer mehr Kirchenaustritten aus. Der Glaube an sich verliert sich jedoch nicht. Er ist untrennbar eins mit dem Menschen und treibt ihn in seiner geistigen Evolution permanent an.

Frage: Würde dies bedeuten, die Menschen sind von Natur aus gläubig, aber nicht notwendigerweise religiös?

Antwort: Die Menschheit steht auch im religiösen Bereich vor einer großen Herausforderung. Für die meisten Menschen ist der Gedanke, dass der Mensch eine geistige Dimension hat, dass sein Wesen geistiger Natur ist, eine Wahrheit, die keiner weiteren Darlegung bedarf. Diese Wahrnehmung der Wirklichkeit findet sich seit Menschengedenken in allen alten Kulturen und großen, traditionellen Religionen. Vorbilder wie Jesus, Buddha, Zarathustra, Krischna, Moses, Mohammed und Bahá'u'lláh haben durch ihre geistigen Impulse noch heute starken Einfluss und wecken starke, unauslöschliche Sehnsüchte.

Frage: Diese Sehnsüchte können aber doch durch die Kirche zufriedengestellt werden?

Antwort: Eben nicht mehr. Die traditionellen Institutionen, Kirchen und Moscheen in der Welt gehen nicht mit der Zeit und unterliegen immer noch alten Machtansprüchen und dem Konkurrenzdenken. Diese Form der Religion kann nicht die innere Sehnsucht des Einzelnen befriedigen, der unbewusst zur Einheit strebt. Das sehen wir tagtäglich, wie vorher bereits erwähnt, an der zunehmenden Frustration und inneren Orientierungslosigkeit gerade immer jüngerer Menschen und dem daraus entstehenden wachsenden Gewalt- und Aggressionspotenzial.

Die Religion muss als Einheit gesehen werden, jenseits aller Differenzen, die sie trennen. Das bedeutet auch, dass Wissenschaft und Religion gemeinsam agieren müssen und so dem Menschen helfen zu einer neuen Selbsterkenntnis, einem neuem Selbstbild zu finden.

Durch die vorgelebte Einheit der Religion wird sich der Mensch automatisch seiner eigenen Einheit im Ganzen bewusst, erfährt sich nicht mehr als getrenntes Individuum in einer Welt, die ihn ignoriert und nur als Konsument einstuft; er fängt unweigerlich an, ehrlich und verantwortungsvoll mit sich selbst und seinem Nächsten zu leben.

Wissenschaft ohne Religion ist wie ein Lahmer,
Religion ohne Wissenschaft ist blind.
Albert Einstein

Der Beitrag der Wissenschaftler zum Weltfrieden

Frage: Wenn also Religion und Wissenschaft zusammenarbeiten, dann ist die Aufgabe der Religion, dem Menschen Werte, Ziele und Sinn darzustellen (Sinngebung), während die Wissenschaft Erklärungen sucht und logische Gesetzmäßigkeiten herstellt (Sinnfindung)?

Antwort: Ja, und das im Hinblick auf ein Gruppenbewusstsein (allgemeines Menschheitsbewusstsein). Es gibt eine Vielzahl von Wissenschaften, die sich unterschiedlicher Blickwinkel bedienen, um sich der Wirklichkeit zu nähern. Auch hier finden sich die Konkurrenz einzelner Wissenschaften mit ihren Ansprüchen auf Absolutheit des eigenen Systems und die Rivalität zu den anderen Systemen. Diese Zusammenhänge zeigen uns, dass die Vorentscheidung einer Wissenschaft, ihr Themengebiet, ihre Fragestellung und Methoden von historischen, gesellschaftlichen, weltanschaulichen und religiösen Voraussetzungen abhängig sind.

Frage: Ändert sich das nun durch die zunehmende Globalisierung und die dadurch weltweite Vernetzung?

Antwort: Nicht nur durch die geografischen Verbindungen ist die Menschheit zu einer funktionellen Einheit geworden. Vielmehr hängen die Elemente ihrer Zivilisationsstruktur wechselseitig voneinander ab. So sind Bereiche wie Politik, Handel, Erziehung, Wissenschaft, Philosophie, Medizin, Psychologie und Religion durch ein ganzes Netz von Beziehungen miteinander verknüpft. Praktisch wirkt sich dieser Sachverhalt so aus, dass Politik nicht mehr ausschließlich Sache der Politiker, Wirtschaft nicht mehr Sache der Manager ist. Alle Bereiche treten in irgendeiner Weise miteinander in Beziehung.

Frage: Glauben Sie, dass auch religiöse Institutionen bereit dafür sind, mit der Wissenschaft Hand in Hand zu arbeiten?

Antwort: Besonders seit der Entdeckung der Quantenphysik durch Albert Einstein, Max Planck und andere Nobelpreisträger forscht die Wissenschaft in den Bereichen des Geistes, des Übersinnlichen etc. Dies waren vormals eindeutig ausschließlich Bereiche der Religion. Neueste Forschungsresultate von Quantenphysikern und Gehirnforschern bestätigen eine grundlegende These aller Religionen, nämlich das Einssein mit allem, was ist. Die daraus resultierende Wechselwirkung oder gegenseitige Beeinflussung jedes Individuums und seiner Umwelt, ist folglich nicht mehr eine rein spirituelle Lehre oder esoterische Spinnerei, sondern basiert im Gegenteil auf elementaren Naturgesetzen. Dieses Wissen kann religiösen Institution, die im Wandel unserer Zeit mitziehen und im Interesse der Menschheit arbeiten, nur dienlich sein, und sie werden sich kaum einer effizienten gemeinsamen Arbeit mit der Wissenschaft entziehen. Diejenigen Institutionen, die krampfhaft versuchen – gleichgültig mit welchen Mitteln – am Alten festzuhalten, werden sich auflösen, denn die Menschen verlangen nach neuen, stimmigen Mitteln und Wegen, die ihrer wachsenden geistigen Entwicklung entgegenkommen. Und das kann schlussendlich nur eine Welt in Einheit mit einheitlichen Interessen bedeuten.

Praktische Konsequenzen:

Unsere Überlegungen führen uns zu drei Prinzipien, die gleichermaßen in der Kultur, in der Religion und in der Psychologie Bedeutung besitzen:

1. Das Prinzip der Entwicklung

Dieses Prinzip sagt uns, dass alles, was wir und andere wissen, im Laufe der Entwicklung unter den verschiedenen Bedingungen unterschiedlicher Kulturen und Milieu- sowie Erziehungssituationen gelehrt wurde. Weiter, dass das Gelernte entsprechend den Entwicklungsbedingungen wieder umgelernt werden kann: »Jedes Zeitalter hat seine eigenen Probleme und jede Seele ihre besondere Sehnsucht.«

Es verhält sich hier ähnlich wie mit dem Schüler, der zu Beginn seiner Schulzeit erst das Alphabet lernen muss, bis er später lesen und noch später selbst schreiben kann. Entsprechend seinem Entwicklungsstand werden ihm seine Lehrer gerade das geben, was er in seiner Entwicklungsstufe benötigt.

2. Das Prinzip der Relativität

Wer andere Meinungen hat oder andere Werte vertritt, ist deshalb kein Dummkopf oder ein ungebildeter oder schlechter Mensch. Es gibt keine schlechten Menschen. Allenfalls ist es so, dass sie nicht anders können, weil sie es nicht anders lernen konnten. Sie müssen geführt und herangebildet werden, selbst wenn dieser Weg beschwerlicher ist als das einfache Urteil, sie seien schlecht, dumm, böse und verdorben. Selbst wenn ein Verhaltensgestörter nicht als Kranker im Sinne der klassischen Medizin gilt, ist er doch kein Verbrecher, über den der Stab gebrochen werden müsste. Er bedarf des gleichen Verständnisses, das auch dem Kranken zuteil wird. Unter anderen Situationen, zu einer anderen Zeit, im Urteil anderer Menschen, können seine Einstellungen durchaus als richtig oder angemessen gelten. Es leuchtet ein, dass auch die Normen und Gesetze der Gesellschaft und Religion durch die Jahrtausende hindurch Änderungen unterworfen sein mussten. Mit anderen Worten: Die religiös-gesellschaftlichen Werte zum jeweiligen Zeitalter und in der jeweiligen Gesellschaft sind relativ, nicht absolut.

3. Das Prinzip der Einheit

Was wir und andere im Verlauf der Entwicklung gelernt haben, wird in Zusammenarbeit mit anderen Menschen den Anforderungen der Zeit entsprechend verwirklicht. Wir können uns nur dann weiterentwickeln, wenn wir mit anderen Menschen und anderen Kulturen in Kontakt treten. Die Vielfalt von Menschen, Glaubensrichtungen und Einstellungen ruft einerseits Ängste, Aggressionen und Unsicherheitsgefühle hervor, andererseits gibt sie uns die Chance, unsere Erfahrungen zu kontrollieren und sie den Anforderungen der Zeit anzupassen. Auch wenn die religiös-gesellschaftlichen Werte relativ und von den Bedingungen der Entwicklung abhängig sind, ist jedoch von Anbeginn ihre Quelle gleich geblieben. Das heißt, dass die Völker aller Rassen dieser Erde ihre Glaubenskräfte aus derselben Quelle schöpfen. Das bedeutet, dass alle Hochreligionen einen gemeinsamen Ursprung haben, dass alle einem Ziel zustreben, dass sie sich in ihrer Absicht, die Menschheit einer Vollkommenheit zuzuführen, auf dem Hintergrund der Dimension der Zeit ergänzen.

Die Unterschiede zwischen einzelnen Kulturen, Religionen, Wissenschaften und Familienmitgliedern können die Ursache von Liebe und Harmonie sein, wie dies die folgenden Beispiele aus der Musik, Architektur und Pflanzenwelt bildlich verdeutlichen: In der Musik werden viele verschieden Noten in der richtigen Weise miteinander verbunden und ergeben somit einen vollen Akkord. Jedes Gebäude ist aus vielen verschiedenen Steinen erbaut. Jeder Stein ist von den anderen in einer Weise abhängig, so dass, wäre er an falscher Stelle eingefügt, das ganze Gebäude darunter leiden würde; wenn nur ein Stein fehlerhaft eingemauert ist, so ist der ganze Bau unvollkommen. Und würden wir einen Garten sehen, in dem alle Pflanzen sich in Art, Farbe und Duft gleichen, so würden wir ihn nicht schön, sondern eher langweilig und eintönig finden, denn gerade diese erfreulichen

Gegensätze geben dem Garten seinen Reiz und seine Schönheit.

Damit ist ein weiterer Prozess verknüpft, nämlich der Abbau emotionaler Schranken und Vorurteile, die gegenüber fremden Denk- und Empfindungsweisen bestehen, die das Fremde als etwas Aggressives, Bedrohendes empfinden lassen und dort schon Abwehr provozieren, wo zunächst Verständnis am Platze wäre.

Erst dieses umfassende Modell macht milieutherapeutische Eingriffe, familien- und psychotherapeutische Interventionen und Selbsthilfeaktivitäten möglich, die sich auf den verschiedenen Ebenen gegenseitig ergänzen. Darüber hinaus eröffnet sich ein Ausblick auf einen Bereich, der nicht mehr Domäne des Therapeuten ist, sondern politische und wirtschaftliche Belange betrifft, die die gesellschaftlichen Rahmenbedingungen des menschlichen Zusammenlebens weitgehend definieren.

Die heutige Gesellschaft ist eine offene Gesellschaft. Das heißt, die verschiedenen weltanschaulichen, ideologischen und religiösen Bezugssysteme sind nicht mehr an bestimmte geografische Orte gebunden, sondern bestehen gleichzeitig und treten zueinander in Konkurrenz. Wir können heute die in unserer eigenen Gruppe gültigen psychosozialen Normen nicht mehr als absolut betrachten, sondern müssen sie mit den anderen möglichen Werthaltungen vergleichen. Damit wird uns unsere Sichtweise der Dinge nicht genommen, sondern durch andere Sichtweisen ergänzt.

In diesem Sinne kann auch das Verhältnis eines Wissenschaftlers, eines Politikers, eines Religionsstifters und jedes Individuums zum Leben als gestört gelten, wenn auf der anderen Seite seine Emotionalität verödet.

Man fragt daher nach den Beziehungen eines Menschen zu den folgenden fünf Kategorien:

1. Wie ist das Verhältnis eines Menschen zu sich selbst?
Nimmt er sich Zeit für seine Bedürfnisse wie Schlaf, Nahrung, Freizeit, Weiterbildung usw.?

2. Wie ist das Verhältnis zum Partner?
Hat man einen guten Kontakt zu seiner Frau, zu seinem Mann, zu seinen Kindern? Nimmt man sich Zeit für sie, hat man Vertrauen zu ihnen, fördert man nur Gehorsam und Höflichkeit oder legt man Wert auf offenen Meinungsaustausch, nimmt man Rücksicht auf die Familie?

3. Wie ist das Verhältnis zur sozialen Umgebung?
Wie ist das Verhältnis zu Verwandten, Freunden, Kollegen, Landsleuten, anderen Menschen überhaupt? Ist man kontaktbereit, gesellig, hat man Vorurteile, Ängste oder Aggressionen gegenüber einzelnen Personen oder Gruppen?

4. Wie ist das Verhältnis zum Beruf?
Habe ich freiwillig den Beruf gewählt oder wurde ich zu diesem Beruf gezwungen? War nichts anderes da, was ich werden konnte? Interessieren mich die Aufgaben, die mir gestellt werden? Arbeite ich nur, um Geld zu verdienen und um mir etwas zu leisten, oder ist der Beruf für mich eine Sinnerfüllung, ein inneres Bedürfnis geworden? Habe ich Konflikte in meinem Beruf, werde ich überfordert, unterfordert? Gefällt mir zwar der Beruf, aber komme ich mit den Kollegen nicht aus? Wie kann ich einen Beitrag zur gesellschaftlichen Entwicklung leisten?

5. Wie ist das Verhältnis zur Zukunft?
Bin ich mit der Gegenwart zufrieden oder unzufrieden, sehe ich Entwicklungsmöglichkeiten oder Stillstand? Kann ich auch mit einer angemessenen Bedürfnisbefriedigung in Zukunft rechnen? Welche Ziele habe ich und

welches sind die Grundlagen meines Orientierungssystems? Habe ich mein Orientierungssystem selbst erworben oder habe ich es einfach von anderen übernommen? Welche Bedeutung hat für mich überhaupt das Leben? Wie verarbeite ich Schwierigkeiten, die in den anderen Bereichen auftreten? Bin ich bereit, zu experimentieren, bin ich bereit, offen meine Meinung zu sagen und gerecht zu sein, auch auf die Gefahr hin, die freundlichen Blicke der anderen zu verlieren?

Fazit: Wir wissen, dass die Einstellung zu den fünf Bereichen eine wesentliche Grundlage für psychische und psychosomatische Störungen darstellt. Die sukzessive Veränderung in diesen Bereichen und damit zusammenhängend der Einstellung zu ihnen, geben optimale Gewähr für eine fortschreitende Kultur.

Wie kann religiöse Intoleranz überwunden werden?
Selbstständige Suche nach Wahrheit durch das fünfstufige Vorgehen

In diesem Abschnitt soll in kurzer, übersichtlicher Form in fünf Stufen das Vorgehen zur Selbsthilfe, zur selbstständigen Suche nach Wahrheit dargestellt werden:

1. Stufe: Ablehnung und Abwehr der anderen Religionen. Symbol der Beobachtung und Distanzierung

Wenn man von dem Ansatz ausgeht, dass nur die eigene Religion die einzig wahre ist, erscheinen die anderen Religionen als Irrwege und ihre Offenbarer sind »falsche Propheten«. Vor einigen Jahrzehnten war diese Auffassung noch sehr verbreitet, und die religiösen Institutionen (die Kirchen) haben lange Zeit kaum etwas getan, um dieses zerstörerische Denken zu überwinden. Ohne diesen religiösen Fanatismus wären vermutlich auch nicht die als »Ersatzreligionen« auftretenden brutalen politischen Ideologien des Kommunismus und des Nationalsozialismus, des Atheismus und des Nihilismus so stark geworden. In dieser fanatischen Denk- und Verhaltensweise sind nur einige Religionsgemeinschaften steckengeblieben. Sie stehen damit in absolutem Gegensatz zu den Menschenrechten und zur bloßen Vernunft.

2. Stufe: Passive Duldsamkeit gegenüber anderen Religionen. Symbol der Inventarisierung

Man gesteht den anderen Religionen, wenn man dazu in der Lage ist, Spuren der offenbarten Wahrheit zu und erkennt in den Offenbarern anderer Religionen herausragende und tief religiöse Persönlichkeiten. Man anerkennt das Menschenrecht auf freie Religionswahl. Andere religiöse Standpunkte werden manchmal halbherzig oder zähneknirschend anerkannt, manchmal auch als Irrtum verworfen. Die volle Wahrheit sieht man jedenfalls ausschließlich bei der eigenen Religion oder Konfession. Deshalb ist diese Form der Duldsamkeit auch nicht haltbar, besonders dann, wenn gesellschaftliche Gruppen Politik und Religion miteinander verknüpfen und andere Gruppen benachteiligen.

3. Stufe: Anerkennung verschiedener Heilswege. Symbol der situativen Ermutigung

Jeder Einzelne soll sich unbeeinflusst für seinen Glauben entscheiden. Die Wahrheit in allen Religionen wird anerkannt. Jeder Einzelne sucht sich sozusagen seinen Offenbarer mit der entsprechenden religiösen Lehre aus. Ein Austausch wird nicht mehr gebremst oder verhindert. Man darf voneinander lernen. Der Friede wird durch diese Stufe erheblich gefördert.

4. Stufe: Selbsterfahrung. Symbol der Verbalisierung von Problemen, Konflikten und Misstrauen

Die eigene Erfahrung hinsichtlich der Religion und Weltanschauung innerhalb der Ehe, Familie, Kultur, Religion und Lebensphilosophie reflektieren und formulieren. Man nimmt seine eigene Position innerhalb der Vielfalt an möglichen Haltungen bewusst wahr.

5. Stufe: Anerkennung der Einheit der Religionen

Dies ist der Schritt, der uns der Einheit der Menschheit näherbringt. Er setzt voraus, dass man verschiedene Grundsätze anerkennt:

Alle Religionen haben eine gemeinsame Grundlage. Es gibt nur einen Gott.

Es gibt für alle Menschen und alle Zeiten geltende Kernwahrheiten.

Es gibt religiöse Wahrheiten, die von den Offenbarern für Menschen eines bestimmten Zeitalters entsprechend ihren Bedürfnissen und Fähigkeiten verkündet werden.

Alle Religionen und ihre Offenbarer haben den gleichen Rang. Aber ein Offenbarer unseres Zeitalters hat eine andere Aufgabe als derjenige eines früheren Zeitalters.

Jeder Mensch muss selbst, unabhängig und ohne traditionelle Hemmnisse und Vorurteile nach der religiösen Wahrheit suchen.

Genauso wie man sich von Werken verschiedener Dichter und Schriftsteller wie Goethe, Schiller, Lichtenberg, Tolstoi, Tucholsky oder Dostojewski inspirieren lässt oder in der Musik sich den Stilrichtungen der unterschiedlichsten Komponisten wie Mozart, Beethoven, Chopin oder Prokofiew öffnet, kann man auch die verschiedenen Religionen und Weltanschauungen integrieren.

Wer sich der Offenbarung unseres Zeitalters (Einheitsbewusstsein) zuwendet, nimmt die geistigen Heilmittel an, die für dieses Zeitalter offenbart wurden, und wirkt am Aufbau einer neuen Weltordnung mit, die mit den herkömmlichen Mitteln nicht zu verwirklichen wäre.

Je eingehender man sich mit dieser Entwicklung, mit den Differenzierungs- und Integrationsaspekten auseinandersetzt, desto genauer wird man erkennen, dass Phänomene wie Radikalisierung, Fundamentalismus, Atheismus und Nihilismus im Zeitalter der Globalisierung vorübergehende Erscheinungen sind, die konstruktiv aufgearbeitet werden können, und dass die damit verbundenen Ängste, die Ratlosigkeit und Hoffnungslosigkeit allmählich schwinden.

✸ *Ein Mensch blickt in der Zeit zurück*
Und sieht: Sein Unglück war sein Glück.

✸ *Lass dich nicht gehen, gehe lieber selbst!*

16 *Kränkung macht krank und Krankheit kränkt.*

Fallbeispiele zu religiösen Vorurteilen

Märchen: Die »Heilung« des Kalifen

Eine schwere Krankheit hatte den König befallen. Alle Behandlungsversuche schlugen fehl. Der große und bekannte Arzt Rasi wurde schließlich zu Rate gezogen. Er versuchte zu Beginn alle überlieferten Behandlungsformen, doch ohne Erfolg. Schließlich bat Rasi den König, ihn die Behandlung so durchführen zu lassen, wie er es für richtig finde. In seiner Hoffnungslosigkeit stimmte der König zu. Rasi bat den König, ihm zwei Pferde zur Verfügung zu stellen. Die schnellsten und besten Tasipferde wurden herbeigeschafft. Am frühen Morgen des folgenden Tages befahl Rasi, den König in das bekannte Bad »Jouze Mullan« in Buchara zu bringen. Da sich der König nicht bewegen konnte, trug man ihn in einer Sänfte. Im Bad angekommen, hieß Rasi den König, sich zu entkleiden, und befahl, dass alle Diener des Königs sich so weit wie möglich vom Bad entfernen sollten. Die Diener zögerten, zogen sich aber zurück, als der König ihnen zu verstehen gab, dass sie so handeln sollten, wie der Hakim es ihnen befahl. Die Pferde ließ Rasi vor dem Eingang des Bades festbinden. Zusammen mit einem seiner Schüler legte er den König in eine Wanne und übergoss ihn in schneller Folge mit heißem Wasser. Zugleich flößte er ihm heißen Sirup ein, der die Temperatur des Kranken erhöhte. Nachdem dies geschehen war, zogen sich Rasi und sein Schüler an. Rasi stellte sich vor dem König auf und begann plötzlich, diesen auf die übelste Weise zu beschimpfen und zu beleidigen. Der König war schockiert und regte sich in seiner Hilflosigkeit fürchterlich über diese Unhöflichkeit und ungerechte Beschuldigung auf. In seiner ungeheuren Erregung bewegte sich der König. Als Rasi dies sah, zog er sein Messer, trat nahe an den König heran und drohte, ihn umzubringen. In seiner Angst versuchte sich der König zu retten, bis ihm seine Furcht plötzlich die Kraft gab, aufzustehen und zu fliehen. In diesem Augenblick verließ Rasi schnellstens den Raum und floh zusammen mit seinem Schüler auf dem Rücken der Pferde aus den Mauern der Stadt.

Der König brach erschöpft zusammen. Als er von seiner Ohnmacht wieder erwachte, fühlte er sich freier und konnte sich bewegen. Noch vom Zorn beladen, schrie er nach seinem Diener, ließ sich ankleiden und ritt zu seinem Palast zurück. Die versammelten Menschen jubelten, als sie ihren König frei von seinen Gebrechen sahen. Acht Tage später erreichte den König ein Brief des Arztes, in dem er seine Vorgehensweise erklärte.

»Ich habe zunächst alles ausprobiert, was ich als Arzt gelernt hatte. Als dies keine Früchte brachte, erhitzte ich deinen Körper künstlich und gab dir über deinen Zorn die Kraft, deine Glieder zu bewegen. Als ich sah, dass deine Heilung eingesetzt hatte, verließ ich die Stadt, um deinem strafenden Arm zu entfliehen. Ich bitte dich, mich nicht zu dir zu holen, weil ich mir der ungerechten und gemeinen Beleidigungen bewusst bin, die ich dir in deiner Hilflosigkeit zugefügt habe und für die ich mich abgrundtief schäme.«

Als der König dies vernahm, erfüllte tiefe Dankbarkeit sein Herz und er bat den Arzt, zu ihm zu kommen, damit er ihm seine dankbaren Gefühle beweisen könne.

Das positive Menschenbild

Erziehung, aber auch jede Form der Therapie, war seit jeher von einem bestimmten Menschenbild abhängig, das in dem entsprechenden Zeitalter Gültigkeit besaß. In dieses Menschenbild fließen die Erfahrungen ein, die man mit seinen eigenen Eltern und den Mitmenschen macht, ebenso die Erfahrungen, die man von anderen oder aus der Tradition übernommen hat. Sie sind gruppenspezifisch und im weiteren Sinn abhängig von den Wertsystemen der jeweils gültigen Weltanschauung und Religion.

In früheren Zeiten, vor allem im klassischen Griechenland, wurde der psychisch Kranke verehrt. Man glaubte, dass psychisch Kranke eine Verbindung zur Welt der Götter hätten. Zur Zeit des frühen Christentums hatte man Mitleid mit den psychisch Kranken: Sie waren stigmatisiert und trugen eine Dornenkrone wie Jesus Christus. Im europäischen Mittelalter betrachtete man psychisch Kranke als von Teufeln und Dämonen besessen und versuchte, sie durch »Teufelsaustreibung« zu heilen. Dies geschah durch Beschwörungen, Schläge, Klistiere usw. Man steckte sie in Narrenhäuser, legte sie in Ketten oder verbrannte sie als Hexen. Ende des 19. Jahrhunderts, als sich die naturwissenschaftliche Einstellung durchzusetzen begann, versuchte man, die körperlichen Ursachen der psychischen Störungen in den Vordergrund zu rücken. Man glaubte an körperliche Ursachen psychischer Erkrankungen. In der Tat konnten in dieser Zeit bei verschiedenen Krankheitsbildern erhebliche Fortschritte erzielt werden. Die klassische Psychiatrie basiert auf Erkenntnissen dieser Zeit.

Man begann schließlich, den Bereich der psychosomatischen, der seelisch-körperlichen Störungen und auch der Psychosen von psychosozialen Voraussetzungen her zu erforschen. Aus der Vielzahl der Schulen und der behandelten Störungen entwickelten sich mehrere Methoden: Einzelbehandlung, Gruppenbehandlung, analytische Therapie, tiefenpsychologisch fundierte Psychotherapie, Verhaltenstherapie usw. Zur Entwicklung von Behandlungsstrategien eignen sich Fallbeispiele ganz besonders. An ihnen wird deutlich, dass je nach individuellem Bedürfnis des Patienten und seiner Familie und je nach Ausbildung und Erfahrung des Therapeuten verschiedene therapeutische Verfahren eingesetzt werden können. Hier kann der Therapeut auch andere Fachleute oder Mitarbeiter einbeziehen.

Fallbeispiel: Bis dass der Tod euch scheidet

Eine 43-jährige Frau hatte sich nach 21 Ehejahren scheiden lassen. Dies hatte für sie eine so große Umwälzung zur Folge, dass sie keinen anderen Weg mehr sah, als einen Selbstmordversuch zu begehen. Nachdem sie körperlich wieder hergestellt war, kam sie zu mir in psychotherapeutische Behandlung. Hilde L. machte einen unscheinbaren Eindruck. Etwas pummelig, erschien sie mir wie ein graues Mäuschen. Ihre Kleidung war ordentlich, aber sehr bieder. Sie berichtete mir von ihrem Leiden mit leiser Stimme. Ihre Schilderungen wurden von Zeit zu Zeit durch Schluchzen und leises Weinen unterbrochen: »Ich kann überhaupt nicht mehr schlafen. Ich bin fix und fertig. Seit meiner Scheidung fühle ich mich nicht mehr als Mensch. Ich grüble dauernd darüber nach, wie alles gekommen ist. Aber ich kenne mich nicht mehr aus. Ich fühle mich innerlich so abgeschlagen und traurig. Das war vor drei Wochen so schlimm, dass ich aus der Welt aussteigen wollte. Ich habe Schlaftabletten genommen und wollte, dass mit allem Schluss ist ...« Die Beschwerden begannen etwa zwei Monate nach ihrer Scheidung. Was war geschehen?

Der Ehemann der Patientin war eine außereheliche Beziehung eingegangen. Frau L. glaubte, diese Situation nicht ertragen zu können. Für sie schien die Kränkung, die ihr durch die Untreue ihres Mannes angetan wurde, zu

244

groß. Darin war sie von ihren religiösen und familiären Konzepten bestärkt worden. Für sie war Treue die Grundlage des partnerschaftlichen Vertrauens und das wesentlichste Element ihrer Ehe. Entsprechend ihrer depressiven, klammernden Persönlichkeitsstruktur vertrat sie das Konzept: Treue bis in den Tod. Darin war sie auch durch das Vorbild ihrer Eltern bestärkt worden, die den engeren Familienkreis vor allen äußeren Einflüssen abschirmten und jedes Ausbrechen daraus stillschweigend verboten. Zu ihrer Glaubensgemeinschaft wurde ebenfalls die Treue als maßgeblich gepredigt.

Vor diesem Hintergrund war ihr der Seitensprung ihres Mannes unerträglich. Hier schon war die erste Beziehungsfalle zugeschnappt. Die Patientin hatte auf ihre äußere Erscheinung wenig geachtet. Obwohl sie ihren Haushalt ausgezeichnet in Ordnung hielt, vernachlässigte sie sich selbst. Wie sie es von ihren Eltern gelernt hatte, lebte sie in ihrer Wohnung, die sie nur zu Einkäufen und zu Verwandtenbesuchen verließ. Besuche außerhalb der Geburtstage und Feiertage waren ihr unwillkommen.

Auch in ihrem Sexualleben verhielt sie sich sparsam: »Warum soll ich mich aufputzen und mich wie eine Dirne benehmen? Das ist nichts für mich«, sagte sie und verhielt sich wie eine brave Tochter, die überangepasst in allem den Wünschen ihrer Eltern nachkommen wollte. Dem Ehemann, der gern unter Menschen ging, war dies ein Signal, sexuelle Befriedigung und sozialen Kontakt woanders zu suchen, wo auch seine Fantasie angesprochen wurde.

Für das Verhalten, das sie ihm indirekt nahegelegt hatte, strafte ihn seine Frau durch Rückzug und Scheidung. Alle seine Bitten um Vergebung und Verzeihung und seine Versprechungen, sich nie mehr etwas zuschulden kommen zu lassen, verhallten bei ihr ungehört. Das Fehlverhalten hatte ihn nach ihrem Empfinden disqualifiziert. Er war für sie unglaubwürdig geworden.

Zugleich brachte diese konsequente Betonung der Treue nachteilige Folgen für die Patientin mit sich. Statt für ihr standhaftes Festhalten am Gebot der Treue belohnt zu werden, wurde sie von der Familie wegen der Scheidung getadelt – nicht etwa, weil sie untreu gewesen wäre, sondern weil sie gehorsam das Treuegebot mit allen Konsequenzen vertreten hatte. Am schwersten traf sie, dass ihr eine ihrer Tanten, eine Nonne, die ihr früher eindringlich Treue anempfohlen und die Unverzichtbarkeit der Treue nahegelegt hatte, nun Vorwürfe machte.

Die Eltern gaben ihr zu verstehen, als geschiedene Frau sei sie in der Familiengemeinschaft unerwünscht. Man hätte von ihr erwartet, dass sie weniger egoistisch an ihrem vermeintlichen Recht festhielte. Schließlich gebe es das Gebot: bis dass der Tod euch scheidet.

Damit war die zweite Beziehungsfalle zugeschnappt. Die Patientin stand plötzlich allein da und hatte sogar den familiären Rückhalt verloren, um dessentwillen sie die Trennung von ihrem Mann riskiert hatte. Die Folgen waren Enttäuschung, Verlassenheitsängste, das Gefühl, ungerecht und unehrlich behandelt worden zu sein, und Depressionen, die zum Selbstmordversuch führten.

Fazit: Die therapeutischen Bemühungen zielten darauf ab, der Patientin die traditionellen familiären Konzepte bewusst zu machen und ihr gewissermaßen als Nach-Erziehung die Möglichkeit zu geben, alternative Konzepte im Rahmen der Fünf-Stufen-Therapie (=Balance-Modell) eine angemessene Lösung ihres Problems zu finden.

Darf man Menschen verletzen?

Ein Beispiel für ein überliefertes religiöses Konzept, das plötzlich im Leben eines einzelnen akute Bedeutung erhält, ist der folgende Fall:

Fallbeispiel: Gewissensnöte eines angehenden Arztes

Ein Medizinstudent litt unter anfallartig auftretenden Kreislaufkrisen. Im Verlauf der psychotherapeutischen Behandlung berichtete er von schweren Gewissensnöten. Es sei ihm unmöglich, Menschen mit dem Skalpell oder mit der Injektionsnadel zu verletzen. Wir suchten nach den Konzepten, die hinter diesen Ängsten standen. Gesellschaftlich besteht das ausdrückliche Verbot, Menschen zu verletzen. Dieses Verbot wurde für den Patienten durch seine religiöse Familientradition verschärft. Er gehörte dem jüdischen Glauben an, der es dem Strenggläubigen verbietet, sein Gesicht – als das Ebenbild Gottes – mit scharfem Metall zu berühren. Entsprechend dieser Auffassung rasieren sich streng gläubige Juden entweder gar nicht oder nur mit Hilfe eines Holzmessers.

Der Patient wollte Arzt werden. Der Arztberuf weist die Besonderheit auf, dass er die Verletzung des menschlichen Körpers erlaubt und notwendig macht. Chirurgische Eingriffe, Injektionen, Punktionen und vieles andere sind medizinischer Alltag. Der religiös und gesellschaftlich geforderten Unverletzlichkeit des Körpers stand das Ethos der Ärzte gegenüber, dass zur Erhaltung des Lebens die Verletzung des Körpers manchmal erforderlich ist.

Diese Beschreibung des Konflikts allein reicht noch nicht aus, denn schließlich gibt es genügend Ärzte, die sich über diese Fragen weit problemloser hinwegsetzen konnten. Wir fragten also, welche Bedeutung eine körperliche Verletzung in der Familie des Patienten hatte, und danach, welche Bedeutung dem Körper, dem Schmerz und der körperlichen Integrität eingeräumt wurde.

Es zeigte sich, dass die familiären Beziehungen sehr höflich und aggressionsgehemmt waren. Konflikte wurden intellektualisierend ausgetragen, vor allem von der sehr dominanten Mutter. Vorherrschendes Mittel der Konfliktbewältigung war der Verstand. Körperliche Gewalt, auch im Umgang mit den Geschwistern, galt als unwürdig und unschön. Alle diese Komponenten spiegelten sich auf eine spezifische Weise in der Persönlichkeit des Patienten, seinen Bedürfnissen und seinen Ängsten wider.

Vor diesem Hintergrund, den wir während der Behandlung genauer differenzierten und analysierten, wurden die Ängste des Patienten verständlich: als Selbstwertbedrohung (nur ein primitiver Mensch verletzt einen anderen körperlich), als Bedrohung der Persönlichkeitsökonomie (wenn ich mit dem Skalpell hantiere, könnte ich meinen Vater, meine Mutter oder meine Geschwister verletzen), als Angst vor dem Liebesverlust (wenn du dich außerhalb unserer Gesetze stellst, also ungehorsam bist, gehörst du nicht mehr zu uns) und als Furcht, gegen religiöse Vorschriften zu verstoßen.

Fazit: Dieses Beispiel verdeutlicht, wie das Festhalten an familiären Konzepten und Rollenaufgaben dann zu Schwierigkeiten führen kann, wenn eine neue Rolle plötzlich Handlungsweisen vorsieht, die in dem ursprünglichen Konzeptsystem entweder nicht vorhanden oder sogar verboten sind.

Wenn wir uns nicht klar machen, was die einzelnen Begriffe Glaube-Religion-Institution bedeuten, und ganz bewusst zwischen ihnen unterscheiden, kann dies zu fatalen Einschränkungen in unseren gesamten zwischenmenschlichen Beziehungen bis hin zu schwerwiegenden körperlichen Symptomen führen.

Religiöser Konflikt

Im Rahmen der Therapie sprach ich eine Patientin auf ihre Beziehung zwischen Religion und Weltanschauung an, die neuapostolisch erzogen war. Sie gab mir einen umfassenden Bericht, den ich hier auszugsweise anführen will.

Fallbeispiel: Selbstwertprobleme durch religiösen Konflikt

Ich bin 29 Jahre alt und vollkommen irritiert: Ich bin voller Männerhass (mein Männerhass hat auch seine Wurzeln in der Frauenverachtung, die in unserer Kirche praktiziert wird), und durch das ständige, Jahrzehnte lange Ausgerichtetsein auf das Jenseits war das diesseitige Leben für mich nie eine Realität.

Ich sehne mich so danach, ein freier Mensch zu werden und das diesseitige und jenseitige Leben mit meiner ganzen Person erfassen zu können, ohne meinen Verstand, meine Fähigkeit zum analytischen Denken, meine psychologischen Kenntnisse ständig verdrängen zu müssen! Ich möchte aber durchaus nicht religionslos werden.

In meiner Pubertät war ich so extrem verängstigt (von einem bösen Geist besessen zu sein) und litt dermaßen unter der Vorstellung bei der »Ersten Auferstehung« nicht dabei zu sein, dass ich permanent unter Heulkrämpfen mit Tetanie litt. Man schickte mich in Erholung, was nichts half. Meine Mutter sprach daraufhin mit unserem Apostel, und er sagte zu mir: »Du kommst mit.« Da war es vorbei. Darüber hinaus litt ich sehr darunter, dass ich, durch die vielen religiösen Verbote, unter meinen Alterskameraden in eine Außenseiterposition gedrängt war, denn ich durfte nicht mit ins Kino, mich nicht verkleiden, nicht in die Tanzstunde (wodurch ich keinen Freund hatte wie alle anderen und Minderwertigkeitsgefühle bekam).

Als ich meinen Mann kennen lernte, trat ein zusätzlicher religiöser Konflikt auf: Sexualität kontra Konfession. Da ich mich weigerte, mit ihm zu schlafen (obwohl ich es sehr gern getan hätte), wurde er neurotisch. Ich suchte deshalb Rat bei unserem Geistlichen (Apostel). Er beschwor mich, es nicht zu tun (ich war damals bereits 22 Jahre alt). Mein Mann suchte ebenfalls Rat bei einem Geistlichen unserer Kirche, der ihm sagte, wir sollten zusammen schlafen, und so taten wir es.

Am nächsten Tag kam derselbe Geistliche zu meinem Mann und sagte, wir sollten es doch nicht tun. Daraufhin wurde ich in der Kirche von den grässlichsten Schuldgefühlen geplagt, von denen ich mich erst nach langer Zeit durch eine Beichte befreite.

Im Laufe der Zeit bekam ich außerdem Schwierigkeiten in der Kirche wegen meiner Schulbildung: Frauen mit Bildung sind keine guten Frauen und erst recht keine guten Gläubigen. Sie neigen zu kritischem Denken, und das steht der Seligkeit im Wege.

Unsere gesamte Sippe ist seit fünf Generationen neuapostolisch. Viele männliche Familienmitglieder standen Zeit ihres Lebens in zum Teil hohen Ämtern, und ich wurde vom Säuglingsalter an in der Lehre dieser Kirche erzogen. Mein Wille ging ganz in dem Willen meiner autoritären Mutter (Liebesentzug, wenn man nicht beten wollte) und den neuapostolischen Glaubensregeln auf, wie unter anderen:

- Der Mann ist der Herr im Hause und der Hauspriester, seine Frau ist die Gehilfin.
- Der Raum um den Altar ist heilig und darf nach Möglichkeit nicht von Frauen berührt werden.
- Von den Amtsträgern und Mitgliedern wird absoluter Glaubensgehorsam gefordert, auch wenn es gegen den Verstand geht. Nur daran ist der Segen Gottes gebunden.
- Der Verstand ist dem Glauben unterzuordnen. Man kann an Glaubensdinge nicht mit dem Verstand herangehen. Der Verstand bringt nur Zweifel und Verwirrung. Menschliche Weisheit ist abzulehnen, weil sie nicht in der Lage ist, in die Geheimnisse Gottes einzudringen.
- Die zweitschlimmste Sünde besteht im mutwilligen Versäumen des Gottesdienstes. Dieses Versäumnis kann nicht wiedergutgemacht werden.

- Der Mensch wird in Sünde geboren. Durch die Taufe mit Wasser wird er von der Erbsünde befreit (der Mensch ist böse von Jugend auf).
- Von der Beschäftigung mit anderen Religionslehren wird stark abgeraten. Man wird sehr dazu erzogen, dass nur Neuapostolische unter sich heiraten, weil nur das eine glückliche, erfüllte Ehe gewährleistet.
- Alle schlechten Handlungen sind das Produkt eines bösen Geistes, der einen verführt hat und dem man dann dienen muss. Dieser Geist hat ein Anrecht an der Seele, das nur durch die Sündenvergebung aufgehoben werden kann.
- Vergnügungen aller Art wie Tanzen, Fernsehen, Theaterbesuch, Konzertbesuch, Bücher oder Karneval sind als weltlich abzulehnen. Wer sich diesen Dingen hingibt, bewegt sich auf dem breiten Pfad, der ins Verderben führt, und ist bei der Wiederkunft Christi und der »Ersten Auferstehung« nicht dabei.

Ich weiß, ich bin diesem Konflikt 29 Jahre lang aus dem Weg gegangen, weil ich mich ihm nicht gewachsen fühle. Denn wenn ich mich von dieser Konfession löse, kann ich ebenso gut meine Mutter erschießen. Sie wird das nicht verarbeiten können. Ich kann aber auch nicht mehr heucheln!

Fazit: Die Patientin war schrittweise in der Lage, zwischen Glaube, Religion und Kirche/Institution zu unterscheiden. Diese Unterscheidung half ihr, innerhalb der Familie und ihrer sozialen Umgebung aus eigener Kraft ihre vier Bereiche des Lebens ins Gleichgewicht zu bringen.

Fallbeispiel: Ängste durch religiöse Dogmen und Erfahrungen

Ein 44-jähriger Mann kam zu mir in Behandlung, weil er unter mannigfaltigen Ängsten litt. Er berichtete mir: »Ich habe Angst vor Menschen, Vorgesetzten, Personen, von denen ich glaube, dass sie mir überlegen sind, und vor bestimmten Situationen, wie neue, unbekannten Situationen, vor Besprechungen, bei denen ich etwas sagen muss oder möchte, besonders wenn mehrere Menschen anwesend sind. Darüber hinaus habe ich Angst, wenn Bekannte uns besuchen oder wir dort Besuche machen, auch überall, wo ich aus der Anonymität, aus dem Hintergrund heraustreten muss. Ich habe Angst davor, ich könnte dabei versagen, mein Ansehen bei den anderen könnte darunter leiden, und vor allem davor, die anderen könnten diese Angst bemerken. Ich leide nicht nur seelisch unter diesen Ängsten, sondern auch körperlich. Ich habe starke Muskelverspannungen, Rückenschmerzen, Kopfschmerzen, meine Hände zittern stark, besonders wenn ich ein Glas oder eine Tasse anhebe. Besondere Angst habe ich vor Situationen, bei denen ich Kaffee trinken muss, mit Herzklopfen und Schweißausbrüchen bis hin zur Unfähigkeit zu denken.

Ich glaube, die Ursachen dieser Beschwerden liegen in meiner frühen Kindheit und in meiner Erziehung. Meine Mutter übertrug ihren Lebensplan (sie hatte in ihrer Jugend den Wunsch, Ordensschwester zu werden) auf mich und wollte unbedingt aus mir einen katholischen Priester machen.

Vater und Mutter waren selbst zwei Gegenpole, zwischen denen es häufig Konflikte gab. Ursachen waren die Gebefreudigkeit der Mutter einerseits und der Geiz meines Vaters auf der anderen Seite. Dazu kam die sehr autoritäre Haltung des Vaters, der das Familienleben in allen Bereichen zu beherrschen suchte. Die Mutter wich diesem Zwang aus, indem sie Dinge ohne Wissen des Vaters tat. So nahm sie sich heimlich das notwendige Geld oder sie verkaufte Getreide und Kartoffeln. Dabei half ich ihr häufig.

Mein Bruder hatte nie eine so starke Bindung zu meiner Mutter wie ich. In den Streitigkeiten zwischen Vater und Mutter bezog er auch nie so klar Stellung zu meiner Mutter wie ich. Die autoritäre Haltung meines Vaters führte zu sehr häufigen Streitigkeiten zwischen Vater und Bruder, und meine Mutter versuchte zwischen beiden Parteien zu vermitteln. Dies wiederum führte dazu, dass beide Parteien ihre Aggressionen an ihr abreagierten, sogar bis zur Demütigung.

Die vielen Streitigkeiten in unserer Familie ließen in mir eine Abneigung gegen jede Art von Streit aufkommen. Täglich betete ich zu Gott um den Familienfrieden, ja schließlich glaubte ich, dass ich selbst Schuld an diesen Streitereien hätte, indem ich durch meine Sünden den Zorn Gottes auf unsere Familie zog.

In unserem Dorf war die Bewegungsfreiheit für den Einzelnen sehr begrenzt, denn das »Oberste Gebot« war die Meinung der anderen. Mir wurde diese Bewegungsfreiheit noch mehr beschnitten, weil alle den künftigen Priester in mir sahen, und ich musste mich fromm und brav wie ein Musterknabe benehmen. So wurde mir schon früh die Vorstellung eingetrichtert, in all meinem Tun und Lassen zunächst nach der Meinung der anderen zu fragen. Zwangsläufig richtete ich mein Handeln so aus, dass ich die beste Meinung der anderen zu erringen glaubte.

Gut in den Augen der anderen dazustehen, das war für mich das Wichtigste. Damit verbunden war das Streben nach Perfektion, also das Streben danach, alles zu können und keinen Fehler zu machen. Unterstützt wurde dieses Streben durch meine Stellung in der Gemeinschaft, in der ich mich durch mein Studium exponiert hatte. Daraus ergaben sich später große Spannungen, wenn ich nämlich mit Gebieten konfrontiert wurde, von denen ich noch keine Ahnung hatte. Mit allen Mitteln versuchte ich, vor den anderen meine Unkenntnis zu verbergen.

Dieses Verhalten führte unter anderem schon früh zu Minderwertigkeitsgefühlen – ich fühlte mich den anderen unterlegen. Die Hauptursache für diese Minderwertigkeitskomplexe lag jedoch bei meinen Eltern, die wegen ihrer eigenen Komplexe auch uns Kinder für nicht besonders intelligent hielten.

Nachdem ich z. B. die Prüfung für das Gymnasium tatsächlich bestanden hatte, glaubte meine Mutter, diese Leistung sei einzig und allein auf Gottes Hilfe zurückzuführen, und künftig glaubte ich, dass ich selbst völlig unfähig sei und nur mit Gottes Hilfe etwas leisten könne. Seitdem betete und bettelte ich ständig um seine Hilfe, woraus aber kein echtes Vertrauen in Gott, sondern im Gegenteil, große Angst vor Gott aufkam.

Darüber hinaus hatte meine Erziehung mit dem Ziel, Priester zu werden, sowohl starke religiöse als auch sexuelle Spannungen zur Folge. Durch das innere Bild von einem strafenden Gott hatte ich immer Angst, sündhaft und schuldig zu sein. Das führte schon früh dazu, dass ich bei der Beichte, um ja nichts zu vergessen und sündig die Kommunion zu empfangen, auch Sünden aufzählte, die ich nie begangen hatte. Daraus erwuchsen Schuldgefühle, und die Überflutung mit zu vielen religiösen Dingen und Dogmen führte schließlich zu Zwangsneurosen. Hier ist vor allem die Angst vor der Vorstellung zu erwähnen, ich könnte mich dem Teufel verschreiben (auslösendes Moment war Goethes *Faust*). Diese Vorstellung führte zu nervösen Gesichtszuckungen und nachlassenden schulischen Leistungen. Ich konnte das Problem nur dadurch lösen, dass ich es verdrängte – ich redete mir ein, dass eine solche Seelenverschreibung gar nicht möglich sei.

Von dem Gedanken, Priester zu werden, löste ich mich schon mit 15 Jahren. Die tiefere Ursache war zunächst das Gefühl, infolge sexueller Schwierigkeiten unwürdig zu sein. Die Erziehung hatte bewirkt, dass ich alle sexuellen

Regungen und Gedanken als unkeusch betrachtete und diese auch regelmäßig beichtete. Es wundert deshalb nicht, dass mir in der Pubertät große Schwierigkeiten daraus erwuchsen, weil mich die sexuellen Regungen in große Unruhe stürzen. Dies führte wiederum zu Zwangsneurosen, nachdem die von der Teufelsverschreibung gerade verdrängt war. Ich hatte die furchtbare Vorstellung, ich könnte gegen meinen Willen und ohne meiner Sinne mächtig zu sein, Frauen vergewaltigen. (…)

Später jedoch überwog reines Desinteresse. Allerdings zeigte sich noch später, dass auch dies fragwürdig war. Denn nach dem Tod meiner Braut – ich war damals 28 Jahre alt – glaubte ich, dass dies eine Strafe Gottes dafür sei, seinem Ruf zum Priester nicht gefolgt zu sein, zum andern ein Fingerzeig Gottes, nun endlich den richtigen Weg zum Priester zu gehen. Ich entschloss mich damals nach Beendigung meines Chemiestudiums, Priester zu werden. Aber nach schweren inneren Kämpfen wurde mir klar, dass dieser Entschluss falsch war. Ich entschied mich mit allen Konsequenzen, nicht Priester zu werden.

Die kindlich-religiösen Vorstellungen wie Schuld, Demut, Angst vor Gott und keine eigene Gewissensbildung zu haben blieben noch recht lange in mir haften. Die ersten Zweifel an diesen transzendenten Vorstellungen begannen beim Studium durch Auseinandersetzungen mit Kollegen. Aber der eigentliche Anstoß, meine religiösen Vorstellungen zu überprüfen, war der Tod meiner Braut. Zum gleichen Zeitpunkt begann auch die Loslösung vom Elternhaus und von der dörflichen Gemeinschaft. Plötzlich wurde mir die Bedeutung des eigenen Ichs bewusst und der Gedanke, dass schließlich ich es bin, der über Sünde oder nicht Sünde entscheidet. Gleichzeitig damit begann ein realeres Denken, denn früher hatte ich mich häufig in unrealen Wunschvorstellungen bewegt.

In meinen theologisch-philosophischen Ideen habe ich

mich stark den Gedanken Teilhard de Chardins ange-
schlossen, die Evolution der Menschheit auf Christus hin.
Die Auseinandersetzung mit meinen religiösen Vorstellungen ist damit noch nicht abgeschlossen. Dies hat mir
vor allem die Diskussion in der Gruppe gezeigt. Ein
gründliches Überdenken meiner Vorstellungen und eine
aktivere Beteiligung am religiösen Geschehen sind unumgänglich.

Fazit: Der Patient wurde im Rahmen einer Familien- und
Gruppentherapie erfolgreich behandelt. Die Stabilisierung
körperlicher Faktoren konnte einerseits durch entspre-
chende medikamentöse Maßnahmen, Entspannungsmetho-
den und Ernährungsumstellung, andererseits durch Ausge-
glichenheit in den anderen drei Bereichen (Beruf, Kontakt,
Zukunft) erreicht werden. Die Aufarbeitung der religiösen
Erfahrungen spielten dabei eine zentrale Rolle.

Fallbeispiel: Schlüsselkonflikt einer Psychotherapeutin unter dem transkulturellen Gesichtspunkt

Das folgende Beispiel verdeutlicht, wie einseitige religiöse Interpretationen durch Religionslehrer auf die gesamte menschliche Entwicklung einwirkt:

Die religiösen Ansichten meiner Eltern und ihre de-
mentsprechende Erziehung haben meine Entwicklung
und mein Leben entscheidend beeinflusst. Aufgrund ihrer
religiösen Erziehung glaubten meine Eltern unbesehen alles, was der Imam ihnen erzählte, und so auch seine Be-
hauptung, das Schicksal eines Kindes sei schon im Mutterleib von Gott festgelegt. Wenn es ein sehr schlimmes
Schicksal auferlegt bekomme, weine das Kind um das
Leid und den Schmerz, die ihm in seinem bevorstehenden
Leben zustoßen werden, und flehe Gott an, dies alles von
ihm abzuwenden. Da mein Vater mich angeblich schon im
Mutterleib schreien hörte, war für ihn klar, dass er auf das

Kind sehr gut aufpassen musste, um Schlimmes zu verhindern.

Nach dem Verständnis meiner Eltern hatte das mir von Gott auferlegte furchtbare Schicksal nichts mit Unfall oder Krankheit, sondern mit meinem Geschlecht zu tun. Während meiner Kindheit spielte die Prophezeiung des Geistlichen keine für mich spürbare Rolle, aber als ich in die Pubertät kam, wurden die Ängste meiner Eltern immer stärker, und meine körperliche Entwicklung, das Interesse am anderen Geschlecht und die altersgerechten Bedürfnisse wurden so unterminiert, dass meine Auflehnung nur noch größer wurde. Wenn sie es nicht verhindern konnten, dass ich allein zu Hause bleiben musste, wurde ich in der Wohnung eingesperrt. Mein Vater schlug mich, wenn ich mich nicht an die Verbote hielt.

Für meine Eltern war das Schlimmste, was einer Tochter zustoßen kann, dass sie sich prostituiert, und genau das war für ihr Verständnis (was ich erst Jahre später erkannte) prophezeit worden. Es hat mich schwer gekränkt, dass sie genau das von mir erwarteten und mir deswegen auch kein Vertrauen schenkten.

Als ich etwa 15 Jahre alt war, machten wir einen Heimaturlaub und besuchten meine Großmutter. Da es Hochsommer war, trug ich ein kurzärmeliges T-Shirt, und meine Großmutter sagte zu mir, die Haut die ich zeigte, würde nach meinem Tod im Jenseits für mich spürbar verbrannt und somit bestraft werden, weil sie männlichen Blicken zugänglich war. Ihre Äußerung hat mich verwirrt und sehr gekränkt, weil ich mich von ihr abgelehnt fühlte. Sie hat mit dieser Ansicht aber auch Zweifel in mir gesät. Was ist, wenn sie Recht hat? Trotz dieser Zweifel bin ich viel weiter gegangen. Ich habe nicht nur viel mehr Haut gezeigt als meine bloßen Arme, sondern mit Männern gesprochen, mit ihnen diskutiert, Prüfungen vor Männern abgelegt, und ich bin mit einem Mann Jahre lang intim gewesen.

Nach der zehnten Klasse war ich in einem Internat in der Türkei. Dort litt ich unter so starkem Heimweh nach meinen Eltern, dass ich meinen Appetit verlor und mich nicht mehr auf die Schule konzentrieren konnte. Ein halbes Jahr später bat ich meine Eltern, sie in den Ferien besuchen zu dürfen. Daraufhin schrieb mir mein Vater einen Brief, der mich in eine schwere Depression stürzte. Er bezeichnete mich als Flittchen, das, statt sich auf die Schule zu konzentrieren, durch die Weltgeschichte reisen wollte. Dafür bezahle er nicht so viel Geld an die Schule.

Der Brief kränkte und verletzte mich dermaßen, daß ich mit niemandem mehr sprach und aufhörte zu essen. Nach zwei Wochen hatte ich überhaupt keine Kraft und keinen Lebenswillen mehr. Die Wut, die ich auf meinen Vater spürte, hatte ich gegen mich selbst gewendet und unternahm einen Suizidversuch. Ich überlebte nur ganz knapp. Danach bekam ich eine große Abfuhr von der Rektorin und stand von da an ständig unter strenger Beobachtung. Trotzdem durfte ich dann doch noch, am Ende des Schuljahres, nach Deutschland zu meinen Eltern fahren.

Nach der Schule war Heiraten angesagt. Das hatten meine Eltern für mich geplant, denn dann wäre es die Aufgabe meines Ehemannes gewesen, mich zu beschützen oder vielmehr, über mich zu herrschen. Meine Eltern hatten Angst, dass sie mich in Deutschland nicht genug kontrollieren könnten. Die Rechnung meiner Eltern ging aber nicht auf. Statt erneut Suizid zu begehen, wurde ich eigenständig und entschied selbst hinsichtlich meiner Zukunft. Dabei habe ich die Eltern überlistet. Gegen Ende der Schulzeit meldete ich mich für die Aufnahmeprüfung für die Universität an und teilte es meinen Eltern mit. Ich kaufte ein Flugticket nach Frankfurt und teilte ihnen kurz vor dem Abitur meine Ankunftszeit mit. Nach kurzer Zeit kam mein Vater völlig unerwartet, um mich abzuholen. Er hatte mich einige Tage heimlich beobachtet, um sich von meiner »Anständigkeit« zu überzeugen. Er konnte mir jeden Schritt nennen, den ich in diesen Tagen getan hatte. Da ist er für mich ein wenig gestorben. Mein Vertrauen in ihn war sehr erschüttert, aber viel schlimmer war es, dass er dadurch mein Vertrauen zu mir selbst enorm zerstört hatte. Ich fühlte mich buchstäblich schmutzig und zu allem Schlechten fähig.

Weiterhin versuchten sie mich unter die »Haube« zu bringen – erfolglos, denn ich sträubte mich mit Händen und Füßen. Da meine Eltern überzeugt sind, dass alle Deutschen amoralisch sind, war nun ihre Bevormundung entsprechend streng. Einmal geriet ich darüber in einen Streit mit meinem Vater und erkannte, dass er sich tatsächlich als mein Herrscher betrachtete. Er sagte wörtlich: »Ich bin dein Vater, ich bin dein Gott. Du hast dich mir zu fügen.« Zwei Wochen nach dieser Auseinandersetzung zog ich mit dem Wissen, sie möglicherweise für immer verloren zu haben, aus meinem Elternhaus aus. Für meine Eltern hat sich genau an diesem Punkt die Prophezeiung erfüllt. Sie wendeten sich für einige Jahre völlig von mir ab. Der Kontakt zu meinen Schwestern wurde verboten, denn sie wären womöglich durch mein »verdorbenes Wesen« infiziert worden.

Ich habe den kulturellen Rahmen, in dem ich aufgewachsen bin, verlassen und unbewusst die schlimmen Vorahnungen der Eltern erfüllt.

Die Religion, die in meiner Erziehung eine derart große Rolle gespielt hatte, habe ich so gehasst und verachtet, dass ich meine Wut nur durch die Verbrennung des Korans im Kaminfeuer zum Ausdruck bringen konnte. Glaube und Lebensfreude, eine Leichtigkeit des Seins und Genuss ließen sich nicht mit dem vereinbaren, was ich durch meine Erziehung in mich hineingezogen hatte. Die Erziehung war, so sehe ich es im Nachhinein, nur durch fanatische religiöse Regeln bestimmt. Der Glaube war nicht etwas, das Trost spendete, sondern nur verurteilend und bestrafend.

Obwohl meine Mutter selbst ein Kopftuch trägt, hatten meine Eltern mich nicht zum Tragen eines Kopftuchs gezwungen. Gezwungen haben sie mich, einen Schleier über meinem Geist und meinen Gefühle zu tragen. Vielleicht ist es leichter, einen äußerlichen Schleier abzulegen als den inneren, weil er unbewusst und schwer zugänglich ist.

Jahre später, als ich an Brustkrebs erkrankte, suchte meine Mutter, genau wie ich, nach einer Erklärung für die Entstehung dieser Krankheit. Während sich meine Gedanken um krankmachende Beziehungen und die erlittenen Kränkungen und Verletzungen drehten, sah meine Mutter die Krankheit als Strafe für das Verbrennen des Korans.

Der Krebs zerstört den Körper, indem er gesunde Zellen vernichtet, um sich ausbreiten zu können. Das aggressive, zerstörerische Verhalten und die ablehnende Haltung gegenüber dem weiblichen Körper wurde in meiner Familie über Generationen weitervermittelt. Während das erste etwas Sichtbares und Organisches ist, stellt das zweite die innere Haltung und die Bedingung für die Zerstörung dar.

Tatsächlich sind es aber die vielen Kränkungen, die mich krank gemacht hatten, weil es mir nicht gelungen war, mich auf der geistigen und innerlichen Ebene von den veralteten Vorstellungen zu lösen, so dass ich im Einklang mit mir hätte leben können.

Fazit: Für die Patientin hatte es eine ungeheuer entlastende Wirkung, sich selbst, ihre Umgebung und ihre Erfahrungen mit persönlichen und gesellschaftlichen Ungerechtigkeiten in einen größeren Zusammenhang zu stellen. Das Balance-Modell war für sie eine Stütze, um ihr Gleichgewicht wiederherzustellen und die leeren Stellen zu füllen. Sie setzte sich politisch und sozial für Menschen anderer Kulturen durch Vorträge und Veranstaltungen ein.

17 Einige Gedanken zum Abschluss

1. Wenn sich auch die großen Weltreligionen der Vergangenheit beim Aufbau fester Gemeinden innerhalb ihrer jeweiligen Regionen oder Epochen als fähig erwiesen haben, scheint es dennoch unwahrscheinlich, dass sie in der Lage sind, die Art gemeinsamer Werte zu liefern, die für die einmaligen Herausforderungen des globalen Zeitalters benötigt werden.

2. Zunächst einmal war keines der weltweiten vormodernen religiösen Systeme bisher in der Lage, die Einheit innerhalb der eigenen Glaubensgemeinschaft aufrechtzuerhalten. Die christliche Ökumene z.B. bleibt nach wie vor ein fernes Ziel, während die sunnitisch-schiitische Spaltung innerhalb des Islams sich nur weiter zu vertiefen scheint. Solche Schismen kann man bis in die ersten Tage einer jeden großen Religion zurückverfolgen.

3. Ein anderes Problem heute ist der Riss, der sich innerhalb jeder traditionellen religiösen Gemeinschaft in der Welt auch darüber aufgetan hat, wie man der modernen Welt gegenübertritt. Während einige die Ideen aufgenommen haben, die das moderne Ideal bilden – wie die Gleichwertigkeit von Frau und Mann und die notwendige Anwendung wissenschaftlicher Methoden –, kleben andere Personen und Gruppen an archaischen, buchstabentreuen Interpretationen, und deshalb sind sie in ihren Ansichten fanatisch oder radikal geworden.

4. Das Resultat war eine heftige Ablehnung moderner Werte innerhalb einiger religiöser Gemeinschaften, die mitunter auch in Gewalt ihren Ausdruck fand. Dieses Phänomen hat dazu geführt, dass viele Menschen Religion vollkommen ablehnen.

5. Gleichzeitig legt die jüngere Geschichte nahe, dass keine säkulare Ideologie allein in der Lage sein wird, die Art von Einheit und Engagement hervorzubringen, die erforderlich ist, um den neuen Aufgaben gerecht zu werden, wie sie durch die Globalisierung und das damit unweigerlich einhergehende Zusammenrücken der Menschheit auf uns zukommen.

6. Trotz des fortschreitenden Säkularismus in diesem Jahrhundert bleibt der Großteil der Menschen tief religiös, und man kann kaum annehmen, dass der religiöse Impuls nach und nach verschwinden wird. Der Glaube und die mit ihm verbundene Transzendenz sind viel zu stark in der menschlichen Natur verankert, als dass man sie missachten könnte.

7. Außerdem werden die relativistischen Werte, die mit einer streng materialistischen Weltsicht einhergehen, nie in der Lage sein, das erforderliche Fundament zu bieten, auf dem man eine durch Zusammenhalt und Nachhaltigkeit geprägte globale Gesellschaft aufbauen kann. Die fehlgeschlagenen ideologischen Experimente des letzten Jahrhunderts, die zerrüttete Gesellschaften und Millionen Tote hinterließen, haben dies nur allzu deutlich belegt.

8. »Es gibt jedoch auch ein erweitertes Modell – eines, das der Erfahrung der Bahá'í-Weltgemeinde entspringt. Dieses Modell steht für ein System, getragen von religiöser Überzeugung und Werten, dabei vollständig im Einklang mit dem modernen Ideal. Es birgt eine Perspektive in sich, die in ihrer Art wahrlich global ist – und die die Kraft der Religion beim Prozess des Aufbaus eines Gemeinwesens zu nutzen vermag.«[83]

Eine Geschichte auf den Weg

Es liegt in Eurer Hand

Im Orient lebte ein alter weiser Mann. Er war beliebt im ganzen Lande, und wann immer einer seiner Mitmenschen Sorgen hatte, ging er zu ihm, um Rat zu holen. Denn der alte weise Mann konnte aus einer reichen Lebenserfahrung schöpfen und gab stets guten Rat. Dies wiederum machte einige seiner Mitbürger neidisch, die selbst gern für klug und weise gehalten worden wären. Sie beschlossen, dem alten Mann eine Falle zu stellen. Aber wie?

Nach längerem Nachdenken kam man auf folgende Idee: Man wollte ein winziges Vögelein fangen, es dem alten Mann in der geschlossenen Hand präsentieren und ihn fragen, was sich in der Hand befinde. Sollte der alte Mann wider Erwarten die Frage richtig beantworten, so würde er mit Sicherheit an einer weiteren Frage scheitern, nämlich der, ob es sich bei dem Vögelein um ein lebendes oder ein totes handele. Würde er nämlich sagen, es handele sich um ein lebendes, so könne man die Hand zudrücken, und das Vögelein sei tot. Würde er hingegen sagen, es handele sich um ein totes Vögelein, so könne man die Hand öffnen und das Vögelein wegfliegen lassen. So vorbereitet erschien man vor dem alten weisen Mann und fragte ihn wie zuvor besprochen.

Nach einiger Überlegung antwortete der alte weise Mann auf die erste Frage: »Das, was Ihr in der Hand haltet, kann nur ein ganz winziges Vögelein sein.«

»Nun gut«, sagten die Neidischen, »da magst du recht haben, aber handelt es sich um ein lebendes oder ein totes Vögelein?«

Der alte weise Mann wiegte seinen Kopf eine Weile hin und her, schaute dem Frager dann in die Augen und sagte: »Ob das, was Ihr in der Hand haltet, lebt oder tot ist, das liegt allein in Eurer Hand.«

Der Weise aus dieser Geschichte wusste von der Tatsache, dass wir es alle in der Hand haben, die Wirklichkeit zu verändern. Er kannte auch die Überlegungen seiner Frager und konnte entsprechend reagieren: Er machte deutlich, dass es von ihrer Gestaltungsfreiheit abhängt, wie das »Ergebnis« aussieht. Und gleichzeitig ließ er sich selbst nicht von festgefügten Vorstellungen einengen.

Anhang

Anmerkungen

1 Schönborn, Christoph; Stöckl, Barbara: Wer braucht Gott? Salzburg 2007
2 Kärcher, Adolf: Religionen der Welt, Band 8, Bahá'í-Religion, 1992
3 Prof. Dr. med. Raymond Battegay, emeritierter Ordinarius für Psychiatrie an der Universität Basel und ehemaliger Chefarzt der Psychiatrischen Universitätspoliklinik am Universitätsspital Basel. Privatpraxis: Delsbergerallee 65, CH–4053 Basel, Schweiz
4 Jung, Carl Gustav: Die Dynamik des Unbewussten. Gesammelte Werke, Bd 8. Zürich/Stuttgart 1967
5 Jaspers, Karl: Kleine Schule des philosophischen Denkens. München 1965
6 Améry, Jean: Hand an sich legen. Diskurs über den Freitod. Stuttgart 1976
7 Battegay, Raymond: Narzissmus und Objektbeziehungen. Über das Selbst zum Objekt. Bern 1977, 4. Aufl. 2008
8 Platon: Phaidon. In: Platon: Sokrates im Gespräch. Vier Dialoge. Frankfurt a.M. 1953
9 Crossley, D.: Religious experience within mental illness. Opening the door on research. In: British Journal of Psychiatry. 1995 Mar; 166 (3): 284–6.
   Sloan, R.P.; Bagiella, E.; Powell T.: Religion, spirituality, and medicine. Lancet. 1999 Feb 20;353(9153):664–7.
   Koenig, H.G.; Idler, E.; Kasl, S.; Hays, J.C.; George, L.K.; Musick, M. et al.: Religion, spirituality, and medicine: a rebuttal to skeptics. In: Intern. Journal of Psychiatry Med. 1999;29(2):123–31.
10 Levin, J.S.; Larson, D.B.; Puchalski, C.M.: Religion and spirituality in medicine: research and education. Jama. 1997 Sep 3;278(9):792–3.
   Matthews, D.A.; McCullough, M.E.; Larson, D.B.; Koenig, H.G.; Swyers, J.P.; Milano, M.G.: Religious commitment and health status: a review of the research and implications for family medicine. In: Archives of Family Medicine. 1998 Mar-Apr;7(2):118–24.
   Levin J.S., Religion and health: is there an association, is it valid, and is it causal? In: Soc Sci Med. 1994 Jun;38(11):1475–82.
11 Sloan, R.P.; Bagiella, E.; Powell, T.: Religion, spirituality, and medicine. Lancet. 1999 Feb 20;353(9153):664–7.
12 Kaufman, A.S.: Medicine and religion. In: New England Journal of Medicine. 2000 Nov 2;343(18):1340.
13 Kendler, K.S.; Liu, X.Q.; Gardner, C.O.; McCullough, M.E.; Larson, D.; Prescott, C.A.: Dimensions of religiosity and their relationship to lifetime psychiatric and substance use disorders. In: American Journal of Psychiatry. 2003 Mar;160(3):496–503.
14 Galanter, M.; Larson, D.; Rubenstone, E.: Christian Psychiatry: the impact of evangelical belief on clinical practice. In: American Journal of Psychiatry. 1991 Jan;148(1):90–5.
15 Handzo, G.; Koenig, H.G.; Groopman, J.: God at the bedside. In: New England Journal of Medicine. 2004 Jul 8;351(2):192–3.

265

16 De rerum natura 1, 101 [Zu so viel Unheil konnte die Religion Anlass geben].
17 Boccaccio, Giovanni: Il Decamerone, 1348–1353; Dritte Geschichte des ersten Tages: Der Jude Melchisedech entgeht durch eine Geschichte von drei Ringen einer großen Gefahr, die ihm Saladin bereitet hat.
18 Lessing, Gotthold Ephraim: Nathan der Weise (1779)
19 Öztürk, Yaşar Nuri (wohl renommiertester zeitgenössischer Theologe der Türkei und Dekan der theologischen Fakultät der Universität Istanbul): Der verfälschte Islam, S. 9, 2007
20 Ibn Manzur (ein Meister der arabischen Sprache): Lisân al'Arab (1311)
21 Religiosität in Psychiatrie und Psychotherapie; ein interdisziplinärer Kongress, Graz (Okt 2007)
22 Forel, Auguste (Schweizer Psychiater, Hirn- und Ameisenforscher; Direktor Klinik Burghölzli Zürich 1879–1898): Rückblick auf mein Leben (1935)
23 Der verfälschte Islam, S. 11
24 Fischer Weltalmanach 2008, S. 30 ff.
25 Peseschkian, Nossrat: Das Leben ist ein Paradies, zu dem wir den Schlüssel finden können. Verlag Herder, Freiburg i. Br., 2004
26 Bahá'u'lláh: Ährenlese. Eine Auswahl aus den Schriften Bahá'u'lláhs, zusammengestellt und ins Englische übertragen von Shoghi Effendi. Hofheim 4. Aufl. 1999
27 Freud, Sigmund: Massenpsychologie und Ich-Analyse. Gesammelte Werke Bd. 13, London 1940
28 Jung, Carl Gustav: Psychologie und Religion. Olten 1972
29 Künkel, F.: Ringen um Reife. Konstanz 1962
30 Frankl, Viktor.: Psychopathologie des Zeitgeistes. Wien 1955
31 Fromm, Erich: Revolution der Hoffnung. Stuttgart 1971
32 Mitscherlich, Alexander: Krankheit als Konflikt. Studien zur psychosomatischen Medizin II. Frankfurt/M. 1967
33 Dreikurs, R.: »Überwindung falscher gesellschaftlicher Normen«. In: Die Wirklichkeit und das Böse. Hrsg. U. Derbolowsky, Hamburg 1970
34 Bach, G.; Deutsch, R.: Pairing. Düsseldorf 1972
35 Erikson, Erik H.: Kindheit und Gesellschaft. Stuttgart 1971
36 Bahá'u'lláh: Ährenlese. Eine Auswahl aus den Schriften Bahá'u'lláhs, zusammengestellt und ins Englische übertragen von Shoghi Effendi. Hofheim 4. Aufl. 1999
37 siehe auch: Peseschkian, Nossrat: Positive Familientherapie.
38 Baha'u'llah: Ährenlese. Eine Auswahl aus den Schriften Baha'u'llahs, zusammengestellt und ins Englische übertragen von Shoghi Effendi. S. 45–46. Bahá'í-Verlag, Hofheim (4. Aufl. 1999)
39 Neues Testament, 1. Korinther XII, 4–6
40 Bahá'u'lláh: Ährenlese. Eine Auswahl aus den Schriften Bahá'u'lláhs, zusammengestellt und ins Englische übertragen von Shoghi Effendi. XXXIV. Hofheim 4. Aufl. 1999
41 Bhagavadgīta, V, 10–12
42 Bhagavadgīta, II, 20, 23
43 Bhagavadgīta, IV, 7, 8
44 Kungfutse, LunYü VI, 18
45 Li Gi, Dschung Yung, II, 7
46 Das Buch Gleichsprüche; Altes Testament, Sprüche, II, 1–5
47 Vendidad; V, 21
48 Joka, Schodo-ka, 2

49 nach Oldenberg, H.: Reden des Buddha. Wiesbaden 2006
50 Neues Testament, Matthäus, V, 8
51 Nationaler Geistiger Rat der Bahá'í in Deutschland e.V. (Hrsg.): Bahá'í
    Briefe (vergr.), Bahá'í Verlag Hofheim
53 Neues Testament, Matthäus VII, 1–5
53 Koran, Sura LXXXVII, 14, 15
54 Koran, Sure IX, 108,109
55 Bahá'u'lláh: Ährenlese. Eine Auswahl aus den Schriften Bahá'u'lláhs, zu-
    sammengestellt und ins Englische übertragen von Shoghi Effendi. CVI,
    Hofheim 4. Aufl. 1999
56 Bahá'u'lláh, übersetzt vom Autor
57 nach: Britannica Book of the Year 2003
58 Am 8. Juli 2008, ein Tag vor dem Gedenktag zum Märtyrertod des Bab,
    hat die UNESCO die Aufnahme des Schreins des Bab in Haifa, sowie des
    Grabmals Bahá'u'lláhs als Weltkulturerbe bekanntgegeben
59 aus: Bahá'í-Weltzentrum, Haifa 1985: Verheißung des Weltfriedens, Eine
    Botschaft des Universalen Hauses der Gerechtigkeit an die Völker der Welt
60 Figl, Prof. Johann: Die Mitte der Religionen. 1993
61 Aus einem Beschluss des Bundesverfassungsgerichts vom 05.02.1991
62 Prof. Dr. Carl Friedrich von Weizsäcker, 1983
63 Prof. Dr. Friedrich Heiler, gutachtliche Stellungnahme über den »Charak-
    ter der Bahá'í-Religion«, 1961
64 Rosenkranz, Prof. Dr. Gerhard: Das Bahá'ítum – Sekte oder Religion?
    1961
65 Leo Tolstoi
66 Göttliche Lebenskunst (1997): Eine Zusammenstellung aus Schriften von
    Bahá'u'lláh und 'Abdu'l-Bahá, Bahá'í
67 vgl. auch Peseschkian, Nossrat: Auf der Suche nach Sinn. Frankfurt 1983,
    S.230f.
68 Denner, Dr. Achim, »Du kannst der Beste werden«, Hg. von der FPZ Stif-
    tung, Köln 2004
69 aus: Geo Wissen Nr. 22 2004: Geo-Wissen-Gespräch: »Je mehr wir vom
    Kosmos entdecken, desto weniger verstehen wir.« Sowie »Schöpfung: Die
    Physiker entdecken Gott.«
70 Prof. Harald Lesch, ebd.
71 nach P. Etessami, Persische Dichterin
72 Dostojewski, Fjodor M.: Die Brüder Karamasow (1881), aus dem Persi-
    schen nacherzählt vom Autor
73 Mynarek, Hubertus: Die Vernunft des Universums. München 1988
74 ebd.
75 ebd.
76 Paul, Jean: Gedanken.
77 vgl. Ansari, Dr. Masud: A new perspective on Islam.
78 Auszug aus dem FOCUS-Interview mit Prof. Dr. med. Nossrat Pesesch-
    kian, FOCUS 48/2006
79 Bahá'u'lláh: Ährenlese. Eine Auswahl aus den Schriften Bahá'u'lláhs, zu-
    sammengestellt und ins Englische übertragen von Shoghi Effendi. Hof-
    heim 4. Aufl. 1999
80 Quelle: *Wikipedia*
81 Quelle: Internet: *Atheismus online*
82 vgl. Peseschkian, Nossrat: Auf der Suche nach Sinn. Frankfurt 1983
83 One Country, 04/2007, Hg. von: Nationaler Geistiger Rat der Bahá'í in
    Deutschland e.V., Hofheim

Literaturverzeichnis

'Abdu'l Bahá (1954): *Beantwortete Fragen*, Bahá'í-Verlag Hofheim

Ansari, M. (2005): *A New Perspective on Islam*, roushangro@yahoo.com / www.hypnomas.org

Bahá'í Ethics in Light auf Scripture. An Introduction, vol. 1: Doctrinal Fundamentals, Oxford: George Ronald 2007; vol. 2: Virtues and Divine Commandments, Oxford: George Ronald 2009

Bahá'í-Weltzentrum, Haifa 1985: *Verheißung des Weltfriedens. Eine Botschaft des Universalen Hauses der Gerechtigkeit an die Völker der Welt*

Bahá'u'lláh (1999): *Ährenlese. Eine Auswahl aus den Schriften Bahá'u'lláhs, zusammengestellt und ins Englische übertragen von Shoghi Effendi*. Bahá'í-Verlag Hofheim (4. Auflage)

Battegay, R. und Peseschkian, N. (2007): *Die Treppe zum Glück. 50 Antworten auf die großen Fragen des Lebens*, Fischer Taschenbuch Verlag Frankfurt a.M.

Battegay, R. (2008): *Narzissmus und Objektbeziehungen,* Hans Huber Verlag Bern

Benedetti, G. (1980), in: *Medical Tribune*, 1980

Benedetti, G. (2003): *Todeslandschaften der Seele*, Vandenhoeck & Ruprecht Göttingen

Dawkins, R. (2007): *Der Gotteswahn*, Ullsteinverlag Berlin

Deschner, K.(1990): *Kriminalgeschichte des Christentums, Band 3 / Die Alte Kirche*, Rowohlt Verlag GmbH Hamburg

Esslemont, J. *(1963): Bahá'u'lláh und das Neue Zeitalter,* Bahá'í Verlag Hofheim

FOCUS-Magazin 48/2006: *Interview mit Prof. N. Peseschkian*

Hillman, J. und Ventura, M. (1999): *Hundert Jahre Psychotherapie, und der Welt geht's immer schlechter*, Walter Verlag Düsseldorf

Hutter, M. (2005): *Die Weltreligionen*, Verlag C. H. Beck München

Jork, K. und Peseschkian, N. (2007): *Salutogenese und Positive Psychotherapie: Gesund werden – gesund bleiben,* Hans Huber Verlag Bern

Kärcher, A. (1992): *Religionen der Welt, Bahá'í-Religion Band 8*, Bahá'í-Verlag GmbH Hofheim

Kornbichler, T., Peseschkian, M. (2003): *Nossrat Peseschkian – Morgenland – Abendland, Positive Psychotherapie im Dialog der Kulturen,* Fischer Taschenbuch Verlag Frankfurt a. M.

Küng, H. (2001): *Existiert Gott? Antwort auf die Gottesfrage der Neuzeit*, Piper Verlag München

Mynarek, H. (1988): *Die Vernunft des Universums, Auf der Suche nach den Lebensgesetzen von Kosmos und Psyche,* Goldmann Verlag München

Mynarek, H. (2007): *Papst-Entzauberung, Das wahre Gesicht des Joseph Ratzinger und die exakte Widerlegung seiner Thesen*, Verlag und Herstellung: Books on Demand Norderstedt

Nationaler Geistiger Rat der Bahá'í in Deutschland e.V. (Hrsg., 1993): *Die Bahá'í Religion*, Bahá'í Verlag Hofheim

Nationaler Geistiger Rat der Bahá'í in Deutschland und Österreich e.V. (Hrsg., 1948): *Bahá'u'lláh, Verborgene Worte*, Bahá'í Verlag Hofheim

Nationaler Geistiger Rat der Bahá'í in Deutschland e.V. (Hrsg.): *Bahá'í Briefe (vergr.);* insb. Die Artikel von Prof. Dr. A. Bausani; Dr. Hermann Grossmann, Dr. Adelbert Mühlschlegel; Dr. Eugen Schmidt und Dr. Johann Karl Teufel, Bahá'í Verlag Hofheim

Nationaler Geistiger Rat der Bahá'í in Deutschland e.V. (Hg.): *One Country, Welt-Magazin*, Hofheim. insb. Ausgabe 3/2006, S. 4 Artikel von Bani Dugal, Hauptrepräsentantin der Bahá'í International Community bei der UNO. *One Country* wird herausgegeben von der Bahá'í International Community, die als Nicht-Regierungs-Organisation bei den Vereinten Nationen die weltweite Bahá'í Gemeinde repräsentiert.

Onfray, M.(2006): *Wir brauchen keinen Gott. Warum man jetzt Atheist sein muss*, Übers.: Bertold Galli, Piper Verlag München

Peseschkian, H. (2002): *Die russische Seele im Spiegel der Psychotherapie. Ein Beitrag zur Entwicklung einer transkulturellen Psychotherapie*, VWB Verlag für Wissenschaft und Bildung Berlin

Peseschkian, Nossrat; Peseschkian, Hamid und Peseschkian, Nawid (2008): *Lebensfreude statt Stress. Erschöpfung und Überlastung positiv bewältigen*, Trias Verlag Stuttgart (2. Auflage)

Peseschkian, N. (2008): *Der Kaufmann und der Papagei. Orientalische Geschichten in der Positiven Psychotherapie*, Fischer Taschenbuch Verlag Frankfurt a.M. (29. Auflage)

Peseschkian, N. (2005): *Familientherapie – Eine praktische Orientierungshilfe*, Kreuz Verlag Stuttgart

Peseschkian, N. (2006): *Positive Psychotherapie*, Fischer Taschenbuch Verlag Frankfurt a.M. (8. Auflage)

Peseschkian, N. (2007): *Psychosomatik und Positive Psychotherapie. Transkultureller und interdisziplinärer Ansatz am Beispiel von 40 Krankheitsbildern*, Fischer Taschenbuch Verlag Frankfurt a.M. (8. Auflage)

Peseschkian, N. (2007): *Wenn du willst, was du noch nie gehabt hast, dann tu, was du noch nie getan hast*, Herder Verlag Freiburg (14. Auflage)

P. M. History (11/2007): Das große Magazin für Geschichte, Gruner + Jahr München

Reimer, C.; Rüger, U. (2003): *Psychodynamische Psychotherapien*, Springer Verlag Heidelberg

Sabet, H. (2005): *Globale Maßlosigkeit. Der (un)aufhaltsame Zusammenbruch des weltweiten Mittelstands*, Patmos Düsseldorf

Schnapper, E. B. (1954): *Religion ist Einheit, Eine Anthologie aus den Heiligen Schriften der lebenden Religionen*, Rascher Verlag Zürich

Schönborn, Christoph; Stöckl, Barbara 2007: *Wer braucht Gott?*, Ecowin Verlag Salzburg

Simm, Hans Joachim (2007): *Die Religionen der Welt: Ein Almanach zur Eröffnung des Verlags der Weltreligionen*, Verlag der Weltreligionen im Insel Verlag Frankfurt a. M.

SPIEGEL Spezial, Das Magazin zum Thema ›Allah im Abendland‹ – Der Islam und die Deutschen, Nr. 2/2008

Stern, Zeitschrift, Ausgabe Nr. 38 vom 13.09.2007

Towfigh, S. A., Enayati, W. (2005): *Die Bahá'í-Religion – Ein Überblick*, Olzog Verlag München

Universale Haus der Gerechtigkeit, Das (2006): *Ein gemeinsamer Glaube: Eine Veröffentlichung des Bahá'í-Weltzentrums*, Bahá'í Verlag Hofheim

www.udoschaefer.com

Die drei Grundprinzipien der Positiven Psychotherapie

1. **Das Prinzip der Hoffnung:**
   Das positive Menschenbild – Symbol für die Weltidentität

2. **Das Prinzip der Balance:**
   Konfliktdynamik und Konfliktinhalt – Symbol für soziale Identität

3. **Das Prinzip der Beratung:**
   5 Stufen der Therapie und Selbsthilfe – Symbol für Alltagsidentität

Life-Events nach Prof. Dr. Nossrat Peseschkian

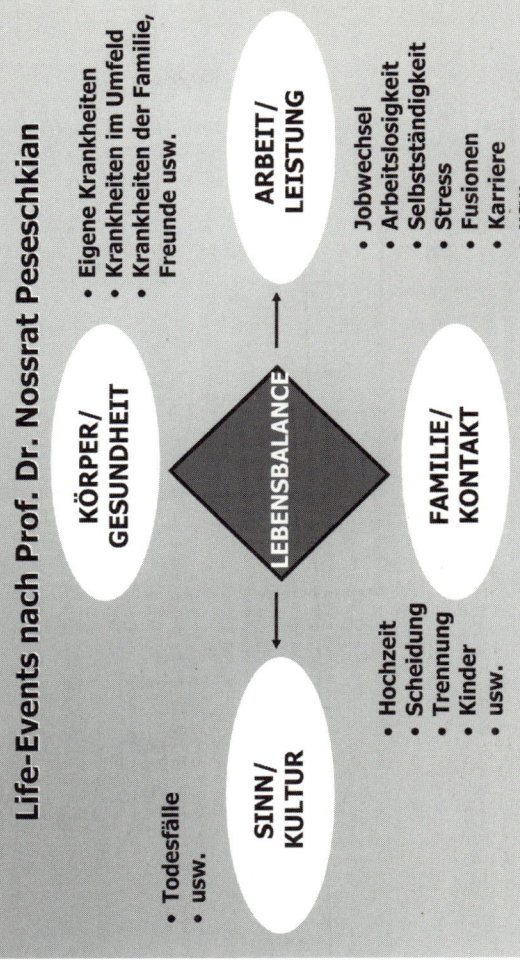

KÖRPER/ GESUNDHEIT
- Eigene Krankheiten
- Krankheiten im Umfeld
- Krankheiten der Familie, Freunde usw.

ARBEIT/ LEISTUNG
- Jobwechsel
- Arbeitslosigkeit
- Selbstständigkeit
- Stress
- Fusionen
- Karriere
- usw.

LEBENSBALANCE

SINN/ KULTUR
- Todesfälle
- usw.

FAMILIE/ KONTAKT
- Hochzeit
- Scheidung
- Trennung
- Kinder
- usw.

Fragen Sie sich: Welche 10–12 Ereignisse sind in den letzten 6–10 Jahren auf Sie, auf Ihre Familie und Ihre Umgebung zugekommen? Schreiben Sie 4–5 Seiten über die Ereignisse in diesen vier Bereichen auf.

Welche Punkte haben Sie bereits bearbeitet? Wie sind Sie damit umgegangen? Welche Ziele haben Sie in den 4 Bereichen für die nächsten 3–5 Jahre, wenn Sie beschwerde- und problemfrei sind?

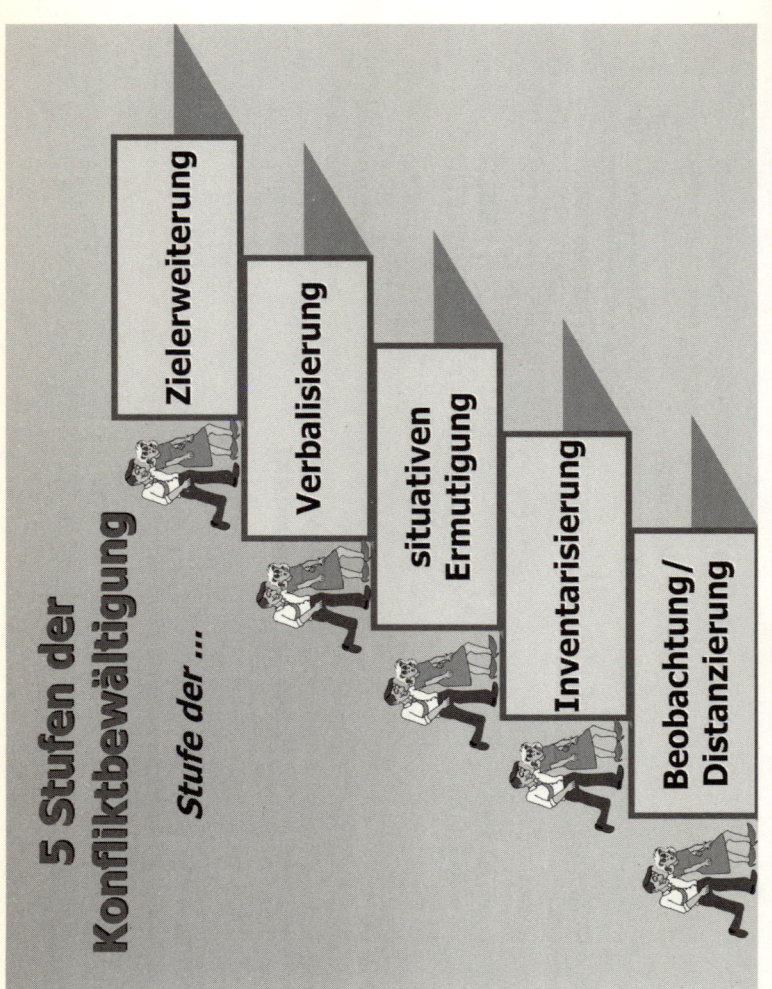

272

Zeitgeist und Religion
4 Reaktionen hinsichtlich der Religionen

1. **Der Identifikationstyp**
   (Der mumifizierte Typ)

2. **Der revoltierende Typ**

3. **Der Doppelbindungstyp**
   (Der indiffernte Typ)

4. **Der integrale Typ**

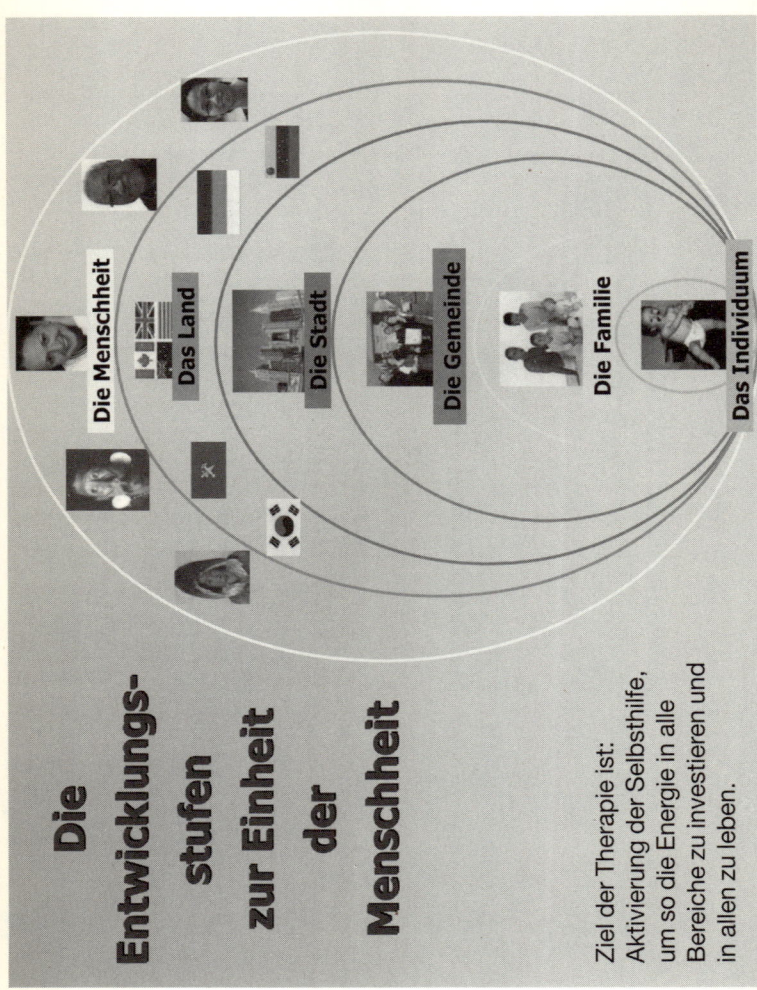

Die Entwicklungsstufen zur Einheit der Menschheit

Die Menschheit
Das Land
Die Stadt
Die Gemeinde
Die Familie
Das Individuum

Ziel der Therapie ist:
Aktivierung der Selbsthilfe,
um so die Energie in alle
Bereiche zu investieren und
in allen zu leben.

Eine praktische Orientierungshilfe

Nossrat Peseschkian
Die Familientherapie
Eine praktische Orientierungshilfe
Paperback, 120 Seiten
ISBN 978-3-7831-2512-2

In den letzten Jahren stieg die Anzahl der Familientherapien
stetig an. Immer mehr Menschen suchen Rat und Hilfe wegen
innerfamiliärer Konflikte oder wegen psychischer Störungen,
die nur im Familiengefüge gelöst werden können.
Nossrat Peseschkian ist Begründer der positiven Familien- und
Psychotherapie: Er erklärt hier für jeden verständlich und anhand
vieler Beispiele, wann eine Familientherapie sinnvoll ist.

KREUZ

Was Menschen bewegt   www.kreuzverlag.de